Outstanding Cases of
Social Innovation

社会创新案例精选

邓国胜 主编

社会科学文献出版社
SOCIAL SCIENCES ACADEMIC PRESS (CHINA)

前　言

　　21 世纪，处于转型期的中国既面临机遇，更面临挑战。诸如就业、环保、贫困、教育与卫生等传统社会问题远未解决，人口老龄化、外来人口、留守儿童、艾滋病预防、食品安全等新的社会矛盾与冲突日益凸显。这些社会问题的解决不仅关系到人们的生活质量与幸福，也关系到国家的和谐稳定与繁荣发展。

　　20 世纪，技术与经济的创新极大促进了世界经济的发展、丰富了社会的物质财富。然而，人们越来越认识到，仅仅依靠技术与经济的创新是远远不够的，经济的发展并不必然带来社会问题的解决。事实上，在经济飞速发展、物质财富爆炸式增长的同时，人类社会正面临前所未有的挑战。甚至一些社会问题本身恰恰是经济发展过程中产生的。面对日益复杂的社会难题，人类社会必须通过社会创新去迎接新世纪的挑战。自 20 世纪 90 年代末以来，世界各国掀起了一股社会创新的热潮。无论是发达国家，还是发展中国家，都期待通过创新引领未来，通过社会创新解决社会难题。

　　在这一背景下，奥巴马政府在 2009 年 4 月成立了社会创新与公民参与办公室（Office of Social Innovation and Civic Participation），致力于推动具有创新性的社会问题解决方案，改善社区公共服务和培养社区领导力，通过发展政府与私人部门的新型合作伙伴关系，推动社会问题的有效解决。同时，美国政府还投入 5000 万美元设立了社会创新基金，每年资助一批最具潜力、以结果为导向的公益慈善项目，帮助它们在全国范围内推广。在英国，政府更是将社会创新提升到国家战略层面，全力推动英国社会创新的发展。2001年，政府成立了隶属内阁的社会企业组，制定社会企业发展的战略与政策、统筹协调社会企业的发展，2005 年 7 月，英国颁布了《社区利益公司规定》，为英国社会企业的发展提供法律保障。2010 年，卡梅伦政府启动了"大社会计划"，将政府的权力和资金更多地下放到社区、公益慈善组织和企业，促进它们进行社会创新，以提高公共服务的效率与水平。作为计划的一部分，政府建立了"大社会银行"，资助公益慈善组织更好地参与地区的公共服务管理创新。在英国政府的强力扶持下，英国的社会创新在全球遥遥领先。据调查，2011 年英国有超过 62000 家社会企业，从业人员近 50 万，营业额高达 270 亿英镑。

与此同时，哈佛大学、耶鲁大学、斯坦福大学、杜克大学、牛津大学、伦敦经济学院等世界一流大学纷纷成立社会创新方面的研究中心，开设社会企业、社会创新方面的课程。

近年来，在世界各国政府、企业、公益慈善组织、学术界如火如荼推动社会创新的时候，中国也开始了社会创新的探索。客观地说，中国不仅在技术经济创新领域与发达国家有很大差距，而且在社会创新领域也与发达国家有很大差距。中国无论在社会创新的理论研究方面，还是在社会创新的实践方面都还处于起步阶段。

不过，令人欣慰的是，作为社会创新的主体之一，中国的社会组织在解决就业、环保、养老、贫困等社会问题方面进行了一些创新探索，涌现了一批作用明显、效果显著的创新项目或活动，为我国正在开展的社会管理创新实践开辟了新路。

残友集团，作为中国唯一获得英国国际社会企业大奖的社会企业，通过组织模式与方式方法的创新，极大挖掘了残障人的潜能，找到了一条让残障人也可以强势就业和享受专业化社会服务的新路径。这些创新举措点燃了残障人生活的希望，推动了残障人的自立与自强。

海西青年创业基金会，在 YBC"资金支持＋导师辅导"模式的基础上，通过构建培训和筛选创业青年的体系、导入 ISO9001 质量管理体系和创办社会企业的方式，大大提升了青年创业企业的存活率，帮助青年实现了创业的梦想，并带动了更多弱势群体的就业。

大巴山生态与贫困问题研究会通过协助建立农村社区的自治管理委员会、培育社区骨干、激发农村社区自身的潜能，通过参与式扶贫、礼品传递等新的扶贫方法，提高了农村妇女的收入水平，改善了村民的生活质量，缩小了贫富差距。

采桑子文化艺术发展中心将公益使命与商业运作模式相结合，通过培训苗族贫困妇女从事苗绣生产和打造一条苗绣文化产业链，一方面实现了民族文化的活态传承，另一方面缓解了女性的贫困。

五塘新村和谐促进会，通过搭建常住人口与外来人口协同共治的平台，以活动促交流，以参与促管理，以服务促融合，不仅成功调解了新老村民之间的矛盾纠纷，促进了和谐，而且增进了社区的社会资本，创新了社会管理的模式。

逢源人家服务中心与香港社会福利服务机构合作，引入了社工、护理和康复等专业服务方法，针对不同老年人的多元化需求，通过康龄中心、居家养老服务、全托和长者日间护理中心等不同方式建立了一条专业化、高质量、分类服务和全面覆盖的社区综合养老服务模式。

真爱梦想公益基金会将软件和硬件、实体和虚体有机融合，通过运用高科技手段，将优秀的儿童素质教育课程传输到偏远的乡村学校，这无论对儿童素质教育的提高，还是对缩小城乡儿童素质教育的鸿沟都具有积极的意义。而且，真爱梦想公益基金会将商业领域的管理经验引入到公益领域，打造了透明与高效的公益模式，为行业树立了新的标杆。

中国福利基金会"免费午餐"基金通过应用微博等现代信息传媒技术，高效动员社会资源和打造公开透明的公益慈善模式，在短短一年左右的时间，募集数千万元资金，改善了数万名儿童的营养不良状况。更为重要的是，这一创新实践最终影响到国家公共政策的出台，使得学龄儿童的营养健康问题得到较为彻底的解决。

成都城市河流研究会将环境保护与农村发展相结合，在推动村民保护生态环境的同时，帮助村民发展有机农业，打造良性循环的生态圈系统，从源头上治理城市河流污染，取得了明显的成效。

武汉绿色江城环境文化发展中心通过发起"爱我百湖""行走江湖"等一系列创新性的公益环保活动，激发了广大志愿者参与的积极性，并通过采取在议程设置和政策决策阶段提前干预等创新性做法，在湖泊与水资源保护中发挥了积极作用，弥补了政府与企业的不足。

爱有戏社区文化发展中心通过在社区构建"义仓、义集和义坊""三位一体"的参与式互助体系，在社区各类群体之间形成了资源流动、互帮互助的公益链条，不仅提升了公益活动的效率，而且增进了社区的社会资本。

社区参与行动服务中心通过发挥自己的专业优势，采用"开放空间""社区行动工作坊"等公共参与的方式方法，充分调动了社区居民参与公共事务的积极性，化解了社区矛盾与冲突，提升了城市社区的凝聚力，探索了我国城市社区治理的新路径。

与此同时，一些地方政府积极推动社会管理创新，在培育和发展社会组织方面进行了大量的创新探索。

南京市在纵向上，建立了市、区、街的三级社会组织孵化体系，不同层级、不同地区的孵化器各具特色、错位竞争；在横向上，开展社会组织、社区建设和社工人才的三社联动，建立政府、高校、支持性公益组织和基层社会组织的合作伙伴网络，逐步走出了一条以社区基础设施为平台、以专业化社会组织和专业社工开展项目化运作为主要内容的发展新路。

北京市东城区通过委托不同专长的支持性社会组织，在不建立孵化园的情况下，直接深入基层社区，在社区开展实践活动的过程中，陪伴、协助社区社会组织诊断问题，并通过培训、咨询、经验交流等方式，在项目过程中帮助社区社会组织完善组织管理、提升组织能力、寻找解决问题的方案，从而形成了一条多元化的社区社会组织孵化培育模式。

以上的社会创新实践案例，有的在组织模式方面进行了创新，有的在治理机制方面进行了创新，有的在方式方法上进行了创新，有的在应用新的技术或工具方面进行了创新，有的在资源整合模式方面进行了创新。这些社会创新实践为紧迫性社会问题的解决探索了一条新的路径，提高了公共服务或公益活动的效率与质量，具有较大的示范价值，值得其他地区借鉴与参考。

作为学术界，有责任对这些社会创新实践进行调查与研究，总结中国社会创新的内容与方法，探讨社会创新的动力机制与影响环境，归纳社会创新的规律，从而促进中国社会创新的推广，提升国家社会创新的能力与水平。

邓国胜

2013 年 2 月于清华大学

目　录
contents

就业与创业领域的社会创新

残障群体可以这样强势就业

——创新的力量

残障人就业是一个重要的社会问题

根据联合国的估算，世界上任何时候都存在 10% 左右的残障人口[1]。而且，这个数值还不包括残障人口对整个社会的影响。因为如果残障人没有完全融入社会经济生活，那么他们额外的生活成本就会转嫁给他们的家庭，以至于残障人及其家庭要承受生计和心理上的双重压力。事实证明，就业是残障人最好的保障，残障人通过就业获得劳动报酬，不仅减轻了家庭和社会的经济负担，而且通过就业可以为经济发展贡献自己的天赋技能和才干，实现社会人力资源的合理配置，进一步促进经济的增长[2]。因此，世界各国都将残障人的就业视为助残事业发展的核心问题看待。

第二次全国残障人抽样调查数据显示，截至 2006 年 4 月 1 日，我国有残障人 8296 万，占全国总人口的比例为 6.34%，其中残障贫困人口 1500 万，占全国贫困人口（2148 万）的 69.8%。全国有残障人的家庭户共 7050 万户，占全国家庭户总户数的 17.80%；有残障人的家庭户总人口占全国总人口的 19.98%。残障及其家庭成员即残障涉及的人口占全国总人口的 20%，其中有两个以上残障人的家庭户 876 万户，即大约

---

[1] Mont, D. (2004). "Disability employment policy". *Discussion Paper*. No. 0413, theWorld Bank.

[2] 吕学静、赵萌萌：《经济增长对残疾人就业的影响分析》，《湖北社会科学》2012 年第 4 期。

有 3074 万人家里有两个以上的残障人①。因此，在中国当前促进社会公平、构建和谐社会的背景下，残障人的就业问题涉及数以千万的残障人及其家庭的幸福安康，不容忽视。但是，由于身体的残障，无障碍设施配套不足以及用人单位对残障人认知的偏差，残障人就业始终是一个难以有效解决的社会问题。

令人欣喜的是，深圳残友集团创造性地将商业与公益相结合，构建了"基金会 + 社会企业群 + 社会组织群"的"三位一体"模式，有效地解决了残障人（尤其是残障大学生）的就业问题。截至 2012 年 2 月，凭借由一家基金会、八家社会组织、三十二家社会企业组成的民生平台，残友集团已经为 3762 名残障人提供了稳定的就业岗位和可持续的生活保障，取得了极好的社会效果，堪称残障人就业促进的典范。数年来，连续荣获"中国扶贫创新奖""中国科技创新奖""中国社会创新奖""全国优秀福利企业"、英国首届"国际社会企业奖"等称号。

案例描述

1997 年，残友集团还只是由一台旧电脑，五位残障人组成的家庭小作坊；在此之前，集团创始人郑卫宁还曾一度轻生，希望了结自己"毫无价值"的生命。谁能想到，时隔 15 载，它竟然变成了一个规模庞大、在国内外享有盛誉的社会企业，成为解决残疾人就业问题的社会创新典范。

发展历程

一　初创阶段：生命的转折从一台旧电脑开始

残友集团创始人郑卫宁从小患有重症血友病，血液里的凝血因子活性程度不到正常人的 10% ，血液根本无法正常凝固，不仅轻度的磕碰就会出

---

① 张晖、王萍：《残障人就业需求愿望与现实满足的影响因素研究》，《西北大学学报：哲学社会科学版》2011 年第 6 期。

血，每隔十天半月还会无原因地体内自发出血，生命随时都可能因没能及时止血而终结。1999 年，母亲去世，给郑卫宁精神上极为沉重的打击。"我已经是 44 岁的人了，只能是妻子女儿的负担，这样的生命还有意义吗？像我这样活着没有价值，我不愿意这样活啊！"在极度痛苦之中，郑卫宁在深夜爬上了自家的阳台，决心了结自己的生命。幸好被妻子及时发现并制止。

点燃生命的价值是郑卫宁愿意活下去的唯一出路。于是，妻子为郑卫宁购买了一台旧电脑，希望通过互联网为他打开一个崭新的世界。郑卫宁很快学会了网页制作以及电脑组装，足不出户的他依然可以通过电脑做很多事情。紧接着，创办一个专业的残障人服务网站的念头出现在郑卫宁的脑海，他希望以此帮助更多和他同样遭遇的人们。在妻子的支持下，郑卫宁动用母亲给他留下的 30 万元救命钱，邀请五位同样遭遇的残障朋友在家中创办网站。1999 年 9 月 18 日，中华残障人服务网正式开通。从此以后，郑卫宁和他的朋友们把对生命的深切感悟和对未来的美好希望全部融入为残障兄弟排忧解难的网络世界中。在网站开通一年时，点击率已经突破了 18 万次，成为全球点击率最高的福利网站。从此以后，郑卫宁及其团队的人生发生了重要转折，他们的事业开始扩展，网站工作人员的人数从最开始的五个人增加到了二十人。在创业的路上，在帮助更多残障人的过程中，他们点燃了生命的希望，实现了生命的价值。

二 第二阶段：引入商业手段，直面生存压力

与许多非营利机构一样，残友"小作坊"从一开始就面临着运营经费紧张的问题，且随着时间的推移而显得越发严重。为了节约成本，"小作坊"就设立在郑卫宁的家中。最开始，几个人的吃住都由他来承担。由于网站是免费的公益网站，没有任何收入，而购置设备、上网传发文件、吃喝住用等方方面面都需要资金，所以他们在经济上一直非常窘困。在网站头三年，郑卫宁和几位员工都没有一分报酬，生活上也是能省则省，甚至连煮饭的米都要仔细计算：每天平均用多少米，每顿应该用多少米……然而，即便是这样，经过几年的消耗，母亲留下的 30 万也所剩无几。

面对机构的生存问题，郑卫宁团队最终决定"以网养网"，引入商业手

段，通过为企业、政府提供信息化建设服务来赢得经济收入。2000年，郑卫宁将残友网社注册成为独资公司，其主要业务是打字复印，后来又成立了"爱心庇护吧"。然而，要想在市场竞争中拼出一席之地，单靠勇气是不够的，还需要一流的技术作为优质产品的支撑。2002年，浙江省理科状元、北京大学物理系毕业生、患进行性肌营养不良症和心肌致密化不全的李虹走进了残友集团。在此之前，电脑维护和网页设计由刘勇承担，但程序设计缺乏人才。李虹加入后，正好补上了这个缺口。深圳市信息化办公室的"深圳市网站信息搜集分类及其搜索系统"项目是李虹加入后的第一个重要项目，时间紧、数据量大，且不允许出现任何差错。在残友团队的努力下，终于按时完成了任务，得到客户的高度认可。于是，"以网养网"，通过商业手段来实现可持续发展的想法开始在实际工作中取得成效。这不仅使得残友网社的生存问题逐渐得到化解，还为今后残友集团"三位一体"的发展模式埋下了伏笔。

三　第三阶段：发掘残障人的潜能、树立核心价值

在第一阶段，残友集团探索了个人的生存价值，为生命找到了方向；在第二阶段，残友集团探索了机构的生存问题，找到了"以网养网"的路径；而在第三阶段，残友集团则进一步挖掘了残障人的潜能，创新地探索了残障人的就业之道与机构的发展之路。

由于残友集团以往的工作并不能体现出残障人的特殊优势，技术含量较低，可替代性极强，所以可持续能力非常有限。如何找到一个适合发挥残障人潜能，而又不受身体缺陷限制的就业领域一直是郑卫宁日思夜想的问题。

"我们残障人虽然肢体不便，但是思维活跃，有的甚至超出常人。我们比健全人更加珍惜每一个工作的机会，更能够静下心来完成手中的工作，更愿意为企业的发展付出。因此，对肢体要求相对较少的脑力劳动便更加适合残障人扬长避短，IT行业是一个不错的选择。"集团创始人郑卫宁如是说。于是，在李虹、刘勇、单凯、占炉华等一系列IT技术骨干的带领下，残友开始向软件开发这一高科技脑力劳动领域进军，并于2004年被评为中国科技部双软认定企业。

2005年，在深圳市福田区政府的帮助下，残友网社从郑卫宁家里搬至拥

有 300 余平方米的新办公场地,继而成为一个正规的以高科技作为主营业务的企业。在这个阶段,残友有效解决了两个问题:首先是企业的市场开拓,其次是残障员工的生活与无障碍保障。

市场是残酷的,依靠的是实力,残友的每个成员都知道这点。在一批技术骨干的支撑下,深圳市残友软件有限公司于 2007 年成立,并荣获深圳市高新技术企业称号。2008 年,残友通过国际 CMMI 三级认证,荣获英特尔明星软件企业、深圳市软件明星企业、全国优秀福利企业称号。同年,残友动漫文化发展有限公司、残友科技发展有限公司、残友电子商务有限公司等一系列企业纷纷成立,使得残友开始成为一个拥有多家子公司和独立分公司的信息高新技术企业集团。

随着集团规模的扩大,如何为员工提供优良的生活后勤保障与无障碍通行便成为残友面临的新挑战。为此,残友努力实现了在八小时内,工作场所完全实现无障碍通行,无特殊情况不允许员工加班。而在工作的八小时外,集团引入了社工制度,为员工提供整套而便捷的生活服务。生活区紧邻工作区,极大减轻了出行的不便;宿舍的房间和床铺设置都有无障碍因素的考虑;员工的衣服和饮食都有专门的社工和志愿者打理;除此之外,集团内部还经常组织员工参加各种兴趣小组,开展各种文化娱乐活动以及志愿服务。截至 2008 年底,集团建立起了深圳市残友社工服务社等三家公益机构。

企业市场的开拓为残障员工提供了持续的资源保障,为更多的残障朋友提供就业机会;反过来,全方位的生活保障和无障碍通行又为残友集团的市场开拓扫清了肢体不便的障碍。而这两者都是为了让残障人获得更有价值的生命、为更加幸福的生活努力付出。因此,将人的发展和幸福视为目的,而不是企业发展的工具,这是残友集团的核心价值之一。

截至 2008 年底,残友集团的员工人数已经由 2006 年的 36 人增加到 360人,人均总收入(货币工资 + 实物收入)由 2006 年的 31364 元增加到了47362 元。

四　第四阶段:"三位一体"的发展模式

自 2009 年后,残友集团"三位一体"的发展模式初步成型,并逐渐走向成熟，残友事业开始向全国的多个城市拓展。

2008 年，郑卫宁的病情曾一度恶化。为了让残障"弟妹"们的生命光芒持续闪耀，让残友集团可持续发展，郑卫宁决定将自己的所有财产捐赠出来，而基金会这种公益组织的形式刚好可以承载他的愿望。于是，2009 年11 月，为保证残友集团的稳定持续发展，郑卫宁以遗嘱的形式，将自己在残友集团的 90% 的个人股份和各分公司 51% 的个人股份，以及"残友"和"郑卫宁"的驰名商标品牌价值等，通过律师公证全部捐赠，经中国民政部特批，成立了深圳第一家基金会——深圳市郑卫宁慈善基金会。目前，基金会的理事会是整个残友集团的最高决策机构，从宏观上管理着残友旗下的三十多家企业和八家公益机构的发展。

2009 年后，残友集团在市场上又获得了重要突破。集团启动了国际 CM-MI5 级认证，荣获系统集成与运维、设计资质一级，对外贸易资格认证，被选为"深圳市信息工程协会副会长单位""广东省重合同守信用企业""深圳市重点文化企业""深圳市文化 + 科技示范型企业"。除了商业上的成功，残友集团在社工服务上也取得了可喜的成绩。八小时之外，他们在吸收西方社工实务基础上构建了本土化的"标准化社会服务体系"，就连洗碗都有科学的程序和标准。为了更好地为集团内外的残障人服务，残友集团又先后成立了卫宁读写障碍中心、深圳市残友社工服务社、深圳市无障碍出行服务中心、深圳市关爱残友志愿者协会等公益组织，着力解决当前社会生活中残障人面临的迫切难题。

"基金会 + 社会企业 + 公益机构"这种"三位一体"的模式不仅在 2009年后成型，而且逐渐走向成熟并开始向全国多个城市扩展。扩展具体的方式为：有意愿的地方可以向基金会提出申请，基金会结合当地政府掌握的闲置资源，在研究当地产业环境的基础上，提供启动资金、生产设备、品牌运营以及企业加社工的管理方式，还派驻技术、管理、社工骨干参与新企业的运营，最终使其达到与残友集团同样的岗位开放、阶梯式培训、生产生活一体化的经营管理模式①。在这几年中，集团在汕尾、广州、湖南郴州、海南、

---

① 杨团：《残疾人生存方式的革命——残友集团成长解析》，《中国慈善发展报告（2011）》，社会科学文献出版社，2011。

新疆等地都成功孵化了由残障人组成的企业。

截至 2012 年 2 月，残友集团的残障员工总数已从最初的 5 人达到了 3762 人。按照民政部的估算标准，每安置一个残障人就业就为国家节省开支 2.6 万元，那么残友集团为国家节省的财政支出便达到了 9781.2 万元。根据社科院研究员杨团的计算，2010 年残友集团的总营业额达到 9495 万元，员工收入不断增加（见图 1），年均总收入达到 5 万余元。

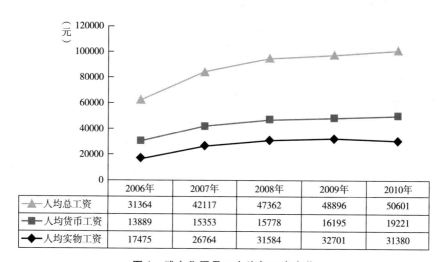

	2006年	2007年	2008年	2009年	2010年
人均总工资	31364	42117	47362	48896	50601
人均货币工资	13889	15353	15778	16195	19221
人均实物工资	17475	26764	31584	32701	31380

图 1　残友集团员工人均年工资变化

资料来源：杨团：《残疾人生存方式的革命——残友集团成长解析》，《中国慈善发展报告 (2011)》，社会科学文献出版社，2011。

残友集团的主要创新点

一　残障人就业的传统模式及其效果

在中国，促进残障人就业的工作主要由政府来推动，其常见模式有三种：集中就业、分散按比例就业、自谋职业或个体就业。

集中就业是政府最具保护色彩的残障人就业制度安排。政府通过法律法规的形式确立其就业形式，或直接举办福利企业、合作社等为残障人士提供工作岗位或通过转移支付的方式向第三方大规模购买工作岗位以提供给残障人士，并赋予第三方公益企业的合法地位，为其生产、经营、管理提供各种资助或支持。这种就业模式既可以是一种院舍内就业，也可以是在开放劳动力市场或准开放劳动力市场中的就业；就业机构向残障员工支付正常水平的工资或象征性的工资。因此，集中就业往往也被称为"庇护性"就业①。但是，由于全球化市场的竞争越来越激烈，政府主导下的集中就业在效率方面的劣势暴露无遗，如福利企业设备简陋、技术陈旧、资金缺乏、产品落后、管理人员和生产人员的素质偏低。据民政统计，民政福利企业每安排一个残障职工，大约需要投入2.6万元，若增加安置100万人，就需要投入260亿元，给国家财政带来巨大负担②。在这种情形下，福利企业纷纷倒闭。截至2005年，中国福利企业数量仅存31211家，仅为1995年的51.8%。"十五"（2001~2005年）期间，福利企业的降幅达5.3%，"十一五"（2006~2010年）降幅达10.5%③。

分散按比例就业是当前中国政府最主要的残障人就业政策。政府要求国家机关、社会团体、企业事业单位、民办非企业单位应当按照规定的比例安排残障人就业，并为其选择适当的工种和岗位。达不到规定比例的，按照国家有关规定履行保障残障人就业义务。虽然分散按比例的方式可以为政府极大地减少了负担，但却面临着很多问题：首先，有些单位招用残障人是为了逃避缴纳就业保障金，造成了很多残障人"悬空上班"（即领取生活费但不在单位上班）、就业不在岗的"挂靠就业"局面。其次，许多单位不与就业的残障人签订劳动合同，不缴纳各种劳动保险，工资水平极低（平均工资只有非残障人的一半），权益受到严重侵犯。再次，许多单位缺乏无障碍设施等劳保措施。残障劳动者多处于次级劳动力市场，36%的城镇已就业残障人从事一些与自身条件不相适应的简单、笨重体力劳动，缺乏劳保措施。最后，已经就业的残障人中相当一部分处于不稳定状态，一有风吹草动就可能

① 廖慧卿、罗观翠：《基于残障概念模式的残疾人就业政策目标评价》，《华中科技大学学报（社会科学版）》2012年第2期。
② 杨团：《残障人生存方式的革命——残友社会企业成长解析》，《中国慈善发展报告（2011）》，社会科学文献出版社，2011。
③ 杨立雄：《中国福利企业发展研究》，《中国经济问题》2009年第4期。

失业①。目前，个体就业只是名义上的社会保护政策，其发挥的作用非常有限②

总体上讲，我国残障人就业面临着以下诸多问题：就业机会少，就业技能低，岗位及工资受歧视、无障碍设施缺乏、社会保障不充分。全国 8300万残障人中，城镇约有 2071 万，其中有能力就业的为 700 多万，而在就业的只有 297 万。这还没有计算农村残障人口。2008 年登记失业的残障人失业率为 12.6%，远远高于全国登记失业率 4% 的水平③。

二 残友集团的主要创新点

残友集团的助残就业模式与传统方式形成鲜明对比。在残友集团，残障人不仅不会被视为就业大军中弱势群体，反倒成为具有较高竞争力的"强势"就业典范；残障人不再主要从事笨重且技术单一的体力劳动，而是以高科技信息产业领域为就业主导；残障人不再为就业稳定性和社会保障担忧，而是安心完成工作并享受社会保障。这一系列"颠覆性"现象的出现，让我们看到了助残就业事业的一番崭新图景，而它的产生与残友集团以下一些重要创新点密切相关。

（1）价值文化：将人的发展作为目的而非工具是一切成功的动力之源

价值文化是一个机构发展的原始动力，它的内容决定了决策层对价值的判断，进而决定着机构的发展方向和战略格局。价值文化与机构的内部管理和外部行动有着直接的关系。

残友集团的核心价值观是"感恩、奉献、自助、助人"；使命是推动残友的平等参与、融入共享；愿景是全世界的残友团结起来，用自己的行动改变命运。可见，对残友集团而言，其行为的出发点和落脚点，都是为了让残障朋友的生活更加幸福、生命更加精彩。在这里，"以人为本"的思想得到了彻底地兑现，其集中体现就是无论在哪一个发展阶段，残障人的发展始终

① 杨宜勇、谭永生：《构筑"一主多元"的残疾人就业服务网络》，《中国人力资源开发》2009 年第 4 期。

② 廖慧卿、罗观翠：《基于残障概念模式的残疾人就业政策目标评价》，《华中科技大学学报（社会科学版）》2012 年第 2 期。

③ 许琳：《残疾人就业难与残疾人就业促进政策的完善》，《西北大学学报（哲学社会科学版）》2010 年第 1 期。

都是作为目的而非工具来看待：

> 初始，郑卫宁创立中华残障人服务网，目的是为了帮助残障人解决生活意义苍白的问题；接着，郑卫宁又创办了残障网社，后来发展成为了社会企业集群，投入高科技产业的竞争，其目的也是为了解决残障人的就业与收入问题；八小时内外的工作生活一体化方式，也是为了让残障人无障碍地参与到日常工作和生活中。但是，这与一些企业的工作生活一体化有着本质的区别：作为一个纯粹的企业，其本质是将人作为工具看待，最终目的是为老板赚取更大的经济利润，而残友集团则是将工作作为残障人实现价值的手段，企业的利润最终进入基金会的管理范畴，为全体残障朋友可持续的发展与幸福生活提供物质保障。因此，这也是残友集团"三位一体"治理结构出现最原始的动力：让商业利润为全体残障员工服务，而不是让后者成为前者的奴隶，成为为少数人利益卖命的工具。

除此之外，我们还从残友集团的员工成长制度和退养制度中看到这种价值文化的体现。对于新进入的实习员工，残友集团要花九个月的时间来对其进行培训。在此期间，集团充分尊重新员工的兴趣爱好、专业特长，甚至允许新员工自己开辟岗位，最终为员工做出最为妥当的安排。在退养制度中，残友彻底解决了残障员工的后顾之忧：失去工作能力的员工在退养后可以终身领取工资，直至生命结束，而且这笔工资按照该员工连续三个月达到的最高标准发放。有人从两个方面对这项制度提出质疑：一是让企业背上沉重的负担；二是可能导致员工没有危机意识，不求上进、得过且过。然而，这正是残友集团高人一筹之处：由于感恩、奉献、自助和助人核心价值的有效贯彻，退养制度实际成为正面激励残障员工更加努力工作的动力，使得员工更加有归属的感觉，于是整个团队更加具有创造力和战斗力。

因此，梳理残友集团一路发展的历程，无论是领域选择、治理结构、工作生活方式，还是制度安排，都可以看见一条贯穿始末的主线：为残障人更加幸福地绽放生命服务。在这里，人的发展才是终极的目的。

（2）高科技信息产业：化弱势群体为强势就业

高科技信息产业计算机和通信设备行业为主体的 IT 产业，通常又称之为信息产业。残友集团瞄准这个市场是一个极为重要的举措，它是残障人这个弱势群体能够强势就业的关键所在。美国密西根大学教授普拉哈拉德在其新书《金字塔底层的财富》亦指出生活在金字塔底层的所谓穷人，代表了一个巨大的未开发未被服务的市场，与其去救助，不如通过社会创新服务去引领他们，其内涵恰如中国古谚"授人以鱼不如授人以渔"。

首先，高科技信息产业具有极大的市场容量和较高的产品附加值。在全球一体化浪潮的推动下，信息技术外包和业务流程外包已经成为高度国际化的产业。受益于经济转型加速、工业化和信息化融合以及政府的扶持政策，经过十年的飞速发展，中国服务外包产业的规模和能力都得到了极大提升，中国已经成为仅次于印度的全球第二大软件外包市场，2015 年有望跃居世界首位。"十二五"规划中在有关服务外包行业的内容中更表明，估计在七八年后，中国服务外包产业离岸额将达到 500 多亿美元的规模①。

第二，与健全人相比，残障人的劣势主要在于肢体的障碍，而其思维能力和意志却并不弱于常人。在信息化程度越来越高的今天，人们完全可以坐在电脑跟前，通过大脑和双手，足不出户地就能进行劳动。这样的生产方式对人的肢体要求相对较少，从而更加适合残障人就业。因为缺乏机会，残障人对来之不易的工作会更加珍惜，更加勤奋、耐心和细致。在残友集团有一条和普通企业完全相反的规定：不允许员工私自加班，如果发现，将对员工的上级主管罚款。集团负责人刘海军解释道："残障员工特别能吃苦，他一旦发现自己可以实现价值，那么将可能不顾身体地去拼命工作！"

第三，在互联网高度普及的今天，信息网络相关的技术知识已经不难获得，再加上残友内部就有一大批 IT 精英做导师，所以只要员工喜欢钻研，那么就可以像健全人那样创造出高价值高效益。

（3）"三位一体"的治理结构

社会企业是残友集团物质财富积累的重要引擎，也是残障员工可持续就业和幸福的保障，但是当企业发展到一定规模时，创始人郑卫宁又有了新的担忧，如果我突然去世了，怎么办？我那帮亲密无间的"残障弟妹"们怎么

---

① 广东省省情调查研究中心调研组：《残友：从一台电脑开启的残障人就业模式新革命》，广东省省情调查研究中心，2012。

办？残友集团是否还能够稳定不变地为残友们的幸福生活服务？这些问题不断在郑卫宁的脑中回旋。巨大的商业利益是极具诱惑力的。如果没有制度的保障，残友集团的公益属性不仅难以保障，而且其本身就会成为引发哄抢的巨大蛋糕。这样的情形一旦出现，残友集团势必四分五裂，最终成为为个人利益服务的工具。于是，十余年的创业艰辛将付诸东流，残障员工们将成为直接的受害者。

所以，为了让残障"弟妹"们能够让生命的光芒持续闪耀，让残友集团能够可持续的发展，郑卫宁决定将自己的所有财产捐赠出来，而基金会这种公益组织的形式刚好可以承载他的愿望。于是，2009年11月，深圳市郑卫宁慈善基金会正式成立。

基金会的成立解决了残友集团公益属性制度化的问题。基金会的理事会是残友集团的最高决策部门，而社会企业和公益机构则是残友集团向前发展的双翼，基金会从宏观上对社会企业和公益机构的发展方向进行把握。这就是所谓的"三位一体"的治理结构（见图2）。

除了保证集团的公益属性，"三位一体"的治理结构还为有效整合与吸纳来自社会、政府和市场的资源提供了通道。由于是公益机构，残友集团可以通过基金会接受来自社会的各类捐赠，同时也可以承载政府社会服务的服务购买、吸纳政府诸如场地等闲置资源；因为有企业集群，那么残友集团可以从市场竞争中获益，同时也可以承接外包业务。

基金会拥有并管理企业集群和公益机构集群——这样的组织治理形式在中国的现实中是前所未有的！它的出现，不仅给中国非营利组织发展的提供了新的模式，而且代表了商业与公益结合共同服务弱势群体的可行之路。

（4）工作生活一体化

工作生活一体化是指残友集团八小时内的无障碍工作场所和八小时外全面标准化的社工服务。有了工作生活一体化，残障员工的"衣、食、住、行、学、工"均方便而舒适。在残友集团的努力下，深圳市民政局为残友集团提供了十余个专职工资的社工，由残友集团的社工中心统一管理。此外，残友集团还从台湾引进了大陆唯一一支康复车队，为员工乃至更多企业外的肢体障碍人士提供无障碍出行服务。在这里，残障人和健全人在就业和生活上的差距被降到了最低，甚至前者的环境比后者更加友好。

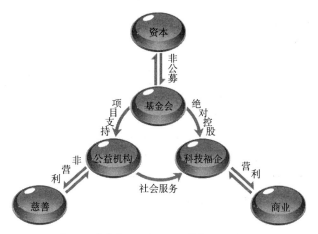

图 2　残友集团"三位一体"治理结构

事实上，除了工作和基本的物质生活，残友集团还为员工组织了丰富多彩的文体活动和志愿服务。在内部，残友集团鼓励员工成立各类兴趣小组，吹拉弹唱一应俱全；残友集团时常组织员工集体出游，沙滩冲浪、篮球比赛、野外游玩、集体看电影都成了常规娱乐项目。仅 2008 年，残友集团就举办了八次大型活动，每次活动都约有 30 余名参加。

除了自娱自乐，残友集团还组织员工参与各种志愿服务。为了让更多的残障人受益，残友集团先后成立了中华残障人服务网、深圳市信息无障碍研究会、深圳残友社工服务社等八家公益机构。在这些机构的活动中，残友集团的员工既是受益者，也是志愿者。他们不仅感受到了来自社会的关爱，同时也将这份关爱反馈给社会，给予更多的人以生命的力量。

（5）残友集团的内部成长制度和退养制度

残友集团员工的内部成长制度和退养制度意味着机构巨大的成本投入，这是一般企业避之恐不及的安排，但残友集团不仅认为这是残友核心价值观的体现，也是促进本机构发展的两项重要的制度创新。

为了让员工找到适合自己的就业岗位，集团设立了阶梯式培训、商业实战和岗位开放的内部成长制度。每位进入残友集团的新员工，都要进行九个月时间的学员期培训。前三个月是普适性培训，包括残友集团的历史文化、基础的择业观、各个部门的岗位设置及工作内容；中间三个月是一个提升，由内部的导师带领学员从事更深一步的业务学习；最后三个月是更高也是更深更专业一级的培训。经过了九个月时间，管理层会对学员进行一次评估，根据他的表现和兴趣决定去哪一个岗位。每个员工的成长过程都是一个由老员工作为导师传帮带的"实战"过程。岗位开放，是指任何人都可以在任何时候申请集团内部的任何岗位，无论部门、分公司还是地域，也无论是平级换位还是跨级调任，甚至员工可以提出自行开发新工作岗位的申请。

除了创新员工成长制度之外，残友集团在退养制度方面也进行了创新。2005 年，为残友集团进军高科技领域立下汗马功劳的员工李虹病情恶化，无法工作，被迫退离岗位。为了让李虹以及与他有相同遭遇的员工能幸福生活而没有后顾之忧，残友集团经过多番讨论后制定了一套独特的退养制度，充分提现了残友集团对残障员工的终极关怀。

残友集团退养制度规定，对不能再工作的残障员工实行工资及生活补贴的全额照发，即失去工作能力、在企业内部退养的员工可以终身领取其在残友的最高绩效工资。另外，残友集团还为员工购买包含门诊和住院的医疗保险，让非深圳户籍的员工也可以享受相同社会保险。残友集团独特的退养制度以企业补缺的形式较好地解决了国家社会保障制度对弱势群体的缺漏，让所有在残友集团工作的员工无后顾之忧，它与企业福利制度一起，成为支撑残友集团员工队伍超稳定的支柱[①]。自 1999 年起到 2010 年，残友集团的 108 名中高层管理人员中，辞职者仅有 1 名，还是因病回老家退养，一般员工 1099 人中，流失仅 8 人，流失率为 0.73%。员工保持高度稳定，是残友集团在众多竞争对手中可以脱颖而出、成为拿到世界 CMMI 五级认证的唯一一家残障人企业，有资格进行大规模软件开发的重要原因[②]。

案例分析

一　残友集团创新的动力来源：特殊能人 + 开放的社会

经过几十年的经济发展、社会转型，当前的中国正处于各种矛盾集中爆

[①] 广东省省情调查研究中心调研组：《残友：从一台电脑开启的残障人就业模式新革命》，广东省省情调查研究中心，2012。

[②] 杨团：《残障人生存方式的革命：残友社会企业成长解析》，《中国慈善发展报告（2011）》，社会科学文献出版社，2011。

发的时期,各类新旧社会问题纷纷浮出水面。面对这些问题,传统的思路已经很难应对,必须要用创新的思路去解决,而这些创新往往容易发生在民间社会。群众的智慧是无限的,民间的创造能力也是无限的。残友集团的成功,归结到根源就是:特殊能人+开放的社会。

(1)特殊能人

正如杰夫·摩根所言①,变革从来都是在一些勇敢的人愿意冒风险提出自己的主张时才有可能发生。领导力即使在最平等和最民主的运动中都是举足轻重的。但是,也是社会变革本身的意义使得人们舍弃旧习惯。即使是伟大的宗教先知也只是发起一种伟大的宗教,随后即由伟大的组织者、福音传道者和军事征服者集中精力在思想的基础上创建出伟大的组织。

残友集团也不例外,创始人郑卫宁正是众多残障人当中的杰出人物。那么,像这样的特殊人物具有什么样的特质,以使得他成为真正的社会创新家呢?

首先,热爱生命,追求自我实现的价值。对自己生命的热爱为郑卫宁的创业之路提供了最原始的动力。这里的热爱生命,并非是指活着就行,即便是对他这样生命极其脆弱的重症血友病患者。他渴望生命的绽放、生活的意义,从马斯洛的理论来讲,他执著地追求着自我实现的价值感。正是因为有这样的品质,他才能够与一位舰长的宝贝女儿结成终身伴侣,才能够有勇气选择自尽而不愿意无意义地活着,也才能够一步一步改变自己甚至他人的命运,让数千名残障人走向幸福生活,为全球的残障人树立自立自强的榜样。访谈中,郑卫宁这样说道:"我绝不浪费自己生命的每一分秒。我将每一天都当成生命的最后一天来过,上午该做的事情绝不推到下午,此时能做的事情绝不推到彼时!"②

第二,拥有自信,不畏惧风险。通俗地讲,自信即是指相信自己能够解决社会问题的勇气和决心。任何创新都可能面临失败的风险,但是面对社会的需求,具有创业精神的人群总是难以按捺内心的冲动。他们无法等待万事具备,宁愿冒着风险在实践中摸索。郑卫宁的经历正是如此。在媒体上,我

---

① 杰夫·摩根、N. Wilkie 等:《社会硅谷:社会创新的发生与发展》,《经济社会体制比较》2006 年第 5 期。

② 2012 年 7 月 10 日与郑卫宁访谈记录。

们看到的全是郑卫宁及其残友集团风光的一面，但创业艰难何其多："这一路吃过的苦太多啦，这一路简直是……公益社会企业的路上不是鲜花和掌声铺就的，它不光是充满了苦难和艰辛，还充满了彷徨和惆怅。不光是有困难，还有那种没人理你、你掉在水里也没人救你的那种失落呀，所以做什么你都彷徨和惆怅。你要想做公益人，每天都是一种战斗，比做商人更难。又要有更高的理想，还又要把钱赚出来，真的不容易！"

第三，是一位高情商、高智商、现实的理想主义者。如何与政府合作成为诸多公益机构面临的挑战。怎样在不违背自主性的前提下，既动员政府的资源为己所用，又有效摆脱政治上的敏感度，同时还让政府满意，这既是一个管理技术也是一种交往艺术。这对创业者本身的情商、智商都有较高的要求。残友集团就做到了这点。他们不仅与当地政府关系良好，而且郑卫宁本人也多次受到党和国家领导人的接见。成功的社会创业家通常都带有理想主义情怀，但是理性地对现实条件进行考量，是其决策的关键。不急躁、不冒进又是他们理性的特征。他们不容易因现实的困难而懊恼和退缩，反而将此视为这个世界需要自己去创造性地整合资源的理由。在残友集团整合政府闲置厂房、社工、沃尔玛爱心柜台资源、读写障碍项目中的国际评估标准等诸多资源中均体现了郑卫宁的情商与智商。

第四，具有较强的团队领导能力。从1999年的5人团队，到2012年的近4000人，残友集团的成功是一个创业团队努力的结果，而团队的领导人郑卫宁在管理上发挥的作用非常重要。德鲁克认为，领导能力是把握组织的使命及动员人们围绕这一使命奋斗的能力，包括三个原则：其一，领导力是怎样做人的艺术，而不是怎样做事的艺术，最后决定领导力的是个人的品质和个性；其二，领导者是通过其所领导的员工的努力而成功，领导者的基本任务是建立一个高度自觉、高产出的工作团队；其三，领导者们要建立沟通之桥。这三点，作为残友集团领导人的郑卫宁都做到了。

（2）开放的社会：具有创新潜力的民间智慧更容易被激发

为什么社会创新更容易发生在民间，而且越开放的社会中，创新的可能性更高呢？

首先，相比于其他部门，民间社会更具解决社会问题的强烈动机。社会组织是民间社会的核心组分，而社会组织存在的意义就体现在解决社会问题的过程中。因此，直面社会问题是社会组织一些行为的出发点和落脚点。残友集团从成立初期到向全国拓展，一共经历了四个发展阶段，而每个发展阶段的核心要点都是针对不同的社会问题。对不同时期的残友而言，所有的问题都是复杂而艰巨的，而支撑他们勇敢面对的就是对残障群体深切的终极关怀和向弱势命运抗争的强烈动机——尽管有些时候也是别无选择！相对于体系庞大、等级森严的政府或者以利润追逐为终极目标的企业，民间社会的主体一方面更容易敏锐地洞察社会需求，另一方面更容易将这种应对社会问题的动机传遍肌体，同时落实到具体的行动当中。这就是民间社会在社会创新中的优势体现。

第二，相比于其他部门，民间社会更具全力以赴解决社会问题的行动资源。在这里，所谓的行动资源，其重点还不在资金，而在于时间和精力。在强烈使命感的驱动下，民间社会的主体将全力以赴地去解决社会问题，将时间和精力都用于如何应对社会需要和改善受益对象福利的过程中。而由于科层体系，政府内部往往对上级负责，所以对底层社会需求反应显得相对迟钝。政府又是一个相对科层的官僚体系，各种规则的约束致使它很难全力以赴地去应对社会问题。

第三，相比于其他部门，民间社会更具解决社会问题的能力。社会问题的应对，许多情况下需要公权力的支持和物质资源的保障，但比这两者更加重要的往往是社会动员的能力。社会动员的能力是解决公众集体行动难题的核心能力，而许多社会问题之所以难以解决，其根源就在于社会公众集体行动能力和民主协商的意识不足。残友集团之所以敢于制定终身退养制度而并不担心"养懒"、之所以敢用以员工需求为导向的成长体系而不担心成本，就是因为它具有诸如感恩文化等强有力的社会动员工具，可以让每一位残障员工满腔热情地投入到为残友这个大家庭奉献青春的光荣事业中。这样的能力，政府和企业是很难企及的。

残友集团的成功和创始人郑卫宁的个人特质无疑有密切的关系，而郑卫宁的主要特质和上述三点是一致的。事实上，在民间社会里，勤奋程度、智力水平、思维活跃程度与郑卫宁相当的人很多，他们其实都是社会创新的潜在群体，但是关键是看他们处于何种生存环境之下，在民间社会中，他们更容易去做出一些社会创新的事业。

所以，社会创新需要具有创新特质的人和组织，更需要一个开放的社会环境来释放这些创新主体的能力。

(3) 消极社会境况的"倒逼"

回顾诸多社会创新的案例，尤其是弱势群体、贫困地区或环保领域等方面的创新实践，许多都带有"倒逼"的痕迹。消极的社会现实、悲惨的社会遭遇，使得人们毫无退路地去思考问题的根源及其解决方法。这不是"温水煮青蛙"，而是"逆水行舟，不进则退"，并且身后确已毫无退路。在这种极端的环境中，人们的创造潜力被深度激发了出来，继而出现了社会创新的实践。1999年，母亲的去世给了郑卫宁极大的打击。精神生活的痛苦将其逼上了绝路，而正是在这种情形下，换一种活法——购买电脑、利用互联网来打开一扇窗户的念头才出现在郑家人的脑海中。所以，在有些时候，消极社会境况的"倒逼"，也为社会创新提供了不可忽视的动力。

二 有机生长：残友集团创新的发展规律

从残友集团的案例中，我们可以看到诸多社会创新机构发展的一般规律，即"有机生长"。所谓"有机生长"是指在机构使命的引领下，以解决社会问题为导向，不断地吸收外界资源、丰富自己的肌体、增长自己的能力，最终成为一个在时间上可积累、在空间上有战略协同的有机整体。随着时间的推移、环境的变化、社会问题的解决程度的加深，机构的肌体也将发生有机的改变。

(1) 以解决社会问题为导向：不同阶段解决不同问题

梳理残友集团的发展历程，我们可以看到他们在不同的阶段面临不同的问题，而后一阶段的问题又是在前一阶段问题得到解决的基础上出现的。所以，从另一个角度来说，残友集团是一个有机生长的发展路径。比如，第一阶段是残障人生存意义苍白的问题；第二阶段是残障人及其组织生计发展的问题；第三阶段是如何让残障人由弱势群体变强势就业的问题；第四阶段是应对残友集团公益属性的制度化和模式推广的问题。不同阶段的这些问题又都汇总到如何促进残障人就业、保障残障人持续幸福生活的问题上。发展之初，残友集团并没有意料到十余年后的景象，所以并不存在战略上的谋篇布局，但是残友集团发展路径有一个重要的特点：按照发展规律运作，在不同的时期解决不同的问题，根据残友的需求和社会的变革及时调整机构的发展策略。紧扣主题，随机应变，是残友不断发展的秘诀，而主题就是残障人福利，"机"就是机构的内外环境变化所产生的机遇。这就是许多成功的非营利组织实现有机生长的规律。

所以，很少有想法在一开始就非常完善。创新者需要经常尝试，并且在实践中调试和修改方案。不断修改似乎在所有创新中都扮演重要角色，其中包括试验犯错和承担风险。实际上，许多社会创新都是行动先于理解。有时是实践促使了新想法的诞生，新想法又促成了新的实践。所以，每个阶段之间都有反馈和改进这个循环，这使得真实环境中的社会创新更像是多重螺旋而不是线性的。不同部门会有不同的发展模式。真实环境中的创新是一个发现的过程，这其中想法总是会有改进和变化①。

（2）各个项目在空间上的战略协同、在时间上的可积累

一个有机生长的机构，能根据其在不同时期不同环境下面临的问题的特征来选择自己的项目或分支机构构成。因此，从空间上看，各个项目之间可以形成战略协同，就像人的四肢和肝脏一样，各司其职而又共同为整体服务；而从时间上看，各个项目出现或者消亡的时间又不尽相同。而无论是从单个项目还是从机构整体的演化轨迹来看，都能辨识出不断积累的痕迹。残友集团从最初的五人作坊，发展到拥有近 4000 员工的企业集团；从一个没有盈利能力的公益机构，到一个盈利能力较强的商业集团，再到一个基金会管控下的社会企业集团，其机体的变化都是有道可循的，那就是适应当时环境的要求和自身发展的需要。

三　制度建设、文化建构以及产权过度的有序演进

集体行动困境是公益机构经常遇见的难题，而社会企业所面临的挑战则更加严峻：首先，在创业阶段，如何动员人们为了一个共同的目标精诚合作而不是"搭便车"是难题之一；第二，继续创业或者守业阶段，如何保证人们可以理性可持续地分配利益而不是对公共资源的"哄抢"是难题之二。集

---

① 杰夫·摩根、N. Wilkie 等：《社会硅谷：社会创新的发生与发展》，《经济社会体制比较》2006 年第 5 期。

体行动困境的出现，主要是人们基于狭隘自私的理性人性而出现，而从某种程度上讲也可以视为人性的弱点。针对这个问题，学者们开出了很多药方，有选择性激励、有机构规模控制、也有文化和意识形态的改变。前两种方法主要基于狭隘的理性人假设来设计，而后者则是要帮助人突破狭隘的理性人假设，取而代之一种更加具有公共意识的理性动机。从残友集团的发展模式可以看到这两种观点的同时存在：首先，从制度上保证了机构产权的公益性，这是针对第一种理论的设计；第二，残友集团在机构文化上确立感恩、自立、自强、互助等元素，在员工的公民意识提升上狠下工夫，这样从文化和意识形态上又保证了成员集体行动的达成。

然而，制度的形成并得到遵循、文化的形成并得到认同，以及员工公民意识的提升并形成习惯，并非一日之功。试想，如果在这些元素都没有稳固之时，突然有一笔财富变成可供分配的公共资源，那么无异于在团队中人为制造了一颗定时炸弹。缺乏制度、文化以及公民意识的约束，人们很可能会因为利益的纷争而堕入无休止的哄抢当中。而残友并没有陷入这样的困境，其中一个重要的原因就是一直到"三位一体"形成之际，集团99%的资产都为郑卫宁个人所有，是其"私人财产"。产权的属性无论是从法律还是从社会文化意识上，都是神圣不可侵犯的。待到基金会成立、"三位一体"机构成型之际，也是其制度、文化以及主要成员公民素质较为成熟之时，郑卫宁将所有资产捐给基金会，变成公益资产，就极大地规避了"公地灾难"所带来的巨大潜在风险。虽然这样的行为并非刻意为之，但是却恰到好处，避免了机构过早陷入集体行动的困境。

四 与政府密切合作，实现资源互补

有人将社会创新比喻成蜜蜂和大树的联合[1]。在每个阶段，新想法都必须得到支持后才能得以生存。这些支持包括：其他人的激情和投入、必要的投资、政府的政策等。换句话说，社会变革依靠"蜜蜂"和"大树"两方面的联盟："蜜蜂"是有新想法的个体和小组织，他们行动迅速而富有弹性；

---

[1] 杰夫·摩根、N. Wilkie 等：《社会硅谷：社会创新的发生与发展》，《经济社会体制比较》2006 年第 5 期。

"大树"则是诸如政府，公司和非营利组织的大机构，它们的创造力有限，但是却在执行力、持久力和使得事情发生的根基方面占有优势。在创新面前，他们彼此需要①。

残友集团和政府之间的关系正是如此。在政府那里，残友集团获得了最初的工作场地、获得了前期一些重要项目的投资、获得了及时的政策扶持、获得了社工服务的政府购买、获得了更高的政治荣誉和社会地位，而这些又使得残友集团可以在更广的地域、更高的层面和其他地区的政府合作，而当地政府也因为残友集团的创新成就而获益良多，不仅解决了残疾人就业，特别是残疾大学生毕业即失业的社会难题，而且还创造了社会财富，实现了高科技企业的利润与税收。作为一个公益性的资源平台，残友集团与政府的良性互动的机制值得进一步研究，以作为其他社会组织处理政社关系的参考。

结论与建议

如何解决残障人的生产生活问题是世界各国普遍面临的挑战。各国经验表明，扶持残障人就业是解决残障人问题的最佳路径之一。遗憾的是，以往各国并没有一种可持续的模式能够较成功地扶持残障人就业。

残友集团通过自身的努力，创新性发掘残障人自身的潜能，不仅极大增强了残障人的自信、点燃了残障人口生命的意义与希望，而且探索了一条解决残障人就业与生活的新模式，即通过社会企业为残障人提供可持续的物质保障，通过社工与志愿者等公益服务组织为残障人口提供优质的生活保障。残友集团的案例表明，社会难题完全可以通过创新的方式解决，创新的力量可以使得残障群体从失业到强势就业，从社会的负担转变为社会财富的创造者。而这种创新的动力来源于社会创新家群体和社会环境两个方面。残友集团的案例表明，培养一大批社会创新家群体，同时，激发社会的活力、给社会更大的发展环境与空间是社会创新的两大关键要素。与此同时，遵循社会创新活动的一般规律，让社会企业"有机生长"。特别需要注意的是，社会

---

① 杰夫·摩根、N. Wilkie 等：《社会硅谷：社会创新的发生与发展》，《经济社会体制比较》2006 年第 5 期。

创新的实践需要整合社会组织、政府、企业的资源，形成密切的合作伙伴关系。

残友集团的经验，无论对于普通公众、残障人口，还是对于期待创新的社会组织、社会企业均有借鉴价值。

一　对公众、残障人的启示

自 2010 年，《深圳特区报》对郑卫宁的创业事迹报道以来，他的社会创新精神感染了成千上万的公众，在社会各界引起来强烈反响。民政部李立国部长看到郑卫宁事迹的报道后，被郑卫宁的道德情操和热心慈善的博大爱心所感动，当即作出批示："深圳特区报关于郑卫宁事迹的报道非常感动人、鼓舞人。郑卫宁虽然身体残障，但他率领一批残友在高科技领域干出了一番事业，并热心慈善公益事业。他对生命价值和人生理想的不懈追求，值得学习。"[1]

从此，郑卫宁精神不仅成为大陆残障人自立自强的榜样，也成为香港乃至世界残友幸福生活的希望。一位家住宝安区的残障孩子的母亲看了报道后给郑卫宁写来一封长信："看完特区报关于您的报道后，我们一家人都很受感动。您在那样的身体条件下还在为残障人搭建就业发展的平台，让我和儿子在绝望中看到了希望！"[2]

然而，受到郑卫宁精神鼓舞的不仅仅是残障人，普通社会公众也深受感动和激励。北京的希赛顾问公司领导看到《深圳特区报》的报道后，当即决定捐赠 20 多万元的培训课程给残友集团，用于提高其软件综合研发能力，并派出三名高级顾问专程赶来深圳，为残友提供专门服务。希赛顾问公司的首席顾问张友生博士告诉记者："我们从深圳特区报的报道中知道了残友集团、知道了郑卫宁，他们的自强不息和无私奉献精神深深地打动了我们。我也要感谢深圳特区报能够报道出这么个有所作为的人物，他的精神值得全国人民学习。"[3]

---

[1]　徐华、方胜：《郑卫宁事迹感动了深圳》，2010 年 5 月 7 日《深圳特区报》。
[2]　徐华、方胜：《郑卫宁事迹感动了深圳》，2010 年 5 月 7 日《深圳特区报》。
[3]　徐华、方胜：《郑卫宁事迹感动了深圳》，2010 年 5 月 7 日《深圳特区报》。

二　对期待创新的公益机构的启示

残友的经验表明：

第一，作为一个公益机构，要进行社会创新，必须要有创新的意识和自信。借鉴他人创新模式的过程，是一个二次创新的过程，而不是一个轻松的"拿来主义"的过程。因此，学习他人的创新模式，首先是要把握住其创新的灵魂和源泉，那就是强烈的本土创新的意识和自信。一些最有效的鼓励社会创新的方法是相信人们：他们自己就是生活的最好诠释者，也是他们面临问题的最佳解决者。如果拥有这份自信，也许本土就能做出更有价值的创新；但如果没有这份自信，那么其结果往往会是找个"水土不服"的借口而草草收场。

第二，要把握住创新的动力来源。社会创新的动力可能来自于特殊的个人，也可能来自于社会，既可能是正面力量的推动，也可能是消极现实的"倒逼"。无论是那种动力或它们的混合，希望创新的机构都需要对此进行把握。所谓时事成就英雄，但生不逢时的情形也常见。所以，几种动力最好能够形成同向的合力，而不是相互抵消。

第三，要关注"有机生长"的规律。"有机生长"之所以可以成为社会组织发展的一般规律，就是因为其扎根社会，以解决社会问题为导向而进行生长。社会组织生而为了满足社会需求存在，所以其形态和规模都是为了满足当时当地社会问题的最佳解决。根据这个规律，许多社会组织便可以梳理出自己的发展线索和发展策略。

第四，与政府保持良性互动的关系。与政府保持良性互动不仅仅是在中国很重要，在世界各国都很重要，只是在中国更加特殊而已。中国是一个政府掌握了重要巨额资源的国家，与政府保持良性互动将在合法性和发展资源上为社会组织提供诸多便利。这里的良性互动并非是放弃自主性和独立性的依赖，而是通过机构的专业性、公信力以及灵活巧妙的公关技术而争取到政府的信任和尊重。最终，社会组织和政府是一种战略合作伙伴关系，而不是隶属关系或对抗关系。这点，诸多公益机构都需要向残友集团学习。

三 对社会企业的启示

近年来，中国的社会企业也开始成长。相对于一般公益组织，社会企业需要额外打理商业事务，而相对于一般企业，社会企业又带有社会公益的属性，其终极目标是非营利的、公益性的。所以，社会企业的发展需要同时面对社会和市场两方面的挑战。与国外一些拿出大部分利润作为捐赠资金的社会企业不同，郑卫宁慈善基金会是一个运作型基金会，不仅要接收企业集群的利润，而且要将这些利润用于公益事业的项目运作中。因此，作为社会企业，残友集团操作的是最高难度的挑战，其许多经验值得其他社会企业参考。

第一，从文化和制度上为机构公益属性上"双保险"。商业利益既可造福人类，也可称为引发争斗的根源。残友集团从机构文化构建和制度建设这软硬两方面为机构公益属性的保证上了"双保险"，为集团资产的产权做了清晰的划定，这是防止社会企业在扩展中"变质"的有价值参考。

第二，商业手段要符合市场规律并发挥参与者的长处。社会企业市场机体的运作，要符合市场的规律，按照市场竞争的法则实现优胜劣汰。做生意就要有一个生意人的理性和睿智。残友集团的企业集群，从一开始就注重企业核心竞争力的提升，尤其是技术的更新换代。目前，他们已经成为全球唯一取得 CMMI 五级认证的残障人企业。为客户及时有效且高质量地解决问题，使得残友集团能在激烈的竞争中立于不败之地。他们创造性地将残障人的劣势变为优势，选择了一个恰当而又高附加值的行业，最终实现了残障人的强势就业。

第三，有效地克服集体行动困境。正如上文所言，社会企业面临集体行动困境的风险和深度比其他公益机构要更加严峻。残友集团从制度、文化建设以及产权演变时机方面的做法，都值得其他机构借鉴。

引领青年创业的潮流

——创新改变未来

青年就业与创业问题是 21 世纪各国面临的挑战

青年失业是影响经济发展和社会稳定的重大社会问题。早在 2005 年,首份青年就业状况报告显示,我国青年的失业率为 9%,高于社会平均水平,而且失业青年大部分为长期失业[1]。最新的数据表明,我国青年的失业问题依然严峻。2011 届大学毕业生的失业率高达 9.8%,将近 57 万人处于失业状态[2]。国内外经验表明,鼓励青年创业是解决青年失业问题的有效手段。然而,创业并非易事,虽然我国 70% 的人有创业意愿,有 20% 的青年有创业潜质,但是我国青年创业企业的存活率只有 3%[3]。

创业失败不仅对青年本人及其家庭是一个沉重的打击,对于社会资源也是一种极大的浪费。如何有效帮扶处于失业、半失业或待业状态的创业青年,提升青年创业的存活率、以创业带动就业,是 21 世纪中国解决青年就业与创业问题的关键。为了探索青年创业的新模式,2003 年,共青团中央、中华全国青年联合会、中华全国工商业联合会共同倡导发起了中国青年创业国际计划(Youth Business China,简称 YBC)。成立之初,YBC 主要是借鉴总部设在英国

---

① 全国青联及劳动和社会保障部劳动科学研究所:《中国首次青年就业状况调查报告》,2005,http://news.sina.com.cn/o/2005 – 05 – 25/14025986242s.shtml。

② 麦可思研究院:《2012 年中国大学生就业报告》,2012 年 6 月,http://www.cssn.cn/news/495687.htm。

③ 摩立特集团:《通向繁荣之路》,第 50 页。

的青年创业国际计划（Youth Business International）扶助青年创业的模式，动员社会各界特别是工商界的力量为青年创业提供咨询以及资金、技术、网络支持，以帮助青年成功创业。在总结创新实践的基础上，YBC逐渐形成独特的扶持青年创业模式。

截至2012年底，YBC已在全国建立了56家创业办公室，扶持青年创办企业6074家。而在YBC各地项目办中，福建省项目办，又称福建海西青年创业基金会，又是最具创新的项目办之一，其扶持青年创业的企业存活率高达92%，远超国内外平均水平。

本文主要介绍海西青年创业基金会的创新模式，并总结和分析其在扶持青年成功创业的经验与启示。

案例描述

一 海西青年创业基金会的成长历程

为了解决青年人的创业难题，2005年，福建团省委决定将YBC扶持青年创业的模式引进福建。在YBC全国办公室的支持下，YBC这颗种子在福建落地。这是YBC全国第四个省级办公室。

YBC全国办有统一的扶持模式和运作管理的标准典章，其特点在于不仅向创业青年提供无偿贷款，而且还根据创业青年的发展阶段提供不同程度的导师辅导服务。因此，成立之初，在省工商联的大力支持下，福建创业导师团也宣告建立。一批省创业成就奖获得者、企业中高级管理人员、咨询师、律师成为首批获聘创业导师，为创业青年提供咨询、辅导等志愿服务。

由于当时YBC福建项目办只是挂靠在团省委下面的非常设机构，项目缺乏独立性与可持续性。2007年6月，福建省青年企业家协会与网龙公司共同申请成立"福建网龙青年创业基金会"，由网龙公司每年出资200万元。基金会成立后，便成为YBC在福建的执行机构。与此同时，为了加强导师之间的沟通与交流，"福建企业家导师俱乐部"随之成立。

2008年6月，为了吸纳更多社会支持力量的加入，"福建网龙青年创业基金会"正式更名为"福建省海西青年创业基金会"。从2008年10月开始，

YBC 福建办（即福建海西青年创业基金会）陆续在地市层面成立 YBC 工作站，各大中专院校、县级和社区成立了 YBC 服务站。由此，YBC 福建办形成了"YBC 办公室—YBC 工作站—YBC 服务站"三级工作网络体系。2009 年 5 月，为了增进创业青年之间的沟通与交流，YBC 福建办成立了 YBC 海西创业青年俱乐部。

自此，海西青年创业基金会已经发展成为一个自主性较高、组织网络体系健全、具有较强可持续能力的扶持青年创业的非营利组织。

二 海西青年创业基金会的创新做法

在扶持青年创业方面，海西青年创业基金会在遵循 YBC 模式标准典章的基础上根据福建自身的特点，探索了一些扶持青年创业的创新做法。其中，最有特色的是发展青年创业培训体系、导入 ISO9001 质量管理体系、成立"蓝丝带"社会企业等。

（1）健全扶持青年创业的培训体系

国内外的研究表明，超过 70% 的青年有创业梦想，而只有 20% 的青年真正具有创业潜质。海西青年创业基金会根据多年的经验发现，以往青年创业失败率较高的原因之一在于扶持的创业青年本身并不适合创业。因此，如何筛选具有潜质的青年进行扶持就成为解决问题的关键。

海西青年创业基金会的解决之道就是通过健全培训体系，在多层级的培训过程中发现和筛选具有潜质的创业青年。

海西青年创业基金会导师团队经过多年的摸索，逐步构建了一套包括三个层级的培训体系（见表 1）。第一层级是面向所有有创业意向的青年群体进行宣讲，主要邀请成功企业家与青年朋友们分享创业经历、交流人生感悟，激发青年创业热情。同时，也向有意向创业的青年介绍 YBC 的扶持模式。通过宣讲过程，让更多的青年了解 YBC，同时吸引更多的、有潜质的青年加入到创业队伍。

在经过宣讲或推介会之后，如果有意向创业的青年对 YBC 模式有兴趣，则可以申请参加 38 学时的 KAB① 校园奖励计划或为期五天的海西青年创业培

---

① KAB 的全称是"Know About Business"，意思是"了解企业"，它是联合国国际劳工组织为培养大学生的创业意识和创业能力而专门开发的教育项目。

训班。第二层级将对初创青年进行系统的创业知识、创业技能培训，协助他们形成清晰完整的创业思路和创业计划。第二层级一方面可以丰富青年的创业知识，另一方面也可以通过导师与创业青年相对较长时间的密切接触，发现有潜质的青年。

在接受第二层级的培训并写出完整的创业计划书之后，创业青年则可以进入到第三层级，即组织评审导师志愿者对计划书进行评审①。评审是决定创业青年能否得到 YBC 资金资助和导师辅导的重要环节，包括初筛—预审—实地面试—复审四个环节。虽然评审环节以判断"是否给予青年扶持"为最终目标，但它同样也是帮助青年完善商业模式、修改创业计划书的培训过程。

虽然三个层级的培训体系需要花费较多的时间与精力，然而，通过这一过程，海西青年创业基金会不仅可以吸引更多的青年，而且可以较好地筛选到一些真正具有创业潜质的青年，从而大大提升了扶持青年创业的成功率。

表1　海西青年创业基金会的培训体系

层次	培训内容	面向对象	师资来源
第一层	海西青年创业大讲坛	面向所有有创业意向的青年群体	成功企业家，专业人士（大部分为 YBC 导师）
	YBC 推介会	面向所有有创业意向的青年群体	YBC 项目官员，有时有导师参加
第二层	KAB② 校园奖励计划	面向高校内部对 YBC 有所了解、希望得到扶持的青年群体	获得 KAB 资格认证的高校教师
	海西青年创业培训班	面向社会上对 YBC 有所了解、希望得到扶持的青年群体	获得 SYB③ 资格认证的 YBC 导师
第三层	YBC 项目计划书评审	面向进入 YBC 评审环节的创业青年	YBC 评审导师

---

① 注：没有参加过培训的青年也可以提交创业计划书，参加评审。不过，参加过培训的青年，其成功率相对会更高。

② KAB 的全称是"Know About Business"，意思是"了解企业"，它是联合国国际劳工组织为培养大学生的创业意识和创业能力而专门开发的教育项目。

③ SYB 的全称是"Start Your Business"，意味"创办你的企业"，它是"创办和改善你的企业"（SIYB）系列培训教程的一个重要组成部分，由联合国国际劳工组织开发，为有愿望开办自己中小企业的人士量身订制的培训项目。

（2）导入 ISO9001 质量管理体系

随着 YBC 福建办公室（即海西青年创业基金会）—YBC 工作站—YBC 服务站三级工作网络体系的建立，扶持项目规模的不断扩大，项目官员人数的增加，一些问题也开始暴露出来。一方面，个别新员工对 YBC 的扶持模式不熟悉，一些青年抱怨创业项目申请批准的周期太长，另一方面，项目官员则反映有的青年还款率较低。

上述两方面的问题使得海西青年创业基金会的项目官员及导师团队产生了危机感。为了加强组织管理、规范工作流程，提高扶持青年创业的效率，从 2010 年开始，海西青年创业基金会的项目筹划导入 ISO9001 质量管理体系，并逐步将它推广到全省的各个办公室和工作站，以保证组织在快速发展的同时规范管理流程，保持服务质量。

ISO9001 质量管理体系根据 YBC 标准典章，结合福建省扶持青年创业的具体情况，将日常经验固化成文件，补充了岗位职责，细化了操作流程，是 YBC 模式标准典章的补充和强调。同时，在 YBC 模式标准典章基础上，进一步增强了组织的目标管理、流程控制和绩效考核（见表2）。

表2　YBC 标准典章和质量管理体系在导师评审工作的异同

维度	YBC 标准典章	ISO9001 质量管理体系
读者	主要是导师、项目官员、创业青年	项目官员
目的	指出怎么做，以及为什么这么做（例如，进行实地面试的原因是我们相信"眼见为实"）	明确具体每一步怎么操作（例如，实地面试环节可以分解为15项操作）
内容	由典章、《导师工作手册》和《项目官员工作手册》等相关内容构成。例如，《导师工作手册》中关于如何开展创业项目评审工作的内容又包括： 1. 评审导师和联络员导师的职责 2. 评审的原则 3. 评审导师的工作方式 4. 项目评审流程图及说明 5. 评审的内容和标准 6. 评审导师抽签制	由创业申请筛选 SOP（标准操作流程）、预审 SOP、实地面试 SOP、复审会 SOP 等多个 SOP 组成，每个 SOP 都包括： 1. 目的 2. 适用范围 3. 流程（岗位、流程图和标准） 4. 备注

续表

维度	YBC 标准典章	ISO9001 质量管理体系
管控程度	由于 YBC 模式标准典章是适用于所有 YBC 各地项目办公室的统一模式和标准，需要具有普适性和一定的自主性	在遵循 YBC 模式标准典章基础上，操作流程更加具体明确（例如，在实地面试的资料回收之后，项目官员须在 2 个工作日内：①向青年书面反馈审核意见；②通过面试的，提醒创业青年完善材料，并告知下一环节安排）

（3）成立"蓝丝带"社会企业

初创期的青年面临的最大挑战之一就是产品的销路问题。初创企业的规模小、产量少、资金量小，如果没有能力做好销售，企业就很难继续存活，这也是各国青年创业存活率很低的主要原因之一。

海西青年创业基金会由于有一个导师俱乐部，导师们比较活跃，经常聚会和讨论这些问题，有的地方的做法是把青年产品推荐给导师，但难以持续。如何帮扶青年提高销售就成为福建导师团队思考的问题。恰逢此时，福建导师团队读到了穆罕默德·尤努斯和卡尔·韦伯在 2010 年出版的新著《企业的未来：构建社会企业的畅想》，非常有启发，因此，导师们决定发起成立一个社会企业，帮助创业青年搭建销售平台，使得创业青年货真价实的产品进入这样的平台，从而一步步将青年领进商业网络。2010 年 11 月，十位导师发起人共同出资 50 万元注册成立了"福州蓝丝带商务会展有限公司"（简称"蓝丝带"）。

作为一家社会企业，"蓝丝带"追求经济目标和社会目标的平衡。所谓经济目标，是指公司按照市场的规则进行运作，先要维持企业的生存和可持续发展；同时，员工工资要有竞争力，能够吸引和留住人才。所谓社会目标，"蓝丝带""扶持帮助 YBC 资助的创业青年个人和企业成长，创造就业机会，舒缓就业难的社会问题"[1]。"蓝丝带"以"感恩、诚信、责任"作为核心价值观，以"是否符合社会责任标准，是否符合 YBC 公益文化理念"作为确定公司主营业务方向的标准，在经营活动中贯穿"爱心集合智慧，服

---

[1] 参考自福建海西青年创业基金会、中国青年创业国际计划（YBC）福建办公室《2011 年度"蓝丝带"社会目标效果评价报告》，2012 年 2 月 8 日。

务打造精品"的企业理念。

作为社会企业，"蓝丝带"董事会成员承诺永不分红。但是蓝丝带的利润分配兼顾团队的激励和公益的目标。具体来说，企业利润的 30% 用做经营团队的绩效工资，用于激励员工努力工作，从而更好地实现经济目标；其余70% 则捐赠给福建海西青年创业基金会，并设立"蓝丝带"专项基金，用于扶持青年创业的公益事业。同时，为了保证"蓝丝带"不偏离公益目标，"蓝丝带"邀请独立第三方对"蓝丝带"的社会目标效果进行评价，并发布专项审计报告，从而获得社会的认知和认可。

三 海西青年创业基金会的创新成效

海西青年创业基金会在严格按照 YBC 标准典章扶持青年创业的基础上，通过创新性构建培训体系、引入 ISO9001 质量管理体系和打造"蓝丝带"这一社会企业平台，在扶持青年创业方面取得了显著成绩。

通过建立宣传推广、培训提升和评审筛选三个层级的培训体系，海西青年创业基金会吸引了大量认同 YBC 理念的创业青年，同时通过培训提升了青年创业的能力、发现了人才，最终通过评审机制筛选出真正有创业潜质的青年。到 2012 年 9 月为止，海西青年创业基金会累计培训的青年大约在 5 万人左右，累计扶持青年创业企业 428 家，占到 YBC 全国扶持总量的约 10%。

通过引入 ISO9001 质量管理体系，海西青年创业基金会的内部管理和扶持效果都发生了明显的、积极的变化。从内部管理看，组织明确了自身的质量目标，完善了组织的内部管理，增强了项目操作的标准化程度，从而总体上提升了工作的效率；从扶持效果看，海西青年创业基金会提高了扶持青年创业的申请速度与还款率，增加了扶持创业青年的人数。2009 年海西青年创业基金会的还款率只有 67.4%，2010 年导入 ISO9001 质量管理体系之后，还款率已经上升到 2011 年的 80%，提高了 12.6 个百分点。同时，海西青年创业基金会扶持创业青年的人数也从 2009 年扶持 45 位青年增长到 2012 年前三个季度扶持 104 位青年。虽然影响还款率和扶持人数的因素很多，但无论如何，ISO9001 质量管理体系为海西青年创业基金会的快速发展起到了"保驾护航"的作用，保证了在快速扩张过程中的扶持效果。

通过建立社会企业，共帮助 47 位创业青年在"蓝丝带"平台销售产品。2011 年，通过产品手册、展销、短信邮件营销、年货整合营销等方式，帮助创业青年销售产品 65.7 万元。2011 年是"蓝丝带"开始运行的第一年，从现有的数据来看，"蓝丝带"已经能够维持自身运转和持续发展，做到自负盈亏并略有盈余。

总体来说，截至 2012 年底，海西青年创业基金会已经成立 7 个工作站、134 个服务站，已有活跃的导师志愿者 1030 人，为创业青年提供了数以万计的志愿服务小时。自成立到 2012 年，海西青年创业基金会累计扶持青年创业企业 428 家，带动就业 2014 人，年总产值 5.48 亿元，青年创业企业存活率高达 92%。

案例分析

以创业带动就业是 21 世纪解决失业问题的有效途径，而提升青年创业存活率则是解决青年创业问题的有效途径。海西青年创业基金会通过不断创新，较好地提升了青年创业的存活率。那么，海西青年创业基金会为什么能够持续创新？其创新的政策环境如何？政府、企业与海西青年创业基金会是怎样一种合作模式？案例分析部分将对以上问题进行探讨。

一 导师志愿者的主体性是创新的动力来源

调研发现，导师志愿者们在帮扶青年创业过程中起到了最关键的作用。他们是一群富有创新精神的社会企业家，是社会问题的发现者、是社会创新的点子库，也是创新得以实施的推动力量。更难能可贵的是，导师志愿者将扶持青年创业的工作当成自己的事情加以对待，他们不是消极地参与，而是积极地投入到公益事业当中。因此，导师志愿者成了帮扶青年创业的主体，这种主体性是海西青年创业基金会创新的动力来源。导师志愿者的主体性包括以下三个方面：倡导平等、自由、开放、互爱的志愿精神；民主治理的工作机制；自我净化的志愿者网络。

（1）平等、自由、开放和互爱的志愿精神

导师志愿者的主体性扎根于 YBC 的文化，YBC 的公益理念激发了导师志愿者的志愿精神。根据 YBC 全国办公室对自身文化系统的描述，YBC 的文化系统包括三个层次，即：经济与社会平衡发展的核心理念，公平化、市场化和民主化的制度理念，以及寻求跨界合作、倡导"圆桌"与"方桌"的方法理念。YBC 福建的导师志愿者在 YBC 文化系统的基础上，归纳出了福建导师志愿者的志愿精神，即平等、自由、开放和互爱。这八个字是对YBC"平衡发展"核心理念的具体阐述，也是理解福建的导师志愿者持续参与志愿服务动机的一个关键。因为这一志愿精神，福建的导师们在参与志愿扶持青年创业的活动中，感受到快乐，建立了信任，实现了自身的价值。

平等是指导师志愿者在参与 YBC 活动中的身份、地位的平等。无论导师的职务和身份的高低，他们在 YBC 都能得到一视同仁的对待，他们拥有同一个称呼：志愿者。这种平等体现在 YBC 活动的每一个细节上，比如，开会不排座次，大家都围绕圆桌就座。每一位导师志愿者，不管他来自哪里，都能够为扶持青年创业的公益事业贡献自身的力量，融入 YBC 的志愿服务大家庭。

也正是因为平等的理念，YBC 不必看重导师的职务和身份，而是根据扶持创业的规律和标准，将每一位导师安排在合适的公益岗位当中。以选择复审导师为例，YBC 并不是根据导师的职务高低安排复审导师，而是看重这位导师对 YBC 理念的认同，以及"须曾涉足不少于两种行业，并具有连续八年以上自主创业或企业经营管理经验"，根据这些标准挑选出来的导师可以比较深入地理解等待评审的创业项目，可以给出权威的项目意见和建议，从而最终有利于青年的创业实践。

自由是指导师志愿者自愿、主动参与到 YBC 扶持青年创业的活动当中。因为自由，导师志愿者可以力所能及地贡献自己的时间、经验、技术等各种资源，而不会感到压力和胁迫，更不是行政摊派。也正是因为自由的理念，YBC 可以调动每一位导师志愿者参与公益活动的积极性。YBC 主张每位导师"奉献一点点"，为公益事业作出力所能及的贡献。YBC 将工作"众包"给各位导师，然后再将每一位导师的贡献汇合起来，这样就形成了一股强大的扶持青年的力量。

开放是指 YBC 的志愿平台面向所有志愿者开放。可以有新的企业家、政府官员和学者加入 YBC 的志愿大家庭，成熟的导师志愿者可以成为核心导师,大家都可以为YBC的发展贡献自己的想法和资源。也正是因为开放的理念,YBC才能源源不断吸引新的志愿者进入这个平台,才能源源不断培养新的核心导师,才能防止僵化,不断鼓励创新的想法和机制。实际上,开放的理念不仅适用于海西青年创业基金会,它也适用于由YBC导师志愿者发起的"蓝丝带"社会企业,也就是说,任何赞同"蓝丝带"理念和做法的导师都可以入股,共同以社会企业的形式扶持青年创业。2012年"蓝丝带"将吸引两位新的股东加入。

互爱是指YBC大家庭成员之间的相互爱护。每个人心中都有一种渴望:渴望奉献,渴望改变。互爱既有导师对青年的关怀,也有青年对YBC的感恩。YBC的成功之处,在于为企业家提供了实现个人价值的平台。扶持青年创业是这样一种事业,企业家能够在其中发挥作用,而且只有企业家才能发挥这样的作用。这种爱,只有企业家才能给予。正是因为互爱的理念,导师志愿者才能有创新的动力。因为导师对青年的关怀,导师能够发现青年在创业过程中的各种困难,发现YBC在扶持青年创业过程中的各种困难,并提出创新性的解决方案。培训体系、ISO9001和"蓝丝带"都是来自导师对这些困难的回应。

正是因为互爱的理念,YBC的公益事业才能持久。导师在商业领域取得了一定的成就之后,加入YBC的志愿大家庭,通过践行公益的方式回馈社会;今天的创业青年在成长为企业家之后,也会回过头来成为志愿者,帮助更多的创业者成长发展。

（2）民主治理机制

海西青年创业基金会通过民主治理机制来调动和发挥导师志愿者的主动性,为持续创新注入源源不断的源头活水。民主治理机制体现在:导师参与项目并拥有完全的决策权,导师之间实行民主治理机制,老导师带动新导师,以及核心导师发挥了关键的作用。因此,导师志愿者有动力在服务的过程中主动发现问题、推荐资源、解决问题。

YBC扶持青年创业的模式和传统慈善组织的区别在于,YBC让导师参与到公益服务当中,并且主张"导师志愿者在前面",让导师志愿者对项目扶持的结果"说了算",任何人都不能干预导师的决定。比如,项目评审由评审导师讨论决定,这些评审导师都是具有"连续六年以上自主创业或企业经营管理经验"的人，其中复审导师具有"连续八年以上自主创业或企业经营管理经验"。有时候，几位评审导师对一个项目或话题展开激烈的辩论，但是，坐在一旁提供服务的项目官员不会打断或者干预导师的讨论，而是发挥导师对项目的完全决定权力。如此一来，导师在 YBC 的大家庭里能够扮演着重要的角色，也更愿意参与 YBC 的志愿服务。

调动导师主动性的第二个原因是导师内部实行民主选举。海西青年创业基金会的执行总干事、导师小组组长和专业委员会召集人都是通过民主选举产生，而且采用轮值的制度，从而让更多有责任感和使命感的导师参与进来。比如，海西青年创业基金会的导师委员会有三位执行总干事，每人任期三年，而每年要选举和轮换一位新的执行总干事。这样，每年都有两位"老人"和一位"新人"在做执行总干事，这样既做到了民主治理，又保持了工作的稳定性。

海西青年创业基金会的另一个传统，即老导师带动新导师，让新导师逐渐参与 YBC 的活动，逐步融入 YBC 的公益文化当中。

与此同时，二十几位核心导师发挥了关键的作用，这些导师包括三名执行总干事、二十位导师小组的组长，以及六个专业委员会的召集人。每位核心导师带动十位导师，就有较大的辐射力和影响力。

（3）自我净化的志愿者网络

海西青年创业基金会的公益性质也是确保导师志愿者主体性的必要条件，因为只有在以公益扶持青年创业为目标的网络当中，导师志愿者才有可能为着公益目标持续地付出。在一个公益性质的网络当中，导师志愿者是主体，而在行政命令或者商业利益的网络当中，导师志愿者只能是从属。从案例的情况来看，基金会的志愿者网络保持着公益的性质，其原因在于导师志愿者的社会网络可以实现良性的循环。具体来说，招募具有公益心的人士成为 YBC 的导师；导师之间经常互动，不断自我净化，共同为着纯粹的公益目的而贡献各自的力量。归根到底，海西青年创业基金会的成功在于这些机制恰当地处理了公益目的和商业意图之间的关系。

基金会在招募导师志愿者的时候就考虑到了导师的公益性。不少企业家是经过 YBC 导师志愿者的推荐而加入，这些企业家往往是"有公益心、有爱心、有责任感和有能力，并且是基于对 YBC 认同，不是为谋取个人利益而参与进来"的人。他们因为信任朋友（导师志愿者）而信任整个 YBC 的志愿工作网络，而且由于这种推荐，他们也可以更快地融入这个网络中来。

新导师在进入 YBC 志愿者网络之初，难免带着一些商业目的。但是，当新导师看到这个圈子的志愿者都在纯粹地做公益，他们也开始主动屏蔽自己的商业意图。

实际上，"公益性的志愿工作网络"背后有一个更加深层的问题——导师应该怎么对待公益行为背后的商业意图？调研表明，导师志愿者来到海西青年创业基金会都是不带着商业目的，但是"福建又恰恰是导师之间业务往来合作最多的（一个省份）"。这种看似矛盾的现象背后蕴藏着一个简单的道理："在商不言商"。大家因为公益的目的而进入这个社会网络，又在纯粹践行公益服务的过程中建立信任、产生友谊，那么，生意自然而然就来了。

二 制度建设的能力是社会创新的成功保障

公益慈善机构仅仅有创新的点子是不够的，关键还在于将点子变成现实。

实施创新方案比提出创新点子的难度更大。如果说提出创新点子需要导师志愿者具备多年的管理经验、敏锐的洞察能力和天才一般的灵感，那么，实施创新方案需要更多人的参与，它需要基金会的牵头、地方工作站和服务站的配合、更多导师的投入以及"蓝丝带"和政府等机构的合作。其次，实施创新方案要求输入资源，包括资金、社会资本和政策资源。最后，创新的方案需要和原有的制度进行协调，就基金会的经验来看，它在 YBC 标准扶持模式的基础上进行创新，而不是推倒重来或者另搞一套。

调研表明，海西青年创业基金会之所以能够成功地将创新点子变成现实，其原因就在于导师志愿者将自身的创业或管理的经验运用到扶持青年创业的公益事业当中，并且利用自身的资源优势确保基金会的各项创新举措得以启动和运行。同时，海西青年创业基金会能够使偶发的创新现象凝固为规范和持久的制度，将各项创新做法内化为组织的日常工作。

（1）借鉴商业经验

导师志愿者在发现扶持创业过程中的问题之后，运用自身丰富的商业经验，包括从长期自主创业和企业管理实践中取得的知识和技能，形成诸如海西青年创业培训班、导入质量管理体系和成立蓝丝带等行之有效的解决办法。

这些创新的解决办法之所以行之有效，首先是因为导师自身具备丰富的实战经验，他们具备发现解决方案的能力。海西青年创业基金会的导师来自企业家、中高级管理人士、领域专家、咨询顾问和离退休专家。导师需要具备一定的资质，比如，评审导师必须具有"连续六年以上自主创业或企业经营管理经验"，具有敏锐的眼光和较强的决策能力，熟悉市场运作和相关的专业知识、政策和法规；"一对一"导师必须具有六年以上企事业单位工作经历，专业导师和联络员导师都需要具备三年以上的工作经验。他们目光敏锐，身经百战，怀揣着各种解决复杂问题的方法。

其次，这些经验在其他领域已经被证明可行。比如，海西青年创业培训班的主要想法和基本框架来自SIYB系列培训，SIYB是国际劳工组织的创业品牌，它在全球80多个国家使用，并取得了良好的效果，受到各国的普遍欢迎。再如，ISO9000族标准已经被各国的企业广泛采用，它是增强客户信心和减少贸易壁垒的外部认证手段，它也逐渐被政府部门和非营利组织所采纳。又如，自从尤努斯的小额信贷实践开始，成立社会企业已经成为创新性解决社会问题的时代潮流。

最后，导师志愿者可以将这些经验运用到YBC福建的实践当中。由于导师志愿者一头连接着企业家群体，一头连接着YBC福建的公益圈子，同时，他们又是距离创业青年最近的导师，他们占据着社会资本网络"结构洞"① 的优势地位。因此，他们能够将商业领域的成功经验源源不断地输送到扶持青年创业的公益事业当中。

（2）发挥资源优势

社会创新的点子需要资源的支持，才能够得以贯彻。作为公益性质的志愿工作网络，海西青年创业基金会本身就是一个汇聚资源的平台，从吸纳社会捐款、为青年提供启动资金的资金池，到吸纳智力资本、为青年提供创业辅导的导师库，公益事业时刻需要这些资源的投入。相比之下，社会创新所

---

① "结构洞"是指两个关系人之间的非重复关系，参见〔美〕罗纳德·伯特《结构洞：竞争的社会结构》，任敏等译，格致出版社、上海人民出版社，2008，第18页。

要求的资源更加具有针对性，例如导入质量管理体系的工作离不开相关领域专家的帮助。支撑社会创新的资源主要来自导师和政府两个方面：

其一，导师志愿者的资源，包括社会资本、资金支持以及导师背后的企业资源。比如，在导入 ISO9001 的过程中，有的导师邀请自己的朋友、持有中质协 ISO9000 国家认证资格的培训师无偿为 YBC 梳理标准操作流程。再如，"蓝丝带"的成立得益于十位发起导师出资 50 万元作为启动资金，蓝丝带成立之后，积极挖掘导师志愿者背后的企业需求，在年货和礼品销售方面打开市场渠道。

其二，政府的资源，主要是政府购买社会服务的资源支持。比如，福建团省委向 YBC 拨付大学生创业专项培训资金，支持蓝丝带开展"创业 MBA"等培训活动。福州团市委也摸索出了一条"政府出资授权、共青团协调管理、社会服务机构承担、社会中介组织评估"的政府购买服务模式，自 2008年起，向 YBC 福州工作站（2012 年成立 YBC 福州办公室）购买创业培训服务。

（3）建立规章制度

海西青年创业基金会能够将创新的点子变成现实的另一个原因在于它注重制度建设，它善于将扶持创业过程中的规律总结出来，形成标准的、规范的制度。培训体系、质量管理体系等都是扶持青年创业的制度结晶。比如，基金会导入 ISO9001 质量管理体系就是一个很好的例子。有了这样的制度，导师和项目官员在扶持青年创业的过程中就有了明确的目标、工作流程与标准。新导师不仅可以通过老导师的"传帮带"来了解如何扶持创业，也可以通过参加"YBC 导师第一课"培训，或者通过参看《导师工作手册》以及质量管理体系中的 SOP（标准操作流程），来学习 YBC 的文化理念、管理制度和操作流程。同时，新的制度是原有制度的补充和增强，两者相互协调，而不是相互冲突。海西青年创业基金会在 YBC"资金＋导师"的扶持模式基础上持续创新，培训体系、质量管理体系和"蓝丝带"社会企业分别增强了扶持青年创业产业链的前端、中端和后端，新的制度也已经融合到原有的制度当中。比如，ISO9001 是在 YBC 模式标准典章基础上的创新，向原有的制度中增加了知识管理和绩效管理的功能。典章告诉 YBC 项目官员和导师志愿者应该怎么去扶持青年创业以及背后的原理，而质量管理体系则进一步明确了操作的流程和各人的分工，同时通过日常记录把导师习性等隐含知识沉淀下来；而且，质量管理体系具有绩效管理的功效，可以及时监测扶持创业的进度，以及如果发现没有及时推进应该怎么处理等。

从效果上说，规范的制度将社会创新转化为组织的日常行为规范，确保社会创新得以持续。有了制度，社会创新不再是企业家精英的灵光一现，也不再是机构"一把手"的英雄行为，创新已经内化为组织日常工作的一部分。领导、导师和项目官员的轮换、流动都不至于妨碍组织的发展。培训体系、质量管理体系和蓝丝带都是社会创新转化为制度之后的产物。

三 合作伙伴关系是公益生态群落的基本形态

创业是一项复杂的社会问题，扶持创业尤其需要多方的合作。海西青年创业基金会的经验表明，基金会和"蓝丝带"、基金会和政府之间的合作伙伴关系是确保有效扶持青年创业的保障。这种伙伴关系表明，不同组织之间既有各自的定位与区别，也有相互的交流与合作。在不同组织构成的群落中，合作伙伴关系是创新的群落形态。

（1）海西青年创业基金会和蓝丝带的合作伙伴关系

基金会和"蓝丝带"之间的合作伙伴关系表现为以下三个方面：

第一，"蓝丝带"是由导师发起、由基金会孵化的社会企业。"蓝丝带"是十位核心导师志愿者在长期志愿实践的过程中发起的接力扶持青年创业的社会企业，它依照商业手段运营，同时保持社会目的。"蓝丝带"大大方方地利用基金会的资源，在基金会的滋养下成长。

第二，基金会和"蓝丝带"的职能互相补充，并形成帮扶青年创业的合力。基金会用公益的方式去扶持青年创业，"蓝丝带"用商业的手段扶持青年创业，两者相互补充，可以形成帮扶的合力。

第三，"蓝丝带"成长之后，将成为基金会的造血机构。未来的"蓝丝带"将给基金会带来稳定的收入来源。"蓝丝带"的导师发起人规定，"蓝丝带"利润的70%将回捐给福建海西青年创业基金会。如今，在基金会的收入结构中，约30%的收入来自政府拨款和购买服务，约70%来自企业捐赠——这两种收入来源具有一定的波动性。如果"蓝丝带"发展壮大，或者成立更多的社会企业，那么，它们将给基金会带来更加稳定的资金来源。

（2）海西青年创业基金会和政府的合作伙伴关系

基金会和政府保持着良好的合作伙伴关系。这一方面表现在基金会从成立之初就将自身定位为独立的社会组织，另一方面，基金会通过各种方式影响政府，争取政府对扶持青年创业的支持。实际上，基金会扶持青年创业，也是解决社会问题，为政府分忧。

由于基金会一开始就将自身定位为独立的社会组织，因此，在成立后不久，就通过成立具有独立法人资格的非营利性基金会作为 YBC 福建办的组织载体。在基金会的运作过程中，对政府的依赖程度较低，政府的行政干预非常少，基金会的自主性较高；另一方面，基金会又通过实际行动和扶持青年创业的效果影响政府，争取支持。

结论

扶持青年创业是一个复杂的社会难题。海西青年创业基金会在解决这一社会难题的过程中，不断探索，在 YBC "资金支持 + 导师辅导" 模式的基础上，创新性地构建了培训和筛选创业青年的体系，导入了 ISO9001 质量管理体系，以及成立了以帮助青年销售产品为出发点的蓝丝带社会企业。基金会的这些创新举措，延伸和增强了扶持青年创业的公益价值链条，从而较好地解决了青年创业企业存活率低的难题，帮助一批又一批青年实现了创业的梦想，并带动了更多弱势群体的就业。

海西青年创业基金会的创新动力主要来自导师志愿者的主体性，包括志愿服务精神、民主治理机制和公益性的志愿者网络。首先，基金会的导师志愿者们秉承公益理念，形成了平等、自由、开放和互爱的志愿文化；其次，导师志愿者积极主动参与扶持青年创业的志愿服务，形成了良性的民主治理机制；最后，导师志愿者的社会网络具有自我净化的功能，他们通过引荐、互动和退出的机制来屏蔽商业意图，保持网络的公益性。因此，导师志愿者将扶持青年创业当作自己的事业来做，他们发现问题，整合资源，并最终诞生创新的想法，为社会创新注入源源不断的动力。他们将自身的创业和管理经验以公益的形式传递给创业青年，从而实现企业家独有的公益价值；而且，在不断的探索和相互激发的过程中，萌生了成立蓝丝带社会企业的想法，从而完成了从导师志愿者到社会企业家的转变和升华。

社会创新得以有效实施的原因在于海西青年创业基金会的制度建设能力，即汇聚企业家的商业经验，整合来自导师和政府的各类资源，并将创新举措转化为规范而持久的组织制度。首先，作为连接企业、公益和创业青年的关键节点，导师志愿者将行之有效的商业经验注入扶持青年创业的公益事业当中。其次，基金会整合了来自导师志愿者和政府部门的资金、社会资本、商业机会等多方面的资源支持。最后，海西青年创业基金会将这些创新举措转化为制度，并使之融合到原有的组织制度当中，融入组织的日常行为规范当中，为组织提供了持续发展、规范运行的保障。

扶贫与妇女发展领域的社会创新

缩小贫富差距的创新实践

——社会组织在扶贫中的作用

贫富差距扩大是导致社会矛盾的根源之一

据统计，我国基尼系数已从 1981 年的 0.29 上升到 2012 年的 0.474。而国际普遍公认基尼系数 0.4 是警戒线，如果超过 0.4，表明社会财富已经高度集中，社会处于容易发生动乱的"危险"状态。

改革开放以来，中国经济快速增长，然而，贫富差距却不断扩大。贫富差距巨大不仅带来内需和消费不振，带来经济风险，还会造成普通大众的严重不满和社会秩序的震荡不稳[1]。

中国基尼系数偏高的原因之一在于中国穷人太多、穷人太穷。消除贫困、实现共同富裕，是社会主义制度的本质要求。然而，按农村居民家庭人均年纯收入 2300 元人民币的新贫困标准，2011 年中国还有 1.28 亿的贫困人口[2]。而且，经过三十多年的扶贫开发工作后，当前中国剩下的贫困人口大多分布在偏远的老少边穷地区，自然条件恶劣、居住分散，扶贫难度越来越大。毫无疑问，消除贫困，缩小贫富差距的任务仍然任重道远。如何提升农村贫困地区弱势群体的收入和生活水平仍将是未来中国面临的巨大挑战。

四川大巴山生态与贫困问题研究会（以下简称研究会）是一家成立于 2004 年 2 月的社会组织，长期致力于在贫困乡村开展扶贫开发工作，2006

---

[1] 丛亚平、李长久：《中国基尼系数达 0.5 超警戒线 社会处"危险"状态》，http://news.163.com/10/0521/11/67744CKL000146BD.html。

[2] 资料来源：http://www.chinanews.com/gn/2012/03 – 12/3737442.shtml。

年，在世界银行首届中国发展市场项目的资助下，在通江县铁厂乡苟家坪村实施了妇女生计与健康可持续发展项目，通过一些创新性的扶贫办法，在提升弱势群体收入与生活质量方面取得了较好的成效。本文首先介绍大巴山生态与贫困问题研究会扶贫开发活动的具体做法，其次分析大巴山生态与贫困问题研究会的创新点及其成效，再次分析社会创新发生的动力及其所需要的环境，总结社会组织开展扶贫创新活动的经验与教训，最后给出相关政策建议。

案例描述

一 通江县妇女生计与健康发展项目简介

四川省通江县是国家重点扶持的贫困县。该县北部喀斯特地貌的铁厂乡苟家坪村，海拔 900~1400 米，距乡政府所在地还有 30 公里的山路，是一个非常偏僻的山区。2006 年项目启动之前，全村共 65 户 273 人。由于历史和自然环境等原因，全村人畜饮水极度困难，缺水户达 84%；人畜混居占54.9%，环境卫生极其差。全村人口的文化程度较低，文盲和小学文化程度人口占全村成年人口的 84.9%。当时，全村人均年纯收入仅为 988 元。由于男性劳动力外出打工，妇女是全村的主要劳动力。然而，由于自然条件恶劣、卫生条件差，再加上人畜饮水要到很远的地方去背，繁重的家务负担和沉重的生计压力，使得妇女身心健康无暇顾及，再加上文化程度低、缺乏基本的卫生知识，全村妇女患各种慢性病的比例高达 90% 以上。改善当地弱势群体，特别是妇女的生计与健康，提高其收入与生活质量成为当务之急。

2006 年 3 月，在世界银行首届中国发展市场项目的资助下，由大巴山生态与贫困问题研究会实施的通江县妇女生计与健康发展项目正式启动，项目的总体目标是帮助弱势人群脱贫致富，提升生活水平。

在项目准备阶段，研究会首先采用乡村快速评估方法，对苟家坪村的农户进行了需求评估。大多数女性村民认为当前最迫切需要解决的前三个问题是饮水、治病与生计发展问题；而男性村民则认为最迫切需要解决的前三个问题是生计发展、饮水与交通问题。最后，通过参与式的讨论，大家达成了共识，在有限资源的情况下，将项目的重点集中在生计发展、饮水和治病三个子项目。

随后，研究会与乡政府，乡卫生院、村干部、村民一起共同讨论完成了项目前期的村级项目规划设计和项目管理办法，并选举产生了村项目自治管理委员会。研究会还协助五名委员进行了内部分工，建立了岗位职责，从而为项目的持续发展建立了组织体系和骨干队伍。

在管理委员会成立后，研究会决定发动社区内在的组织资源来选择被扶持对象。因此，通过村项目自治管理委员会动员广大村民自愿申请参加项目。在村民申请的基础上，由自治管理委员会和研究会的项目人员共同开展农户调查，公布项目农户信息，最终确定了被扶持对象的农户名单。而在整个过程中，研究会只是扮演协助者的角色。

接下来，研究会协助村项目自治管理委员会继续推动三个子项目的实施。在各方经过激烈的讨论后，研究会带领自治管理委员会、被扶持妇女的代表到外地考察农村发展项目，最后根据苟家坪村的实际情况与条件，决定生计发展项目主要帮助村里十户贫困妇女发展黄羊养殖项目，一年后，再通过"礼品传递"的方式继续帮助其他妇女，最终帮助村里所有贫困妇女脱贫致富。随后，在研究会的协调下，在乡政府和畜牧局的帮助下，第一批参与生计项目的农户开始了圈舍改造活动，购买了优质品种的黄羊。研究会还帮助组织开展了养殖技术培训、防疫知识、市场信息收集等培训活动，并将这十户农户组织起来，成立了一个妇女小组，推选了一位负责人，不定期进行相互交流和学习。

在饮水项目实施过程中，研究会通过与相关政府部门沟通协调，由铁厂乡人民政府派出工作人员协助县水利局开展了村里的人畜饮水项目的规划设计、落实了水源点①。研究会还协助项目自治管委会成员、村民召开了二次讨论会，选举了一名项目管水员，并协调组织了蓄水池建设、水管线路布设、材料采购等工作。与此同时，对项目管水员进行了培训，帮助制定了人畜饮水管理制度建设等。

---

① 由于该项目的实施，带动了政府的配套投入。苟家坪村一社的人畜饮水项目完全由政府投入，二社的大部分资金由项目支付。

在妇女健康与卫生项目中，大巴山生态与贫困问题研究会通过与县妇幼保健院合作，由县妇幼保健院为全村妇女进行妇科病、内科疾病的检查，并为部分妇女提供了力所能及的治疗。在此基础上，研究会还组织县妇幼保健院编写了简便实用的妇女健康培训教材，对全村妇女进行了健康知识培训。随后选送一名乡村医生到通江县妇幼保健院进行理论与临床实践培训。同时，还协助建立了村妇女健康活动小组，通过选定小组长，给予妇女小组200元的活动资金，由妇女小组不定期开展相关活动、交流卫生健康方面的经验。

另外，项目在实施过程中，研究会还组织农户、技术人员、当地政府官员多方参加的参与式评估活动，世界银行中国发展市场项目也对该项目进行了外部评估。

二 项目的创新点

大巴山生态与贫困问题研究会在实施妇女生计与健康发展项目过程中，在借鉴美国国际小母牛的养殖项目、亚行饮水项目经验的基础上，结合苟家坪村的实际情况，进行了一系列扶贫创新。具体表现在以下几个方面：

第一，扶贫内容的创新。在扶贫资金非常有限的情况下，以往很多社会组织在开展扶贫项目时往往将重点放在生计项目上，而该项目针对苟家坪村的村民需求，在世界银行中国发展项目总计资助十万元人民币的情况下，项目从生计、饮水和妇女卫生健康三个方面整体推进、促进社区综合发展。尽管每个子项目的规模都很小，但注重项目的可持续性。例如，生计项目一开始只是扶持十户，但计划通过礼品传递的方式，即接受项目资助的农户一年后向下一户农户赠送"羊羔"，并一直传递下去，从而逐步扩大资助的对象和范围。

第二，项目方法的创新。无论在项目决策、执行，还是项目的评估过程中，高度重视村民的参与。在村民参与讨论的过程中，也注重方式方法的创新。例如，在决定项目实施内容时，创新性采取了男、女村民分别讨论，再集中讨论的方式来确定项目的具体内容，从而兼顾了妇女的需求。在项目进行过程中，研究会的项目官员也经常深入项目点，对项目进行监测与评估。

第三，资源整合模式的创新。作为贫困地区的社会组织，大巴山生态与贫困问题研究会充分认识到自身的局限性，在开展扶贫项目过程中，非常重视整合各方资源，调动各利益相关参与的积极性。研究会利用实施世界银行中国发展市场项目的契机，撬动了县、乡政府配套投入 34 万元，四川一家药品企业还为项目捐赠了部分药品。同时，研究会还通过与县畜牧局、水利局、妇幼保健院等机构合作，积极争取政府职能部门的专业支持，从而推动生计、饮水和卫生健康项目的顺利进行。除此之外，研究会也积极调动村民参与的热情，发动村民投工投劳。通过所有相关群体的共同参与，创造更大的共享价值。

第四，项目治理模式的创新。与很多社会组织所实施的扶贫项目不同，大巴山生态与贫困问题研究会在进入农村社区开展扶贫项目之后，作为社区外来机构，并不是自己决策、自己执行、自我评估，而是构建了新的社区治理模式，即将项目的决策权交予社区，成立了村项目自治管理委员会，重大事项由自治管理委员会决定，研究会只是提供技术支持，协助自治管理委员会组织各方进行参与式讨论。除此之外，生计子项目和卫生健康子项目还分别组织了妇女小组，由妇女小组不定期组织知识培训、学习交流等活动。

三 项目的成效

在自然条件恶劣、农户居住分散、甚至远离乡政府的偏僻山区开展扶贫项目，帮助弱势群体脱贫致富、提升生活质量并不是一件容易的事情。大巴山生态与贫困问题研究会通过不断探索适合这类贫困地区的扶贫模式，在扶贫开发方面取得了明显的成效。

在生计子项目方面，项目协助农户修建了养羊的圈舍 285.5 平方米，采购并投放种羊 124 只，十户受援妇女及家庭得到了技术培训，签订了项目合作协议。不到一年的时间，已生产羊羔 136 只，养殖黄羊的妇女，除一户因各种原因退出外，九户家庭有明显收益，每户增收 1000 ~ 5000 元不等，初步达到了帮助贫困妇女改善生计、脱贫的目标。

在饮水子项目方面，项目共修建蓄水池一口，取水池一口，减压池三口，开挖埋设、安装管线近万米，解决了一队所有 29 户农户、一所小学和一个林场的人畜饮水困难问题。加上政府投入建设的二队 15 户人畜饮水工程，整个全村有 44 户农户人畜饮水困难问题基本得到解决，而且大大减轻了妇女家务劳动的负担。

在妇女卫生健康子项目方面，项目为苟家坪村妇女开展健康检查两次，100 多人次的妇女接受了县妇幼保健院的健康检查，其中 68 人次的妇女得到了不同程度的治疗或得到了免费发放的药品。另外，还培训乡村医生一人，编写妇女健康培训教材一套，开展健康培训四次。初步增进了当地妇女的卫生健康常识，促进了当地妇女健康水平的提升。

参与式评估的结果表明，项目在提升贫困地区妇女收入、解决人畜饮水困难和妇女卫生健康方面均取得了初步的成效，对于当地妇女地位的提升也起到了一定的作用，村民对项目的满意程度较高。总而言之，项目有助于提升贫困地区弱势群体的生活水平、缩小贫富差距。

案例分析

一　创新的动力与环境

在 2008 年汶川地震之前，四川省在社会领域的发展方面相对滞后。与云南、陕西等西部省份相比，四川省的社会组织并不算活跃。那么，为什么在四川省一个偏远的山区能够出现一个由当地的社会组织开展的扶贫创新活动呢？

国内外经验表明，社会创新活动的发生往往与社会创新家有关，具有社会创新家精神的群体是社会创新得以发生的关键。大巴山生态与贫困问题研究会的扶贫创新活动也与其创始人张浩良密切相关。张浩良曾在通江县扶贫办工作，先后任通江县扶贫办副主任、县世行办主任等职，直接参与过 20 世纪 90 年代世界银行贷款的秦巴山区扶贫项目。后由于工作调动，张浩良担任了县政协副主席。2004 年，张浩良发起成立了大巴山生态与贫困问题研究会，致力于农村的扶贫开发与生态保护工作。

作为县政协副主席，本来完全可以享受安逸的生活，但为了帮助大量处于贫困状态的父老乡亲，帮助他们尽快脱贫致富，张浩良毅然辞掉了行政职务，创办社会组织。为了扶贫事业，他敢于挑战自我，勇于追求新的机会。这足以证明他的胆略和责任。

在成立大巴山生态与贫困问题研究会之后，为了帮助贫困地区争取国际援助，张浩良频频从偏僻的通江前往成都、北京等地，拜访各个资助机构、参加各种各样的会议和培训班。在碰了无数次的钉子之后，张浩良通过不断学习国内外先进扶贫知识、社会组织管理知识，设计了一个个具有创新性的扶贫项目，终于成功地从美国国际小母牛组织、亚洲基金会、香港社区伙伴、世界银行等国内外资助机构争取到大量扶贫资金，惠及上万贫困农户。这足以证明他的恒心与毅力、钻研与创新精神。而使命与责任感、胆略与勇气、恒心与毅力、学习与创新精神正是一个社会创新家所必备的素质。

当然，尽管从通江县妇女生计与健康发展项目的情况看，原创性的活动并不多，但张浩良能够将所学习到的国际流行的参与式扶贫的理念、礼品传递的方法、社区参与式治理的方式、人畜饮水的管理经验整合起来，并结合具体情况，较好地应用于一个偏远的贫困山区，无论如何也是一种社会创新实践。

从本案例可以看出，除了社会创新家因素之外，社会创新的发生，还需要宽松的社会、政策环境。

首先，社会组织是社会创新的主体，如果当地政府管制过于严格，研究会不能在民政部门登记注册、没有合法的身份，那么研究会也难以获得国内外的资助。这是因为，如果不登记注册为社会组织，就没有银行账户，没有正式的发票，更不能证明组织的非营利性，资助机构也就难以提供援助。

其次，政府对社会创新活动的支持也非常重要。在通江县妇女生计与健康发展项目中，无论是扶贫内容、扶贫方式，还是资源整合、项目治理模式的创新，都离不开政府的支持。从扶贫内容和资源整合看，如果不是地方政府给予配套资金，不是地方政府职能部门提供技术支持，在只有世界银行十万元赠款的情况下，研究会不可能同时实施生计、饮水和卫生健康三个子项目，推进社区综合发展。在扶贫方式和项目治理模式方面，如果没有县政府、乡政府、村两委的支持，研究会不可能在农村组织村民成立项目自治管理委员会，开展各种参与式的活动。对于一个偏僻的农村山区而言，政府对这些社会创新方式的宽容或默许，是这些社会创新活动得以发生的重要条件。

再次，社会开放也是社会创新发生的条件。如果不是社会开放，张浩良也不可能接触到这么多的国内外资助机构，也不可能有这么多学习交流和国内外参观考察的机会。如果不接触这些资助机构，研究会所有的创新活动就缺乏资金来源；如果不参加各式各样的会议或培训，张浩良就不可能学习国内外先进的扶贫理念与方法，创新也就缺乏灵感与养分。

最后，竞争性环境是激励社会创新的重要条件。社会领域由于没有知识产权的保护，创新往往缺乏直接的物质利益刺激与动力。因此，它依靠的是社会创新家个人的使命与价值取向，依靠的是社会创新家回应社会需求的责任感。然而，使命与责任感并不必然导致社会创新的发生，在没有物质利益的激励下，它还需要来自外部的创新压力。而这种创新压力在某种程度上来源于资源的竞争。从研究会所获得的世界银行首届中国发展市场项目的赠款情况看，就是如此。世界银行中国发展市场项目面向中国所有的社会组织招标，而且要经过三轮淘汰，竞争非常激烈。社会组织要想在一千多个申请项目中脱颖而出，其关键之一就是项目要有创新性。事实上，世界银行中国发展市场项目的评选标准之一就是项目的创新性。可以说，除了社会创新家的使命与责任感之外，在没有知识产权保护的情况下，公平竞争的环境是激励社会创新的重要因素。

二　项目的经验与教训

综观通江县妇女生计与健康发展项目，其成功的经验主要有以下几个方面：

其一，组织与项目管理制度健全。研究会不仅协助苟家坪村社区建立并选举产生了村项目自治管理委员会及其五名成员，而且协助建立了社区生计子项目、妇女卫生健康子项目的妇女小组。同时，帮助自治管理委员会建立了组织管理、项目管理的各项规章制度。具体包括工程管理、财务管理、物资管理、档案管理、项目监测与评估等一系列制度。项目还实行了采购询价和限额使用方法，控制项目成本，提高资源的有效利用。社区定期公布项目进展和资金使用情况，接受社区和农户监督。

其二，培育社区骨干。通江县妇女生计与健康发展项目的经验表明，一个创新性项目的能否顺利实施，社区骨干的作用非常关键。选对了社区关键人物就能激活整个社区，选错了人，只会激化社区矛盾。社区骨干必须是有公心、有一定社区基础和威信的人。由于社会组织是社区外来的人员，对社区的了解并不深入，因此，研究会采取了由研究会协助、由村民按照民主程序、自我选举产生的方式。事实证明，这种方式选举产生的五名委员非常认真负责、办事非常公正，对整个项目的顺利实施及其可持续发展，起到了至关重要的作用。而研究会的另外一个经验则是加强对社区骨干的培育。在五名委员选举产生之后，研究会不仅对他们进行了多次项目管理知识、领导力等培训，而且带他们外出考察，参观学习外地扶贫项目的经验。

其三，动员社区力量、发动村民参与。一个扶贫项目能否顺利实施、是否具有可持续性，以及项目的实施能否增进社区的凝聚力，在很大程度上取决于村民参与的程度。在这方面，通江县妇女生计与健康发展项目有很多值得借鉴的做法。无论在项目的需求评估、项目设计与规划，还是项目的执行与评估，都高度重视村民的参与，而调动村民参与的积极性，主要依赖两个法宝：一是依赖社区内部的组织资源及社区骨干，二是依赖参与式的方法。每次活动，如果需要村民的参与，研究会通常都是依托项目自治管理委员会或妇女小组及其骨干进行社区动员，而不是自己直接进行动员，既节约了组织动员成本，也发挥了村民自治性组织在项目管理中的主体作用。特别值得一提的是，为了增强妇女小组的凝聚力，调动妇女参与的积极性，研究会还为每个妇女小组提供了一定额度的活动资金，由妇女小组自我服务、自我管理。

其四，妥善处理政府与社会组织、项目自治管委会与村两委的关系。研究会从项目申请到项目实施，整个过程都积极主动取得县政府、乡政府的支持，加强与各相关职能部门的合作。由于张浩良曾担任过县政协副主席，有广泛的政府资源，因此，研究会与各级政府的合作比较密切。但是项目自治管理委员会的五位成员完全是由村民自己选举产生的普通村民。尽管这些委员均不是村干部，反而使得他们必须通过不谋取私利、做事公平公正来赢得村民的信任与支持，但是也带来了管委会与村两委关系的挑战。研究会的经验做法是，尊重村民选举的结果，并积极与村两委沟通，取得村两委的理解与支持。同时，将自治管理委员会定位在项目层面，一些必要的事项也会主动征求村两委的意见或通过研究会进行沟通协调。

其五，加强项目的问责与评估。通江县妇女生计与健康发展项目之所以能够取得较好的扶贫效果，一个重要原因是加强项目的管理，特别是项目的问责与评估。项目无论在选择被资助对象、瞄准目标人群方面，还是在物资采购、项目经费使用方面，都严格按照规章制度，努力做到程序公正、信息公开透明。与此同时，研究会在做好协作工作的同时，把社区能力建设和项目的监测评估工作作为重中之重。对每项工作培训在前，过程监督、监测评估及时跟进。通过监测及时发现问题，引导和提醒利益相关者树立正确的价值观，保证制度和执行不走样，"给村民一个诚心，给项目农户一个信心，给投资和合作伙伴一个放心，给社会一个公信"①。对于发现的问题及时改正，把矛盾和冲突解决在萌芽状态，把所有活动置于社区监督之中，让村民自己识别和判断。

当然，项目在实施过程中，也存在一些问题，值得反思与探讨。

一是由于项目本身的资助规模较小，又有大量政府配套资金，再加上项目涉及三个方面的子项目，合作的职能部门较多，沟通协调难度大。再加上研究会人手有限，从研究会到项目点路途遥远、山路崎岖，因此部分项目内容没有如期完成。例如，受冬季寒冷影响，妇女健康检查活动未如期全部完成；人畜饮水工程出现了个别水管漏水现象，未能及时维修；黄羊项目预期的"礼品传递"遇到困难；等等。尽管出现以上问题有种种客观的原因，但项目在风险管理方面也存在不容置疑的漏洞。特别创新型的项目，由于区别于传统做法，没有经验可循，因此存在一些未知的风险，理论上更应该加强风险管理，但总体而言，项目风险管理的意识还不强，缺乏具体的风险预防与应对措施。

二是项目周期较短、社区持续发展的机制尚未形成。虽然从短期看，通江县妇女生计与健康发展项目取得了较好的效果，但是，从长期看，项目的可持续发展仍然面临很大的挑战。这是因为，生计项目的农户受益面较小，农户的收入增长仍然不稳定，妇女的健康状况也只是与过去比，有所改进，饮水工程也还需要长期管理与维护。然而，项目只有短短一年，社区各方面的发展也只是刚刚起步，项目可持续发展的机制尚未形成，仍然需要社会各界的关注与投入。如何在项目结束后，使得各项活动仍然能够较好地继续开

---

① 笔者与张浩良的访谈。

展，也是项目面临的挑战。虽然研究会在这方面做了大量努力，特别是帮助建立了农村社区的项目自治管理委员会，培育了社区骨干，奠定了组织与人才队伍，但是，项目结束、研究会撤出后，在没有外部资源注入的情况下，部分项目活动可能将面临困境。在这方面，一些国际扶贫机构帮助贫困地区农村建立社区循环基金的模式可能更值得借鉴。由于农村社区有了自己的"基金"，不仅已经成立的项目自治管理委员会可以发挥更大的作用，项目也可以持续下去，而且有助于调动村民参与的积极性、增强社区的凝聚力。

三是项目自治管理委员会的能力有待进一步提升。对于项目的发展而言，项目自治管理委员会及社区骨干的作用举足轻重。然而，由于五名管委会的成员从未担任过村干部，没有组织管理的经历，更没有项目管理的经验。对于他们而言，要承担这样一个涉及内容广泛的社区综合发展项目，其挑战可想而知。尽管五名委员非常尽职尽责，办事也公开公平，但在处理项目所涉及的各方面关系、在推进项目的实施方面，仍然显得力不从心，既缺乏广泛的人脉资源、也缺乏组织与项目管理的能力。对于偏僻的贫困地区农村而言，社区骨干的培育需要一个较长的过程。因此，在项目结束之后，仍然需要支持性社会组织的陪伴与扶持。然而，对于研究会而言，由于组织的资源完全依赖外来的资助，项目点及项目内容的选择往往取决于资助方的兴趣，因此所实施的项目往往是打一枪、换一炮。而如何给予已经建立起来的项目自治管理委员会更长久的支持，使得项目能够持续发展下去，也是研究会和资助机构需要认真思考的问题。

四是创新项目的经验如何推广的挑战。客观地说，通江县妇女生计与健康发展项目有不少闪光点，一些扶贫创新经验值得其他地区的扶贫项目学习与借鉴。然而，现实情况是，地方社会组织的很多创新往往只是停留在所实施的项目区域，并没有在更大范围扩散。可以说，中国基层的社会创新其实并不少见，但由于创新试验比较分散，且缺乏总结、提升和宣传，这些有益的社会创新经验往往被埋没，而没有惠及更多的区域与穷人。如何发现社会创新实践、如何评价社会创新的成效及其适用范围、如何总结社会创新的经验与教训、如何形成社会创新的推广机制，将是中国社会管理创新面临的挑战。

结论与建议

　　加强对弱势群体的扶持力度，提升穷人的收入与生活质量，关系到中国社会的稳定与健康发展。加大扶贫力度、提高扶贫效率、缩小贫富差距，是未来较长时期内中国最迫切、最优先需要解决的社会问题。

　　大巴山生态与贫困问题研究会通过协助建立农村社区的自治管理委员会、培育社区骨干、激发农村社区自身的潜能，通过参与式扶贫、礼品传递等新的扶贫方法，通过在妇女生计、人畜饮水和妇女健康等领域开展农村社区综合发展项目，提高了农村妇女的收入水平，改善了村民的生活质量，取得了较好的扶贫效果。这一案例说明，社会组织不仅可以撬动社会资源开展扶贫开发项目，而且可以通过组织方式的创新、内容与方法的创新、资源整合与社区治理模式的创新，提高扶贫开发的效率、效果与可持续性。

　　经过三十多年的扶贫开发，目前中国剩下的贫困人口往往分散在自然环境恶劣的偏远山区，扶贫难度越来越大。由于社会组织贴近基层、能够较快吸收国内外先进的扶贫理念与方法，能够通过灵活和创新的方式开展项目，因此，在未来扶贫开发中的相对优势日益明显。为此建议：

　　第一，鉴于社会组织在扶贫开发中的独特功能，建议政府加大购买社会组织服务的力度，积极发挥社会组织在扶贫开发中的作用。在这方面，英国《政府与志愿及社区组织合作框架协议》非常值得借鉴。英国政府通过与社会组织签订合作协议、委托社会组织提供公共服务，大大提高了社会福利服务、扶贫济困等的效率与质量。

　　第二，中国不仅在技术、经济领域的创新远远落后于发达国家，而且在社会创新领域更落后于发达国家。提升中国的社会创新力是解决社会问题、促进社会和谐稳定的关键。而社会创新力的提升，又在于发现、培养社会创新家群体，给予社会组织更宽松的社会、政策环境。另外，由于社会创新缺乏知识产权的保护，政府应该加大对社会创新活动的支持，通过表彰、激励或营造公平竞争的资助环境促进社会创新活动的发生。同时，也期待出现更多的社会创投基金或公益风险投资基金。

　　第三，中国基层社会其实在扶贫开发、青年创业、养老、社区建设等领域，有不少创新的做法，有的社会创新在一定范围得到推广，而更多的社会创新则被淹没在茫茫大海之中，这不仅会遏制社会创新的动力，而且也使得创新无法惠及更多需要帮助的弱势群体。因此，一方面学术界应该加大对社会创新规律的研究，不断总结、提升中国社会创新的经验；另一方面，应发挥政府和社会组织各自的优势，建立政府和社会组织在社会创新领域的合作机制，即由社会组织探索解决社会问题的创新路径，在试验成功之后由政府进行宣传和逐步推广。

产业传承文化与贫困女性发展

——公益使命与商业运作的有机结合

以市场为导向，城市带动农村，产业传承文化，文化产业扶贫。这是采桑子文化艺术发展中心（以下简称采桑子①）历经十年摸索出来的一条保护传承传统文化的同时，改善苗族贫困女性生存现状之路。

苗绣是苗族历史文化中特有的表现形式之一，是苗族人记录本民族发展和迁徙历史的方式，是苗族人心灵深处对天地敬畏的产物。苦难的经历赋予苗族女性非凡的想象力，她们穷其精力，用虔诚的心绣出对生命的理解，并世代相传。苗绣是具有历史、宗教、文化、艺术、民族、民俗等多方面价值和永恒魅力的遗产，传达着苗族的哲学思想：生命同源、生命神圣、生命平等、生命欢乐。

苗绣因其特殊的历史形成背景和地理位置的边缘化，长期以来被市场和公众忽视。苗绣的主要载体是苗族服饰，但是当今国人衣饰普遍西化，苗绣在民间传播较为困难。此外，苗族地区封闭落后的自然条件制约了当地经济发展，在市场经济冲击下，年轻人倾向于外出务工，不再学习继承传统工艺，苗绣同很多其他传统艺术一样面临失传。

---

① 精品苗绣选材多用顶级桑蚕丝，采桑子名称由此而来。

贫困女性化与传统苗绣工艺失传的困境

黔东南地区贫困女性化

我国的贫困群体越来越集中于西南部，尤其是边远山区少数民族聚居地。[①]少数民族在贫困人口中占有和他们的总人口极不相称的比例，少数民族总人口不到全国人口的9%，但在全国的绝对贫困人口中却占了40%，少数民族的贫困发生率高于全国同期的贫困发生率，其中苗族的贫困发生率接近50%（见表1）。

表1 苗族收入贫困发生率

单位：%

	1274元贫困标准（2010年）	2300元贫困标准
汉　族	11.4	33.7
少数民族	14.1	39.9
苗　族	17.5	46.6

资料来源：根据相关数据整理。国家统计局住户调查办公室，《2011中国农村贫困监测报告》，中国统计出版社，2012。

早期贫困研究局限于经济收入，根据绝对贫困和相对贫困等定量指标展开讨论，未涉及性别因素。随着认识的深入，性别因素才逐渐进入贫困研究者的视野。以阿玛蒂亚·森为代表的贫困多元主义者认为[②]，贫困不仅仅是相对地比别人穷，而且还基于得不到某些基本物质福利的权利缺失，性别不平等导致非收入贫困发生，女性贫困由此开始受到关注。1980年联合国哥本哈根大会提出，女性从事世界上2/3到3/4的劳动，生产了世界上45%的食物，却仅获得1/10的世界收入，仅拥有1/10的世界财富。1995年联合国第

[①] Albert J. Nyberg-Scott Rozelle, *Accelerating China's Rural Transformation*, World Bank, 1999.

[②] 〔印〕阿玛蒂亚·森：《贫困与饥荒——论权利与剥夺》，王宇等译，商务印书馆，2001，第200~202页。

四次女性大会形成的《行动纲领》指出，当今世界上有 10 亿多人生活在贫穷状态下，其中大多数是发展中国家的女性。

我国黔东南地区经济落后，聚集了全国近四分之一的苗族人口，农村女性劳动力约有 100.3 万人，其中的 44 万人年收入在 650 元以下，处于经济收入不足状态。贫困不仅表现为经济收入匮乏，还伴随着健康、体面、尊严、社会地位以及社会资本等要素的匮乏，苗族的夫权至今仍较汉族严重，70%的苗族农村女性在语言、文化、信息等方面与外界沟通存在明显困难。

苗族不仅在各民族中文化教育总体水平最低，文化教育水平的性别差异也是最大的。苗族聚居区儿童教育普及严重滞后，苗族女童辍学率高于男童。在众多影响苗族女童教育普及的因素中，如果说家庭贫困和国家教育经费短缺是根本性因素，那么女性贫困则是影响女童教育普及的深层原因。苗族女性较高的文盲率和女孩中较低的受教育程度，对于苗族女性的经济机会和社会地位影响非常大。黔东南苗族地区呈现贫困女性化。

黔东南苗绣手工艺传承濒危

由于缺乏文字继承和政府的支持，中国大量民间传统手工艺面临失传，黔东南地区的苗绣便是其中之一。苗族至今没有形成可通读的文字，苗家人的文化历史传承靠口口相传的古歌、酒令和绣在衣饰上的纹样。然而，那些掌握传统苗绣工艺技能的人大多数生活困苦，苗族服饰的精美所反映的经济水平，远高于苗族人的现实生活水平，尤其是苗族节日集会盛装与其日常的生活简陋，形成异常强烈的反差。由于苗绣绣品加工时间长而经济收益低，年轻人逐渐对其失去兴趣，批量化的机绣让苗绣失去了灵魂。

苗族人笃信，后辈要与祖先沟通，必须身着绚丽的苗装，盛装的每一个苗绣和苗银部件，全凭手工完成，并相信祖先看得见她们刺绣的过程，绝好的刺绣活是得到护佑的，穿上绣工极致的衣装，如同把祖先的护佑笼罩于身，这正是苗族盛装传承至今的生命链。[①]苗绣纹样在世代传承中，构成了人

---

① 曾丽：《我和苗绣》，《中国民族》2010 年第 3 期。

们共同的思维方式和审美定势。①黔东南苗族服饰是我国苗族服饰中最为雍容华贵，工艺最精湛，造型最独特，文化积淀最深厚的服饰系列。服饰上的苗绣和苗银等传统工艺是苗族的民族标志、团结的象征和凝聚力的所在，是他们"穿在身上的图腾""记在衣上的史诗"。②苗族女性的服饰以其特有的方式发挥着类似文字的功能，它以一种可见的形式和苗族古歌一起，对苗族文化的传承起着不可低估的作用。③外国人自 20 世纪 80 年代开始在黔东南收购苗族服饰，逐渐形成"收购军团"，流失国外的苗族传统服饰不计其数，其中大部分具有极高的研究、鉴赏和收藏价值。

纺织绣染装饰在苗族社会中占有非常重要的地位，千百年来得以经久不衰的繁荣，这与苗族女性自身价值的体现有很大关系。纺织绣染对于苗族女性而言，是其能力和审美的体现，这两种价值又与苗族女性的社会声誉、择偶、婚姻等直接相关，成为人们评价女性能力高低的一个主要标准，而这种能力又直接关乎生计，男青年将其视为择偶的基本条件，纺织绣染做得好的女性受到人们的尊敬，反之则遭到人们鄙视。可以说，苗绣的品质决定着女性绣者在族人中的地位，是与她们的生命连在一起的。但是自 20 世纪 70 ~ 80 年代以来，苗族人的审美意识和生活观念随着社会经济大环境的改变而发生了极大的变化，相当一部分苗族青年已经改装。商品经济下，提高经济收入是贫困的苗族人最为迫切的需求，纺织绣染在大部分苗区逐渐衰退，女性也不再将其视为自身价值的体现，旧时评断苗族女性价值的标准如今已经消失殆尽，年轻苗族女子上学或外出打工日益增多，专事苗绣的人越来越少。

文化保护传承与贫困女性发展

将民族传统手工艺传承下去，要依靠拥有手工艺技能的本民族的人。苗族传统手工技艺的 75% 掌握在女性手中，苗绣的传统就是"传女不传男"。苗绣种类繁多，自汉唐以来演化出辫绣、卷绣、盘绣、补绣和纳沙等多种技

① 钟涛：《苗绣苗锦》，贵州民族出版社，2003，第 2 页。
② 曾宪阳、曾丽：《苗绣》，贵州人民出版社，2011，第 234 页。
③ 索晓霞：《苗族传统社会中妇女服饰的社会文化功能》，《贵州社会科学》1997 年第 2 期。

法，有超过 20 种是其他刺绣工艺没有的。苗绣的纹样绣艺靠苗族女性"母女相传，邻亲传授"得以世代传承。穷困的苗绣传承人往往有着最精湛的手艺，她们制作的精美绣品和其清贫的生活形成了巨大的反差，精神世界和物质世界构成了强烈的对比。苗绣图案表现苗族创世神话和传说，体现苗族的图腾符号文化，这些古老的符号千百年靠着苗族女性的心志和勤劳沉淀下来，带有很强的吉祥护佑的美好愿望，成为苗绣独有的艺术风格和刺绣特色。苗绣素有"无字史书"美誉，蕴意神秘悠远，已经列入"第一批国家级非物质文化遗产名录"。

要保护和传承苗族传统文化，就意味着尤其要尊重苗族女性，提升她们的社会地位。保护和传承面临失传的苗绣，既给予苗族人精神层面的寄托和回归，也有利于苗族贫困者生计的改善，更对贫困女性化问题的缓解具有直接而深远的意义。

 **案例描述**

采桑子的创立和发展

一 采桑子初创期：失传的苗绣与贫困的妇女

采桑子创始人刘立军，北京人，1985 年从黑龙江垦区农场回到北京，从教育工作者转行做了监狱系统的特殊教育工作者；1991 年弃政从商，先后开办三家餐厅；1996 年随丈夫赴英国留学，1998 年回国。生命的前四十年间，刘立军几乎未曾与艺术沾过边，因缘际会在不惑之年一头扎进艺术事业而无法自拔。

刘立军 1996～1998 年在英国生活期间，发现欧洲很多国家对文化的保护做的非常好，1998 年回国后考察国内多家博物馆，受到很大的触动，国内的文化保护远远不如欧洲国家，很多民间传统工艺面临失传边缘。自 1999 年，刘立军在北京、天津、上海、南京、广州、深圳等地对民间传统工艺品市场进行了深入的调研考察。面对博大精深的中国民间手工艺，刘立军逐渐将目光聚焦在黔东南地区黎平、台江等地的苗族扎染、刺绣和银饰等。她意识到，当苗绣被定位为观赏物件时，就被决定了它的市场空间是狭小的，只有把苗绣植入生活实用品中，从观赏件向实用品转变，拓展苗绣产品谱系，苗绣的市场才能做大。刘立军带领团队边田野调查，边了解苗族传统工艺，边培训当地女性，边组建队伍，边摸索经验，边调整方向，边寻求市场，边研发产品。刘立军寻求用商业的模式做苗绣精品，以持续性地保护传承苗绣，同时缓解苗族女性贫困。

2003年初，刘立军建立了黔东南女性培训基地并举行挂牌仪式，同年7月创办了北京采桑子文化艺术发展中心。采桑子明确了组织的四大目标：一是挖掘、整理、拯救苗族民间非物质文化遗产；二是帮助苗族女性依靠传统技能增收致富；三是通过增加收入，提高苗族女性在家庭和社会中的地位；四是让苗族民间艺术走出大山，走向世界。

二 采桑子探索期：尴尬的处境与初试的失败

采桑子创立之初并没有产品研发意识，也正因此而遭遇挫败。2003年7月，刘立军出让了经营多年的餐厅，开始建工厂进设备，培训工人，在北京东三环繁华地段租了200平方米的店面销售苗绣产品，但是由于产品研发设计的落后和市场调研的不足，初期的苗绣产品主要以观赏为主，实用性不强，难以走进日常生活，零售市场销售冷淡，同时又要承担昂贵的门店租金和日常支出，采桑子财政收支失衡。对于这次尝试的失败，刘立军回忆："现在想起来是大环境大气候问题，就是国家对文化的重视，当时的人文关注点还不在这个上，我们有一点超前了。"①

采桑子创立资金全部来自创始人投入，没有政府和社会资源的支持，尤其是"前期调研投入了大量资金，到商业开发的时候，难以形成资金流的循环"，"我们这么多年来处境特别尴尬，可以说是叫天天不应，叫地地不灵，我找过文化部的官员，文化部说，刘老师您做的事情成本太高，你花那么长时间去到农村田野调查，去培训女性，去研发产品，去做尝试，这个成本太高了，我们做不来。""我们曾经找当地政府部门，人家说你是北京人，不是

---

① 刘立军访谈，2011-02-24。

我们的人，不能支持"。"在北京我们找了北京的相关部门，包括妇联寻求支持帮助，北京人不做北京事他们也不帮，所以我们处于非常尴尬的境地，只能靠我们自己了"。①

三　采桑子转型期：社会企业的摸索与文化产业链的打造

初次试水失败后，采桑子团队开始了反思和调整。2004 年关闭了苗绣门店，重新思考苗绣的产品市场定位。经过调研发现，当时国内高端外事团购市场缺少民族手工艺产品，采桑子的产品又能够深刻地反映苗绣文化，认为这是一个可以尝试的领域，于是开始着手做团购，通过外交部门、全国妇联、北京市政府、北京市招商局等部门的大客户采购，采桑子的产品逐渐打开了销路，形成了一些社会影响。

2008 年，刘立军参加了英国大使馆文化教育处举办的"社会企业国际研讨会"，该项目的目的是使民间组织从业者、社区领导、年轻人以及现有或潜在的社会企业家获得相关技能，通过培训，使学员将能够将商业运作的模式用于自身的组织，通过社会企业的方式来解决社会问题。这是刘立军第一次听到社会企业这个概念，她感觉采桑子从事的事业似乎正是社会企业所具有的特质。带着好奇和求索的心态，刘立军参加了 2009 年度"社会企业家技能项目"试点班。在短短的六天里，刘立军真正明白了什么是社会企业，第一次系统学习了社会企业家应该具备的基本技能，充分感受到了英国政府利用社会企业解决诸多社会问题的成功经验，也第一次清楚地意识到采桑子肩负的责任和使命，"参与'社会企业家技能项目'，带给我的不仅是激情，因为做公益的人从来就不缺激情；带给我的不仅是知识，而是社会企业生存的技能和本领；带给我的不仅是信心，而是给了我永远走下去的信念与坚持；带给我的不仅是责任，而是一种使命，一种上苍赋予的神圣使命！"②随后，采桑子邀请了"社会企业家技能项目"的高级培训讲师做采桑子的企业顾问，从战略规划到策略制定，从品牌规划到具体实施，从产品设计到产品制作，从市场规划到网络营销，进行了全方位的调整。采桑子由此

---

① 刘立军访谈，2011 - 02 - 24。
② 刘立军访谈，2012 - 12 - 20。

走向了社会企业的发展道路，以使命为先，用商业模式构建产业链。

四 采桑子发展期：采桑子模式的扩散及其成效

历经八年实践，采桑子从整理和保护传统苗绣这一个点，摸索出了一套采桑子模式，即"公司＋农户"的文化产业链模式，并"依靠商业模式和市场手段来拯救没有文字的苗族正在迅速消失的民间文化"。

到目前为止，采桑子已经形成了较为成熟的生产基地、研发部门、培训部门和销售部门，团队至今共有专职人员 14 人。采桑子在农村设立基地免费培训农村贫困女性，指导她们生产苗绣半成品，然后到北京进行后期加工和销售。同时，加大研发力度，迄今为止共开发了苗绣、苗银、蜡染、手工织布等四个系列产品，这四个系列均已被列入世界文化遗产保护名录，每个系列下各有十余款产品。

2006 年至 2010 年间，采桑子赴法国、日本、美国等地进行交流访问，了解国外传统文化保护历程，并宣传采桑子文化理念，拓展采桑子打造文化产业链的国际视野。2011 年，采桑子作为中国民间工艺的唯一代表，参加了伊朗首届非物质文化遗产国际论坛暨民族手工艺国际博览会，向多个国家的手工艺者展示中国苗族民间艺术的精致魅力。

2011 年，英国使馆文化教育处（BC）和友成企业家扶贫基金会、南都基金会、增爱基金会联合举办了社会企业家技能项目颁奖仪式，采桑子获得了唯一一个 BC 与增爱基金会联合颁发的"增爱社会企业创投奖"，连续三年获得总额 60 万元的资金支持，并提供专家团队对采桑子的具体业务进行指导。2012 年《21 世纪经济报道》启动了民族手工艺非物质文化遗产大赛，采桑子设计的产品获得了最佳人气奖。各界对社会企业的理解和支持，对于采桑子来说，不仅在物质上解了燃眉之急，更在精神上得到了极大的鼓励和滋养。

采桑子模式正在激活苗文化，使得濒临失传的苗绣、苗银等苗族传统民间工艺得以记录、保留和传承，并为时尚设计师们提供了最原始的素材和创作的平台。采桑子为少数民族地区贫困女性提供了就业机会，在贵州、陕西两省建立了培训基地，遍布 6 个县、14 个镇、81 个自然村寨，迄今有 2000 多名贫困女性通过订单参加苗绣培训。参加培训和生产的贫困女性平均月收入为 100 ~ 200 元。而此前，这些贫困女性家庭几乎是靠天吃饭，家庭年收入仅为几百元。采桑子为这些女性提供免费的技能培训，指导她们制作苗绣，一定程度上改善了贫困家庭的生计，同时绣娘不需背井离乡，在家里即能完成工作，兼顾家中的老人和小孩，避免了大多数农村留守老人和儿童的问题，并有利于子女的教育，这种方式不仅在短期内缓解了贫困女性化，更对贫困群体脱贫致富有着深远的意义。

采桑子的产品也成为国家机关重要的外事礼品，民间传统文化得以在国际上增加影响。在实现文化效应的同时，采桑子也逐渐实现着社会效应，采桑子考察了陕西、山东等地农村手工织锦现状，在山东郓城和陕西礼泉通过"公司＋农户"的方式开发当地织锦生产，采桑子模式开始复制和扩散。2012 年，采桑子开始着力于京绣的保护和开发，通过拜访京绣民间艺人、参加北京服装学院京绣研讨会、调研现有京绣生产状况等形式，希望借以"采桑子"模式，保护和传承这一濒临失传的手艺，采桑子已经成功开发出京绣晚宴包，并通过 2012 年度"北京礼物"大赛初试。

采桑子的创新性

一 观念创新：传统文化活态传承与贫困女性赋权

千百年来，苗族人一直按照自己的生活美学和价值诉求造就着苗装的华美。她们用精湛的纺织、剪裁、刺绣、蜡染、拼接记忆，精致巧饰自己的衣装，并以这些充溢劳动尊严和华彩的穿戴，美丽而自得地生活。于装束上表现的非凡生活智慧和精神气质，折射出一个民族的文化灵魂。款式别致、色彩绚丽、纹饰瑰丽的苗装，凝聚着苗族人的生命理想和审美情感，其寓意深长的丰富符号形式更是记志者苗族先辈的奋斗历史和族群认同的核心价值，是承载和传递苗族文化的卓然载体。[①]然而，与受到现代化冲击的传统文化表现形式一样，苗绣如今已经成为世人所关注的非物质文化遗产保护对象。以影像方式对存续至今的非物质文化遗产加以记录、整理和存档，是非物质文

---

① 曾宪阳、曾丽：《苗绣》，贵州人民出版社，2011，序三。

化遗产保护工作的一项重要内容。人们希望借助于现代影像技术，铭记其传达的文化信息，成为赓续不断的人类记忆，但这无法实现活态传承。非物质文化遗产更好的保护方式，是让它处于被需求的状态，才能实现延续。采桑子的宗旨就是实现苗文化精品的活态传承，其产品特点是兼具民族性、文化性和艺术性，传统文化与当代时尚相结合，古老艺术与现代生活相结合，赋予苗绣活态传承的生命力。

采桑子秉承文化扶贫原则，收集整理大量苗族传统苗绣纹样，并投入大量资金培训贫困苗族女性提高苗绣和蜡染技术，提高她们的反贫困能力，即为贫困女性赋权。采桑子充分发动和利用本土资源，为苗族贫困女性提供就业机会的同时，也逐渐改变着贫困女性的观念，引导贫困女性参与苗绣培训生产过程的组织管理，提高她们的组织能力。在提高苗族贫困女性经济收入的同时，也让她们认识到自己民族传统手工艺的价值，加强其民族认同感和自豪感，并通过外界的认知和接受，让苗族人珍视自己文化的价值。

采桑子创始人刘立军特别重视子女的教育。影响女性的教育意识对她们培养下一代尤为重要，采桑子在培训中特别重视引导贫困女性重视孩子的教育，鼓励她们将收入和精力更多地用在培养孩子健康成长和接受学校教育上，尤其强调女性要关注孩子的早期教育，并在培训基地设立了流动基金，用于接受培训的贫困女性子女餐费和医疗费的应急资助。"其实这是一个教育的问题，我觉得我们间接地在帮助了教育的问题……一个民族，它的生存和发展根本上是一个教育的问题，教育的问题更回归到女童的问题，因为她未来要成为母亲，她如何有这样一种能力，又一代一代的去培养，繁衍生息，所以我觉得对于女性的教育培养和影响，特别的重要。"①教育公平也是促使男女平等的重要因素，因为教育一方面影响到就业机会，进而决定家庭成员所拥有的资源和权力，另一方面也使个体有较多机会接受到不同于传统的观念。女性获得更多教育和工作机会，劳力和智力资源得以合理发挥，掌控更多物质和社会资源，会使女性在家庭和社区中拥有更多自主权，能促进男女更加平等。采桑子通过保护传承苗族传统文化，实现了缓解贫困女性化和促进性别平等的目标。

① 刘立军访谈，2012－12－20。

二　模式创新：社会企业运营与贫困女性参与

采桑子开创了传统文化的活态传承模式，同时也是具有创新性的城市"反哺"农村模式。采桑子准确地了解城市的苗绣市场需求，组织专业团队进行苗绣产品研发和设计，并制定严格的产品标准，将订单下放到农村，组织贫困妇女，为她们提供免费培训，再进行量化生产。这是一种非物质文化遗产的生产性保护，以保护带动发展，以发展促进保护。生产性保护体现了经济和文化发展的互补原则，在实践中获得了经济和社会的双重效益。这正是社会企业的特质所在，以商业运营为手段，以社会使命为驱动，使商业与公益相结合，是解决社会问题的一种创新机制。

经历过初创期的试水失败，刘立军意识到，要打通苗绣产业链上的各个节点，首先要了解苗绣市场需求，才能将城市消费人群和苗族贫困苗绣制作者之间的桥梁打通，实现文化的共享。采桑子构思了一种可持续发展的文化传承形式，将文化与商业结合：文化维度，以苗族传统手工艺的保留和传承为核心；商业维度，以苗绣的市场需求、研发、培训、生产和销售为链条，以社会企业的模式实现社会和经济的双重目标。

采桑子从苗绣的市场需求切入，组织专业团队进行研发设计，根据设计出来的产品培训基地的农村妇女，进行半成品生产，产品未完成阶段先支付部分工钱，产品完成后，采桑子收购并进行后期加工和销售，再支付她们剩余的工钱。采桑子连续多年收不抵支，但是从未拖欠过绣娘的工钱，还设立应急基金帮助贫困绣娘缓解家庭生计问题。

"回想起来，我们的成长真的是磨刀不误砍柴工，我们的前期准备工作做得很扎实。"[1]采桑子坚持追求高品质并不断推新，保持其核心竞争力，使得仿制抄袭的成本提高。创始人刘立军说，"我不求快，一定要稳扎稳打，这样才会有生命力，才会走得远"。[2]采桑子通过文化整理、研发设计、培训生产、市场销售这四个环节，在保持苗绣完整性的同时，逐渐形成一条文化产业链。采桑子开发了苗族元素资料库作为其核心技术，刘立军将采桑子的

①　刘立军访谈，2011 - 02 - 24。
②　刘立军访谈，2012 - 12 - 20。

文化整理和研发设计比喻为心脏，视为公司的文化底蕴和产品的设计源泉；采桑子与广州、北京和上海的美术学院、服务设计师、平面设计师合作研发设计产品；采桑子设立专门的打版车间，经过打版将平面设计图转化为实物产品；采桑子通过培训民间的生产人员，培养她们的订单意识、配合意识、质量意识，为产业化打好基础；采桑子产品销售主要依靠产品口碑，通过多种渠道，包括向政府部门推荐、参加展会、向企业 CSR 部门推荐等方式，传递采桑子的事业理念、产品和产品背后的故事，争取获得订单，产品通常被政府采购用于外事出访或者会议活动礼品。采桑子还承接福特基金会、联合国儿童基金会、绿色和平组织等机构的订单。

三　产品创新：传统工艺与现代审美相融合

生产性保护非物质文化遗产在实际开展过程中需要审慎处理保护传承与开发利用的关系。生产性保护要把保护置于首位，尊重历史上已经形成的生产方式的多样性，坚持传统工艺流程的整体性和核心技艺的真实性，不能随意改变非物质文化遗产的传统生产方式。因此，采桑子对研发团队的要求尤为严格，要求尊重苗绣最传统的制作流程。在苗家人的观念中，苗绣本身就是奢侈品，更是苗家人心灵深处对天地敬畏的产物，苗绣的精致、耗时、个性、手工、精神产物等诸多因素，也符合奢侈品属性。产品研发延伸时，要与之匹配相应的定位与要求。苗绣产品定位为高端时尚品牌，需要满足高端和时尚两种属性，前者要求赋予产品更多的精神层面的追求，后者要求产品具有当下的美感。这要求研发者要懂得民间工艺，要懂得现代人的需求，懂得在这两者之间实现对接。

采桑子倡导精品意识和品牌化建设，绝不单纯追求数量和规模的扩张，要求用最好的材料，最好的做工，最静的心态制作苗绣。苗族没有通行的文字，通过苗族古歌传达苗绣图案蕴意，因此完整的苗绣要求边绣边唱古歌。采桑子在培训苗族女性苗绣时，鼓励她们放松心情，边唱古歌边刺绣，尽量保持苗绣的原汁原味和完整性。"我告诉她们放着音乐慢慢地做，静下心来做，绝对不能浮躁……外面的东西精品不多，尤其是民间工艺的东西为什么出不来？就是浮躁"。①非物质文化遗产的生产性保护和产业化发展如果缺失

---

① 刘立军访谈，2012 - 12 - 20。

了文化，便丧失了灵魂，采桑子保留了苗绣传统的制作流程和工艺，融入现代审美元素以满足市场需求。

苗族后人将世代传承下来的苗绣纹样视为美好的、吉祥的，而无需去改变。清王朝曾经强令苗族改装，在黔东南苗区遭到顽强抵抗，有些地区甚至立碑铭文宣誓决心。但是传统民间手工艺者通常不懂得设计，更不懂得如何将设计与时代接轨，因此，民间手工艺品有时显得过时，需要改变其中的某些元素，将民族特色与当代审美和使用需求巧妙地结合起来。因此，掌握传统手工艺技能的人的观念、意识和技能都需要培养。采桑子要求团队设计人员将姿态放低，和民间艺人实现平等的沟通、对话和融合。"设计人员跟乡下女性是在不同层面的，达不到融合，而我们做的就是这样一个融合，我们是俯下身来跟民间艺人沟通，然后要求他往上提升，我们往下，这样我们能够在一个平台上对话，这个很重要。"①

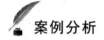 **案例分析**

采桑子的创新动力

一 创始人的社会企业家精神

商业企业的根本目的是追求利润最大化，社会企业则以解决社会问题为出发点，关注社会效益与经济效益的平衡。社会企业家是社会企业的灵魂，成功的社会企业家擅长运用各种资源在资本力量不愿涉入的领域开拓新的市场机会，他们不仅创造财富，更重要的是他们能寻找更新更好的方法来创造和维护社会价值，实现社会目标。社会企业家具有强烈的社会使命感、具有创业能力、创新能力和变革能力，能够以创造性的方法应对社会问题，是社会变革的重要推动者。这就要求他们具有创造更大社会价值的战略远见。社会企业家的特质不仅在于领导能力、管理能力或执行能力，更在于情感上致

① 刘立军访谈，2012 - 12 - 20。

力于创造社会变革的能力。

刘立军凭着敏锐性和强烈的使命感以及非凡的胆识，投入了大量资金和精力进行苗绣、织锦等民族传统文化保护和传承，她既有对社会问题的敏锐，又有俯下身认真观察社会的耐心。她看到，苗族苦难的经历赋予了贫困绣娘非凡的想象力，她们为人类创造了具有历史、宗教、文化、艺术、民族、民俗等多方面价值和永恒魅力的文化遗产。而今天，苗族的生活已经在平凡的日出日落中悄然改变了，苗族传统服饰面临着很大的挑战，由于传统服饰的制作非常复杂，一套盛装要花费数年的时间，社会的发展和开放使许多苗族姑娘不再有充足的时间和心思来学习这些复杂的技艺，很多地方出现"后继无人"的局面，奇异精致的苗装可能将永远封存在历史的记忆里。苗绣失传的现实突显了贫瘠的物质世界与丰富的精神世界的背离，这是尚未被关注的社会问题。

刘立军原本有着成功的事业，过着舒适的生活，却在不惑之年顶着来自家庭和社会的压力，投入大量资金开始保护传承苗绣并改善苗族贫困女性文化。采桑子在早期收支尚未实现平衡的情况下，收购了大量不合格的苗绣半成品，一方面鼓励当地贫困女性继续从事苗绣，减少绣娘流失；另一方面坚持并逐渐形成采桑子的精品意识和品牌精神。这种胆识和策略难能可贵，事实也证明付出必定是有回报的，当苗族妇女们逐渐看到，"你花那么多的时间精力和金钱在做她们民族的事情，真是感动了，她们就会用行动去回报你，去配合你，去支持你，帮助采桑子完成使命……她们也开始崇敬和珍视她们民族的东西"。[①] 采桑子用活态传承的文化产业链模式赋予濒临失传的苗绣以生命力，用参与式赋权的方式让贫困女性在改善生计的同时掌握技能、改变观念，鼓励她们依靠自己的能力改变家庭和社会地位，并将这种正能量传递给下一代，缓解贫困女性化。

回头看刘立军十年前的选择，发现支撑她的正是这种社会企业家精神。

---

① 刘立军访谈，2012 - 12 - 20。

二 非物质文化遗产保护的社会需求

1972 年通过的《保护世界文化和自然遗产公约》极大地促进了世界各国对物质遗产的保护，但在非物质文化遗产保护方面的工作却相对滞后。非物质文化遗产与物质文化遗产一样，反映了一个民族和国家对自身特性的认同和自豪感以及被世界认可的程度，不仅是一个国家和民族历史成就的标志，也是反映社会文明的标志。保护传统文化是对其价值的重新认识和肯定，也是对文化创造、拥有、传承者的价值肯定。直到 2003 年，联合国教科文组织才通过了《保护非物质文化遗产国际公约》，对语言、歌曲、手工技艺等非物质文化遗产的保护作出了规定。此后，非物质文化遗产保护成为热点，我国政府也开始重视民间传统工艺等非物质文化遗产的保护，鼓励发展文化产业。

苗绣精品自 20 世纪 70～80 年代大量流失国外，苗绣技艺也在逐渐消逝。但这一直没有引起官方的重视，只有一些民间组织在奔波抢救失传的苗绣。数千年前，苗族人的祖先为了生存，躲避战事，落脚在贵州高原大山最为隐秘的地方。今天，他们的后代，同样是为了生存，又走出贵州，将苗寨和苗绣留守在大山，这无疑是令人痛心的。直到 2006 年，苗绣被列入国务院"第一批国家级非物质文化遗产名录"，政府才开始重视苗绣的保护。当前，贵州省妇女民族手工年产值超过两亿元，数量上看相当可观，但是以民族用品和低端旅游商品为主，产品品质和附加值都较低，这对于传统文化的保护和活态传承并无益处。

苗绣文化实现活态传承，要让那些为摆脱贫穷而远走他乡的年青一代苗族姑娘重归故里，在学习苗绣技艺，传承苗文化的同时告别贫穷，让她们得益于苗绣并乐于苗绣，让年迈的身怀绝技的苗族女性艺人老有所用，还苗绣文化一个生存和发展的空间。

三 贫困女性化现象受到关注

社会性别与发展理论特别强调重视劳动的性别分工与责任的性别分工。后结构女性主义的观点是，社会性别不但是话语的运作表现，也在不断制造新的社会现实。男女平等是我国促进社会发展的基本国策，贫困女性化是实现男女平等的一大障碍。资源分配与利用上的不平等，就业机会的不平等，必然会使社会地位原本就低的中国贫困女性处境更加艰难。两性之间加剧的不平等关系不利于创造出一个有利于经济增长和发展的环境。[①]

女性贫困的深层次原因在于男权社会中，女性社会资本的匮乏，女性缺乏经济资源的机会选择及自主权，导致自信心缺失，严重阻碍女性的发展。政府反贫困具有全局性和政策性，一定程度上抑制了创新活动。苗族性别关系中表现出女性较多的被动和自抑，与苗族文化中男性中心在现代化进程中得到加强有关。[②]

联合国女性儿童基金会通过女性群体综合素质的提高打破贫困的恶性循环，在我国扶贫领域的项目全部以贫困地区农村女性为对象，通过技能培训、小额信贷等提高贫困女性的个人能力。1996 年，联合国女性儿童基金会与我国政府合作"贫困地区社会发展项目"共投入资金 1000 万美元，政府提供配套资金，在全国 12 省 24 个贫困县的 192 个乡镇运行，直接参与项目的女性达到四万人以上。

实践表明，女性发展最深刻的动力在于女性本身，要相信和依靠女性潜在能动和自我赋权改变环境和生活，是社会性别学关注贫困与女性发展的做法，女性不应该被视为单纯的受助者。

采桑子的发展经验

一 创始人丰富的生命阅历

作为团队的精神领袖，创始人的生命阅历所承载的价值观和对社会的认识，决定着机构的方向和生命力。"我如果不当老师，就不知道怎么去做苗族文化，如何去整理，如何去研究它，如何去培训，这些方法和耐心，是我

[①] 《2000/2001 年世界报告》编写组：《2000/2001 年世界发展报告：与贫困作斗争》，中国财政经济出版社，2001，第 117~121 页。

[②] 杜芳琴：《贫困中的妇女发展：社会性别与差异——以〈大山的女儿〉"华北卷"、"西南卷"中妇女口述为例》，《思想战线》2003 年第 5 期。

当老师的能力积累。我在政府工作的七年让我知道怎么去做政府需要的东西，怎么跟政府沟通……我做餐饮的经历使我认清采桑子一开始就是商业模式，做产业链，链接产业链的各个节点，从最上游最前端的生产做起，培训做起。"①

采桑子创始人刘立军有着丰富的人生经历，教师经历使她对文化保持敏感性，有方法和耐心了解去整理、研究和培训；政府部门工作经历使她懂得与政府沟通；经商经历使她将采桑子定位于商业模式和文化产业链。而不断参加各种行业内的培训、会议和考察活动，又不断丰富了她的新知识，扩大了视野。

二　团队的使命感和专业化建设

采桑子特别注重团队成员的使命感培养，靠传、帮、带让员工在机构中受到熏陶和感染，树立保护和传承民族文化的使命感。采桑子的主要合作者和扶助对象是苗族贫困女性，由于地理环境和文化传统等方面的差异，要与这些人进行良好的沟通并不容易，需要俯下身来跟她们平等真诚地交流，才可能真切地看到存在的问题并为她们解决问题。采桑子团队在吸纳员工时，尤其关注成员对企业文化和机构使命的认同感考察，"我们机构的人，其中有很年轻的，但是跟我十多年了……他们由不认知到认知，从不认识到认识，最后变得热爱了，这就是有了使命感了。这个我觉得是要印在骨子里的，不是光说你有使命感。能够坚持做下去，我认为才是有使命感"。②采桑子员工一直相当稳定，刘立军并不孤单，她身后是一个拥有使命感的高效团队。这一支精干的团队经过多年踏踏实实的调研，瞄准了非物质文化遗产保护和贫困女性化的关联，并使两者实现了融合。

让非物质文化遗产处于被需求的状态，区别于传统的以影像资料存留、保护非物质文化遗产的方式，有了市场需求，这些文化遗产才得以活态传承。采桑子自2003年创办至今，逐渐探索出民间文化保护、传承，进而实现发展的社会企业模式，通过商业模式实现了传统文化的活态传承，也使贫困女性认识

---

① 刘立军访谈，2012 - 12 - 20。
② 刘立军访谈，2012 - 12 - 20。

自己民族的历史和文化，主动参与保护和传承，并通过产业链改善贫困女性的经济收入，改变她们的观念，提高她们的家庭地位和社会地位。

社会企业区别于传统慈善之处在于，它的动力源自内在。社会企业用企业的思维模式和方法解决社会问题，以实现企业的自我持续发展，而不是单纯依赖于外部资金的支持。采桑子花费大量人力、物力和财力培训贫困女性，使得她们掌握和提高苗绣技能，而且鼓励接受采桑子培训的女性接受采桑子之外的订单，这是一个能力赋权的过程，给了贫困女性能力，并鼓励她们依靠自己的力量增加收入，改善生计。刘立军坚信"授之以渔"的力量，让贫困的苗家女子通过自己掌握的技能和努力的工作实现生计的改善，采桑子在培训中尤其关注贫困女性观念的改变，在此基础上努力实现贫困家庭子女，尤其是贫困女童教育机会和环境的改善，缓解贫困女性化的恶性循环。

三 社会资源的支持与整合

采桑子的经验表明，社会企业在初期发展阶段，离不开社会资源的支持。刘立军通过参加"社会企业国际研讨会""社会企业家技能项目"等活动，逐渐明确了采桑子的社会企业身份。同时，也由此进入了这个行业，并争取到行业的支持。

2009 年刘立军获得福特基金会的资助，出版《苗绣手记》，记录采桑子多年来整理的民间刺绣工艺标本，还原苗族 20 多种刺绣中的四种。2011 年，采桑子获得"增爱社会企业创投奖"为期三年共 60 万元的资助。这些都证明采桑子社会企业模式获得社会的认可和支持，这给予采桑子极大的物质和精神激励。

采桑子独特的社会使命和运营模式也吸引了专业志愿者参与，2012 年志愿者团队用三个月时间对采桑子的运营状况进行了全面的梳理，为采桑子量身订制了未来三年的发展规划，并拟定了数据库开发计划。采桑子开始了 OA 系统软件开发与试运行。OA 系统的上线大大提高了采桑子的运营效率，特别是生产管理效率，采桑子正式步入 IT 化管理时代。

采桑子的发展困境

一 认同困境

采桑子通过商业化经营，一手保护和传承着传统文化，一手缓解着贫困女性化，追求经济效益的同时实现了更大的社会效益，为政府承担了部分社会职责。但是，采桑子迄今没有承担政府购买服务项目，这在相当大程度上制约了机构的发展。刘立军曾多次寻求过政府部门的帮助，尝试与妇联和民政部门建立联系，以获得政府政策支持和资金扶持，均告失败。多年来采桑子一直处于被政府拒绝的"尴尬"的境地，这也是当今我国大多数社会企业面临的问题。刘立军将其归结为政府部门做事的行政思维与民间机构思维模式的差异，政府做事追求短、平、快，民间组织做事则追求长期效果和影响。

社会企业在我国处于萌芽期，社会企业商业化运营模式影响了政府和公众的认同，是制约社会企业发展的重要因素。

二 资金困境

由于政府和社会对社会企业的认同问题，使得很多资源无法得到利用。当前采桑子面临的最大问题之一是资金不足。"我们受资金的限制，因为出一款产品就要备货，就要压占资金，它的原材料、辅料等各方面都要占用资金。所以我们的产品不能出的太多"，资金周转受限，使得采桑子产品的四个系列下，均仅有十款左右的备货，与其他同类机构相比是偏少的。"但是我们的设计库里面存放着大量的模板，只要有资金，我们一下子就可以出来很多东西，面向世界都不是问题，但目前就是一个资金的问题。"①

三 人才困境

采桑子面临着双重人才困境，一方面是采桑子团队的专职人才培养费时费力，虽然采桑子目前的团队成员较为稳定，大多数人都是多面手，很多员

---

① 刘立军访谈，2012-12-20。

工在采桑子工作多年，可以说是刘立军一手调教培养出来的。但是就长期发展来看，组织的专职人才单靠机构培养并不现实。社会企业发展需要从国家层面进行人才建设，从基础教育阶段培养孩子的创新精神，培养他们发现问题的敏锐性和解决问题的能力，为社会企业的发展储备具有社会企业家精神的专业人才。

另一方面是采桑子服务的贫困苗族绣娘的流失。苗族绣娘是苗绣的传承者，她们制作苗绣的收入直接影响到女性贫困化的缓解程度和绣娘队伍的稳定性。现在的情况是，采购价是 150 元的苗绣产品，绣娘获得的收入是 35 元左右，收入偏低。利润分配未能充分调动绣娘的积极性，采桑子绣娘流失率较大，苗绣工艺后继无人便是采桑子的隐忧，也是苗绣活态传承的最大障碍。

 总结

一 社会创新能更有效地解决社会问题

社会创新通过新组织、新思维和新模式去发现和解决未被满足的社会需求，在释放社会活力、弥补政府失灵与市场失灵、促进公民社会成长等方面意义重大。相较于传统公共行政解决社会问题的乏力，社会创新能够对社会问题和社会需求提供具有创造性的支持，提供更加有效、效果更加持久的解决方案。①

贫困是人类社会长期的社会问题，边远少数民族聚居区是我国扶贫开发的重点和难点。新十年扶贫开发纲要和"十二五"相关规划提出，要针对不同民族聚居区域的贫困问题，采取因地制宜的方针，充分发挥贫困地区的资源优势，培植壮大特色产业，推进产业扶贫。少数民族地区蕴藏着丰富的非物质文化遗产资源，传统的保护方式是将其置于博物馆束之高阁，这种固态和僵化的保护方式无益于文化传承。非物质文化遗产要实现活态传承，传承人是关键。采桑子认为，苗绣的传承人正是苗族的贫困妇女，苗绣失传会加

---

① James A. Phills Jr. et al. , "Rediscovering Social Innovation," *Stanford Social Innovation Review* 6 (Fall 2008): 41 – 42.

剧苗族的贫困女性化。经过十年的摸索试验，采桑子打造了一条苗绣文化产业链，培训苗族贫困妇女从事苗绣生产和销售，一方面实现了民族文化的活态传承，另一方面缓解了贫困女性化，创新性地解决了扶贫和非物质文化遗产保护传承这两大社会问题。

二　加大政府对社会企业的扶持

社会企业以"社会目标"为使命，以"商业运营"为手段，它不仅是一种组织模式的创新，同时，社会企业本身也是社会创新的主体之一。国际经验表明，社会企业的生存和发展离不开政府的政策支持和社会资源的扶助。英国政府在2001年和2005年相继发布了国家层面的社会企业发展战略，并成立了社会企业局和第三部门办公室，支持社会企业和传播其实践经验。2006年，英国出台《社会企业行动计划：登上新高度》，明确了政府在促进社会企业发展中的职责，为社会企业的发展提供资金保障。美国政府2009年成立社会创新与公民参与办公室，并于2010年财政拨款5000万美元设立社会创新基金，为社会企业提供资金资助。近年来香港的社会企业发展也相当瞩目，最初发端于康复服务，随后开始应用于协助妇女、释囚和无业青年等弱势群体的服务，为社会融合和经济发展做出了贡献。① 除了政府的大力扶持之外，这些国家或地区的企业、基金会、公益风险投资基金也积极参与或推动社会企业的发展，为社会企业提供了资金与技术方面的扶持。

在我国，社会企业这一概念尚未得到政府、社会的认可。一方面，政府还没有将社会企业的发展提上议事日程，没有制定相应的发展战略，也缺乏相应的扶持政策，而企业、基金会对社会企业的扶持也才刚刚起步，这直接导致了中国社会企业的发展步履维艰，进展缓慢。采桑子的案例表明，在中国社会企业的起步阶段，无论是政府，还是基金会、企业等的支持，对于社会企业的发展壮大，具有很大的推动作用。

---

① 陈锦棠：《社会创新及香港社会福利的新发展》，《中国社会工作》2011年第7期。

三 社会企业家是社会创新的灵魂

采桑子的案例再一次证明，社会企业家是社会创新的灵魂，而友成企业家扶贫基金会、南都基金会、增爱基金会等组织的认可和奖励，进一步鼓励和激发了采桑子进行社会创新的热情。

转型时期，中国的社会问题纷繁复杂，更需要涌现一大批优秀的社会企业家，进而为复杂社会问题的解决带来创新、有效的路径。社会企业家精神不仅在于个人的阅历，更与社会大环境密不可分。当前，一些国家在大学开设社会企业或社会企业家精神方面的课程，致力于培养社会企业家；一些国家的基金会从 12 ~ 14 岁的青少年入手，通过培训提升他们的社会企业家精神；一些国家通过设立专门的奖项表彰杰出的社会企业家，激发人们的社会企业家精神。显然，这些经验都值得中国借鉴。通过提升人们的社会企业家精神，通过培养一大批社会企业家，从而提升整个国家的社会创新力。

养老与外来人口融合领域的社会创新

外来人口的融合之道

——以社会组织为平台化解矛盾

2012 年，中国的流动人口已经达到 2.3 亿左右。在中国现行的户籍制度与城乡二元结构下，外来人口的急剧增加，给中国的社会管理带来了巨大挑战。近年来，一些群体性事件的根源就在于外来人口与本地人口未能有效融合。例如，2011 年引起国内外轰动的广东潮安县古巷镇"6·6"事件、广东增城"6·11"大敦村聚众滋事事件就是由于外来人口与本地人口之间的矛盾引发的群体性事件。随着我国流动人口的不断增加，城市边缘群体的社会融入或新老村民之间的社会融合问题将日益凸显，并成为我国需要优先解决的紧迫性社会问题。

在宁波，外来务工人员大量涌入，给当地村庄社区带来了一系列的社会治安、环境卫生等问题，增加了基层社会管理的难度。传统上，各地对待外来务工人员往往采取外来人口和户籍人口分治的思路和对策，较少触及新老村民的社会融合问题①。2006 年，慈溪市（宁波市的一个县级市）在全国率先发起成立和谐促进会，通过吸纳基层干部、新老村民和企业代表共同参与管理的做法，使得外来务工人员较好融入当地村落社区，缓和了社会矛盾，增进了新老村民之间的互信互助，实现基层社会的和谐稳定。宁波市委市政府充分肯定基层的创举，并在全市推广和谐促进会的成功经验，推动各区市县成立融合性社会组织。本文首先将介绍宁波慈溪市成立和谐促进会的背景、做法和成效，进而分析该社会创新的动力机制，政府在社会创新中的角

---

① 蔡旭昶、严国萍、任泽涛：《社会组织在流动人口管理服务中的作用——基于浙江省慈溪市和谐促进会的研究》，《经济社会体制比较》2011 年第 5 期。

色定位，以及相关的经验教训，希望本研究能够对社会创新理论及实践有所助益。

案例背景：宁波市新村民融入困难，矛盾纠纷频发

宁波市是浙江省的第二大城市，也是副省级城市和计划单列市。"书藏古今，港通天下"，这样一座拥有浓厚历史文化底蕴的沿海城市吸引了300多万外来务工人员参与宁波的建设和发展。在2011年，宁波市只有576万户籍人口，而登记的暂住人口已经达到430万人[1]。大量的外来人口为宁波提供了源源不断的劳动力，使得临港重工业等产业得以持续繁荣发展（以石油化工、化学原料及化学制品和化纤为代表的临港重工业占到全市工业总产值的71.1%）。

与此同时，外来务工人员也给当地基层社区带来了管理上的负担和压力。在外来务工人员较多的村居，由于经济收入、文化素质以及生活习性等方面的差异，新村民入乡不入俗、入乡难入缘，导致新老村民之间、不同地域的新村民之间矛盾纠纷频发，刑事、治安案件增多，村庄卫生环境脏乱等一系列社会问题。而基层干部人手紧缺，面对三乱现象疲于应付，办事往往力不从心。在矛盾纠纷调处中，由于外地人对当地村干部缺乏信任，往往对调处意见表示不服或拒不接受，导致村级事务管理陷入被动局面。[2] 如何帮助新村民融入当地村庄社区、如何处理新老村民之间以及新村民内部的矛盾纠纷，成为关系宁波市社会长治久安和经济持续发展的迫切难题。

---

[1] 此数据为截至2011年6月30日的官方统计数据。参见《2011年宁波市人口发展状况》，http：//www.nb.gov.cn。

[2] 参见坎墩街道五塘新村和谐促进会编《坎墩街道五塘新村和谐促进会网格式管理工作手册》，2010年4月，第38页。

案例描述

和谐促进会的源起、创新和成效

一 和谐促进会的缘起

慈溪市坎墩街道五塘新村是和谐促进会的发源地。五塘新村地处慈溪市西北部,村庄东西长 600 米,南北宽 200 米,毗邻崇寿镇工业集聚区块。有常住人口 670 人,是一个以农业为主的移民小村。

近年来,随着崇寿镇工业集聚区块的建设,大量外来务工人员就近到五塘新村居住。2012 年,该村共租住外来人口 3150 余人,他们来自安徽、贵州、河南、四川和江西等十九个省份,外来人口是本村常住人口的五倍。新村民的涌入,带动了全村以房屋出租为特色的第三产业的发展。目前全村共有 190 多户 2040 余间房屋出租,几乎家家都有出租房屋,全村年可收房屋租金近 300 万元,大大超过了农业收入,成为村级经济和村民收入的主要来源。

2005 年、2006 年期间,这个小村庄曾经是社会矛盾频发的地带。根据五塘新村党支书胡华南介绍,当时村里只有三名村干部,他们面临着来自社会治安、环境卫生和公共设施等方面的巨大压力。由于村干部和新村民之间的接触和沟通较少,在发生纠纷的时候,调解难度大。外来人口并不信任村干部,认为村干部"胳膊肘往里拐",偏向本村老百姓。

然而,也许是机缘巧合,当时住在胡华南家里的江西籍新村民吴有水正好也曾在江西老家担任过党支部书记的职务,当过兵,也是县里的人大代表,拥有调解村民纠纷的经验。在几次事件中,当江西老乡为了水电费、狗咬人等问题发生矛盾的时候,胡华南请吴有水出面调解,发现吴有水做群众工作得心应手,事半功倍。江西人更加信任这位长相憨厚、皮肤黝黑的江西"老表",就连四川等其他省份的新村民也能够接受吴有水给出的调处意见。胡华南问吴有水其中的诀窍是什么,得到的回答是:"因为是老乡之间好沟

通，其实也没有什么诀窍，靠拍拍肩，聊聊天。"① 这使得胡华南萌生了
"以外管外"、新老村民共治的想法。几天后，胡华南书记把吴有水调解新老
村民纠纷的事例连同他的想法向坎墩街道综治办反映。

于此期间，慈溪市委、市政府有关部门也正在针对慈溪市情，积极探索
外来人口服务管理的方式和载体。2005年底，市委领导在五塘新村检查工作
时，了解到该村想成立"一个由本地人、外地人共同参加的民间组织"的想
法，觉得是一项可行之举。市政法委（综治办）、市民政局着手进行了调研，
拟定了村级和谐促进会筹备建设工作方案，并开展座谈、宣传，有针对性地
进行思想引导。

2006年3月25日，沈伟如等五塘新村和谐促进会筹备小组的八位成员
向村委会提交申请，申请书写道，"为了进一步落实暂住人口和出租私房管
理政策，维护广大外来务工人员的合法权益，建立和促进外来务工人员融入
慈溪社会的融洽机制，全面落实暂住人口市民化管理，亲情化服务，控制和
减少各类违法犯罪，促进本村的社会和谐稳定，使外来务工人员和本村村民
和睦相处，安居乐业，现向村委会提出申请，要求成立一个'五塘新村和谐
促进协会'民间组织，望村委会给予批复"。次日，村委会批复同意成立和
谐促进协会。此后，在将近一个月的时间里，在政府部门的指导下，五塘新
村完成了广泛的意见征求、方案修正和相应的前期准备工作。

2006年4月20日，五塘新村创建了全国首个村级和谐促进会。这是五塘新
村在新形势下探索和谐融合新机制、创新社会管理的一次有益尝试。

和谐促进会的主要职能是，按照"地位平等、和谐相处"的理念，不断
发展壮大会员队伍，维护会员合法权益，了解社情民意，反映会员的意见、
要求和建议，帮助解决困难，化解矛盾；组织会员中的党团员，保持组织关
系，过组织生活；举办法律法规、乡土文化和劳动技能等教育培训，提高劳
动者素质；组织举办文化体育活动，丰富业余文化生活；带领会员参与社会
公益活动，参与平安建设。

第一届和谐促进会设立会长1名、常务副会长1名，副会长5名，秘书

---

① 徐长军：《构建基层社会管理新模式——慈溪建立村级和谐促进会服务外来务工者的经验做
法》，《今日浙江》2010年第8期。

长 1 名，理事 27 名，常务理事 11 名，监事会成员 3 名。和谐促进会理事会内设七个专门工作委员会，其具体职能如表 1 所示。

表 1　和谐促进会七个专门工作委员会的职能一览

专门工作委员会	职　能
会员组织工作委员会	组织动员会员树立地位平等、相处和谐理念，不断发展会员，壮大队伍
维护劳工者权益工作委员会	代表会员，维护会员的合法权益，调处劳资纠纷
社会矛盾调处工作委员会	了解社情民意，反映会员诉求，调处民间矛盾
文化体育工作委员会	组织会员开展文化体育活动，丰富业余文化生活
党团组织工作委员会	组织会员中的党团员，保持组织联系，开展组织生活
计划生育工作委员会	宣传计划生育政策，倡导优生优育
公益服务工作委员会	带领会员参与社会公益活动，动员会员增强治安防范意识，积极参与群防群治，共同创建"平安慈溪"

在成立之初，促进会拥有新海公司和五塘窑厂等团体会员五家，新老村民等个人会员 156 名。[1]其中，促进会由村党支部书记担任会长，选聘一名优秀新村民担任常务副会长（兼秘书长）主持日常工作，副会长等职务由村支委委员、治保主任、责任区民警、村保安、优秀房东、优秀新村民和企业管理人员担任。[2]

五塘新村按照网格化管理的模式，全村设立四个片区，每个片区设立五个小组。片长由四名村保安担任，副片长、小组的信息员（和谐促进员）均由优秀房东和新村民共同担任。

二　和谐促进会的创新举措

和谐促进会突破了村支两委将户籍人口和外来人口分而治之的做法，创新性地采取了多元共治的管理模式。以往村支两委只负责管理本村户籍居民

---

① 参见五塘新村和谐促进会筹备小组《慈溪市坎墩街道五塘新村和谐促进会筹备工作报告》，2006 年 4 月 20 日。

② 参见坎墩街道五塘新村和谐促进会编《坎墩街道五塘新村和谐促进会网格式管理工作手册》，2010 年 4 月，第 40 页。

的内部事务，而流动人口则由专门设立的流动人口管理站进行管理；而且，传统的做法偏重"以证管人，以户管人，以业管人"，但是往往轻视对流动人口的各项服务和关怀。与此相比，和谐促进会创新了流动人口的管理模式，它通过搭建平台，吸纳新村民、老村民和企业共同管理自身的事务，同时开展对流动人口的各项服务工作。具体来说，这种创新做法体现在以下三个方面，即：以活动促交流，以参与促管理，以服务促融合。①

（1）以活动促交流，搭建沟通平台

活动是和谐促进会的生命源泉。和促会成立之前，大家相逢不相识，人与人之间缺乏最基本的交流和了解，更不要说情感与融合了。另一方面，外来务工人员在节假日期间以及八小时以外，由于业余生活单调枯燥，常常是老乡在一起打牌、喝酒，容易滋事闹事。基于这种状况，和促会成立后，为丰富新老村民的业余精神生活，满足不同年龄、不同爱好者的文化需求，营造大家庭氛围。在不断加强公益、文化设施建设的同时，组建了文艺队、舞蹈队、篮球队等开展文娱活动，活跃广场文化。并在日常与节日活动中，针对群众的兴趣爱好力求特色，如国庆期间开展拔河、篮球、乒乓球等大众化比赛活动，以增添节日喜庆气氛。端午节、中秋节推出"包粽子、赛厨艺"等传统文化气息浓厚的活动项目，营造"大家是一家"的和谐氛围。去年以来，为进一步增进房东与房客之间、新村民与新村民之间的亲情与融合，组织了"房东房客生日会""房东房客组合家庭文体赛""邻里一家亲互帮互助"、"邻里亲情大家谈"等亲情交流活动。同时，结合村情设计活动载体，如：开展志愿者服务、环境整治、扶贫帮困、教育培训、治安巡防等活动，通过各种形式的活动来增进新老村民之间的情感沟通，促进基层社会和谐融合。

（2）以参与促管理，搭建管理平台

和谐促进会建设需要广大新老村民的参与和配合，实施基层和谐促进工程更离不开民众的共同参与。因此，在组织发动上，广泛吸纳党团员、企业骨干、村民小组长、社区保安以及综合素质较高和群众基础较好的新

---

① 参见 2012 年 8 月对宁波市慈溪市坎墩街道五塘新村和谐促进会秘书长吴有水的访谈记录，以及吴有水的讲话稿《五塘新村和谐促进会工作情况汇报》，2012 年 4 月 26 日。

老村民加入到和谐促进会当中，并根据各自特长分别担任副会长、理事、片长、组长等不同职务。充分发挥了新老村民参与社会事务管理的积极性，实现了联动管理，延伸了村级组织的管控领域，提升了社会管理能力。同时以"网格式管理、互助式服务"的管理形式，组织会员及新老村民参加社会治安、环境整治、参政议政、扶贫济困等活动，引领他们有序参与基层社会事务服务管理。由于新村民会员人头熟、信息灵，在提供信息资源、化解矛盾纠纷、维护治安稳定等方面发挥了独特作用。

（3）以服务促融合，搭建服务平台

新村民远离家乡，没有可以利用的社会关系网络和社会资源。生活中难免会遇到一些困难和问题。有时一些在老村民看来很容易办的事，由于他们人生地不熟，往往也会感到无助和无奈。特别是遭遇天灾人祸时，更是一筹莫展。正因为如此，本着"以人为本，服务为先"的工作理念，和谐促进会把满足群众需求作为工作的出发点和落脚点。力求做到有求必应，有难共帮，着力为新老村民办实事、解难事、做好事。如在志愿者服务活动中，义务为新老村民修理车辆、电器等，在劳动就业方面，和谐促进会常年不断地到周边企业收集企业用工信息并及时公布，有的直接与企业联系，帮助新村民解决就业难题。当新老村民遭遇困难时，想方设法帮他们排忧解难。四川籍新村民李小波患脑溢血在杭州住院治疗，正当其家人为医疗费一筹莫展时，和促会在开展扶贫帮困活动后，将五千三百元"爱心款"及时送到病人家属手中，以解燃眉之急。每年"七一"及春节，和谐促进会都要对流动党员困难户和新村民困难户进行走访慰问，让困难群体真切感受到组织的关怀和温暖。

三　和谐促进会的成效

五塘新村和谐促进会在解决新老村民融合的问题上效果显著。与传统做法相比，和谐促进会更加注重教化、感化和同化的方式方法。促进会注重对党团员、会员、房东及新老村民的教育培训工作。同时，促进会尊重关爱新村民，为新村民排忧解难，使新老村民平等相处。最后，促进会使广大党员、会员及新村民在潜移默化中增强了对当地社会的认同感和归宿感，使他们从思想上、感情上把五塘新村当成自己的家。

例如，安徽籍阮敬付，十年前在老家下岗后来慈务工。前几年老婆一直患病，五十多岁的他既要照料妻子，又要赚钱养家。生活过得很艰难。对于这家的困难情况，和促会没有坐视不管，而是通过开展"帮贫助困"活动把温暖送上门、把爱心送上门。并不时上门走访，鼓励他以积极的态度面对眼前困难。精神上的鼓励，生活上的关心，让老阮一家感动不已。之后，他不仅主动要求加入和促会，在夜间巡逻、环境整治、公益服务等活动中处处模范带头，为人表率。还在扶贫帮困活动中向别的困难家庭伸出援助之手。2010年老阮到坎西一家企业工作，每天往返要骑30公里车，企业负责人给他在厂内安排了住宿，却被他婉言谢绝。当问其原因，他只简单说了一句："我在五塘新村呆了八年多，已留下了很深的感情，在这里有一种被亲情包围的感觉。"

与过去比，和谐促进会更加能够体现"灵、熟、细"的特点和优势。"灵"主要是指信息上的灵通，"熟"主要是指人人熟悉、和睦相处，"细"是指社会管理事务上的用心细致。

例如，五塘新村和谐促进会现有会员351名，来自全国13个省市，分布在全村的各个片区。如今，新老村民有什么需求和期盼、谁家遇到了困难，特别是出现矛盾纠纷或意外事故时，和谐促进会都能在第一时间获得信息，使问题得到及时解决。在2009年10月，附近一家企业的员工为工资待遇集体停工，而企业内部又一时难以调停。为此，和谐促进会组织会员一家一户地到居住在本村的员工家中走访了解情况。找到问题的焦点后，及时同企业负责人沟通交涉，将企业领导和员工召集到一起进行协商，使问题很快得到了妥善解决。

正是因为和谐促进会的教化、感化、同化的工作方法和"灵、熟、细"的工作特点，才有了流动党员集体赠送"志同道亦同，异乡胜故乡"肺腑之言的锦旗的行为，出现了78名会员主动请缨，要求组建义务巡逻队以及利用节假日开展义务植树、环境整治等活动的动人事迹。

六年来，五塘新村和谐促进会以需求服务站为载体，发放宣传品和调查问卷近万份、提供就业和房屋出租信息1100多条，为新村民联系工作和子女入学200余人，协调劳资纠纷20多起，化解民事纠纷135起，提供计生、邮件、图书借阅服务8000多人次，开展志愿者服务20多次，帮扶困难户 78 家。①

更为重要的是，由于五塘新村和谐促进会在促进新老村民融合方面取得了显著成效，目前，宁波市已经在全市所有外来务工人员超过 100 人的村居推广了这一模式，建立了和谐促进会。而且，这一模式也引起了学术界、其他城市政府的关注，甚至前往宁波调研和学习。2011 年，宁波市和谐促进会首创的新老市民共建共享融合模式获得了首届中国社会创新奖。

四　和谐促进会的可持续性和可推广性

和谐促进会的多元共治管理模式具有可持续性。自 2006 年至今，五塘新村已经经历了两次换届，2012 年 5 月，第三届会员代表大会如期召开，并选举出了第三届理事会、监事会、会长、副会长和秘书长。六年来，和谐促进会不断完善规章制度，逐步建立了"和谐促进会—和谐促进网络—和谐促进员"的三级网络，积极搭建了志愿者活动、村企共建、信息沟通、文娱活动和政治工作五大工作平台。同时，和谐促进会的人员规模也在不断增加，理事会的规模从第一届的 27 名增加到第三届的 33 名，会员从第一届的 161 人增加到第三届的 351 人，秘书长从原来的兼职岗位转变为现在的专职岗位。

而且，和谐促进会的职能在不断增加，社会管理触角在不断延伸。以新成立的第三届和谐促进会为例，新成立的促进会在原有七个工作委员会之外新增设了三个委员会：出租房屋房东委员会、未成年人教育引导工作委员会、宗教和民族工作委员会。其中，出租房屋房东委员会将突出强化房东的责任，抓好房东的基本设施、日常制度、基础台账的规范管理，依托村流动人口服务管理站强化信息交流，实行动态信息管理，从而提高流动人口管理的有效性。未成年人教育引导工作委员会将直面少年犯罪率高的难题，吸收村里 130 多名初中毕业、没有工作、整天游荡的小青年参与

---

① 本段数据综合参考了以下三份文件：（1）胡华南：《开拓创新，奋发进取，努力开创和谐促进会工作新局——五塘新村和谐促进会第二届会员代表大会第一次工作报告》，2009 年 4 月 20 日；（2）胡华南：《迈向新征程，续写新辉煌——五塘新村和谐促进会第三届会员代表大会第一次工作报告》，2012 年 4 月 20 日；（3）吴有水：《五塘新村和谐促进会工作情况汇报》，2012 年 4 月 26 日。

和促会系列活动，增强他们的社会融入感和责任感。而宗教和民族工作委员会首次将宗教和民族类事务纳入和谐促进会的管理范围。①

和谐促进会的多元共治管理模式具有可推广性。2006 年，五塘新村和陈家村等地的做法得到了宁波市领导同志的肯定。在此后的一两年内，宁波市开始在全市推广和谐促进会的成功经验。到 2008 年，全市所有外来人口超过 100 人的村庄社区都已经建立和谐促进会，这样的村庄社区大约有 1600 多个。②截至 2009 年 7 月，全市一共建立了 1854 家和谐促进会，服务全市 300 多万外来务工人员，这些促进会数量占到所有备案（登记）基层社会组织总数的 27%③。其中，慈溪市 347 个村庄社区已经全部组建和谐促进会。

当然，和谐促进工程在宁波市各区市县有不同的名称和表现形式。比如，海曙区是宁波市的老城区，该区 74 个社区已经全部建立了和谐促进联谊会的制度，有万名和谐促进员。老城区的外来人口比重不大，新老居民的矛盾也不是主要矛盾，促进新老居民的融合只是和谐促进联谊会的一项职责。在海曙区的文昌社区，和谐促进服务团对社区实行网格化管理，组团式服务，它的主要职责是：倾听社情民声，开展法制宣传，化解矛盾纠纷，推进民主自治，协助社区管理。可见，慈溪市的和谐促进会模式在推广到其他区市县的时候，发生了一些变化，但是，社区成员自我管理、多方主体共同治理的本质没有改变。

---

① 参见《慈溪市坎墩街道五塘新村拉开和谐促进会换届序幕》，2012 年 5 月 9 日，宁波市流动人口服务管理网，网址 http：//wlwg. ningbo. gov. cn/art/2012/5/9/art ＿ 3623 ＿ 908804. html。

② 参见 2012 年 8 月对宁波市民政局民间组织管理局副局长陈志卫的访谈记录。

③ 截至 2009 年 7 月，宁波市备案（登记）各类基层社会组织 6908 个（其中，城市 2926 个，农村 3982 个，农村专业经济促进会 330 个、老年促进会 943 个、计生促进会 875 个、和谐促进会 1854 个、卫生服务站 498 个、文体组织 1468 个、其他组织 940 个，登记组织有 103 个），成为整合社区资源、满足居（村）民需求、承接政府职能、参与和谐社区建设的重要载体。资料参见宁波市民政局《坚持三项指导原则，不断提高基层社会组织建设水平——宁波市城乡基层社会组织建设与管理工作总结报告》，2009 年 7 月 20 日。

案例分析

社会创新的动力、关键以及政社关系

一 社会创新的动力之源

和谐促进会的成立得益于基层需求和上级支持的有机结合。一方面，和谐促进会的创新动力来自于基层的社会管理需求，因为外来人口大量涌入、矛盾纠纷频繁发生，基层干部面临前所未有的社会管理压力。没有来自基层的需求，成立和谐促进会就失去了意义和必要性。另一方面，成立促进会的动力来自上级领导的关注、许可和支持，在成立和谐促进会之前，宁波市就已经积累了建设社区民间组织的经验，在推行和谐促进会模式期间，宁波市"边调研边实践，边创造边完善、边试点边推广"，体现了敢闯敢试的政治胆略。没有来自上级的支持，组建和谐促进会就不具备政治上的合法性。

在探讨创新动力的同时，我们发现，创新其实存在政治上的风险和政策上的阻力。想要创新，就要想办法突破或者绕开这些障碍。这种障碍体现为：现行政策不允许建立外来人口的组织，如老乡会。在 1999 年前后，民政部等有关部门对"三友会"组织开展过清理整顿活动。2002 年，民政部出台《关于进一步做好"老乡会""战友会""校友会"等社团登记管理工作的通知》（民发〔2002〕59 号），通知指出：少数"三会"组织存在着不容忽视的问题，有的以联谊、聚会为名，搞"轮流做东"、挥霍浪费，有的搞小圈子，组织关系网，甚至以"会"的名义向党委政府提出一些不合理的要求，干扰党政机关的正常工作。因此，民政部等有关部门要求，今后，对申请筹备成立"老乡会"的一律不予审批。①

当 2006 年在五塘新村和陈家村等地出现外地优秀共产党员出面调解新老村民纠纷的做法的时候，宁波市民政局的领导就开始思考：如何使这种做

---

① 参见陈志卫、戴志伟等著《新社会组织实践与研究》，中国社会出版社，2008，第 276~277 页。

法组织化，形成一个合法、合理的机制？这种新型的组织怎么和现行的法规协调？怎么和村委会协调？

最后，民政局的同志想到可以通过成立新型的基层社会组织，绕过体制上的障碍。宁波市一系列有关社会组织的政策法规都有利于和谐促进会的成立。早在 2002 年，宁波市委、市政府办公厅出台了《关于加强社区民间组织管理的意见》，2004 年，宁波市民政局出台了《进一步加强社区民间组织建设的意见》。在 2006 年 3 月，在信访蹲点工作中，基层干部在群众接待日询问领导：法律法规是否允许成立这种新型的组织？市领导给予了原则性的答复：可以积极地试！

二　社会创新的关键在于制度设计

和谐促进会的成功还应当归功于促进会在制度设计上的合理性。这种制度设计既符合市委、市政府的政策要求，又遵循多元共治的内在规律，因而促进会能够有效地解决外来务工人员融入当地社区的问题。

其一，和谐促进会坚持了党的领导原则。和谐促进会定位于行政村和社区，以党支部为指导，成立时需要党支部准许同意。成立和谐促进会符合2002 年市委市政府办公厅出台的《关于加强社区民间组织管理的意见》的规定。五塘新村和谐促进会在工作总结中写道，"从我村工作实践来看，正因为始终坚持党组织的统一领导，促进会建设才会方向正确、健康发展，活动场所和活动经费才有保障，和谐促进会这一新型社会组织才能始终保持旺盛的生命力"。[1]

其二，和谐促进会遵循了多方参与、共同治理的规律。和谐促进会的理事会人员组成做到了三个三分之一，即三分之一为党支部和居委会干部，三分之一为外来务工人员，三分之一为当地企业老板，使和谐促进会成为一个反映需求、共同管理的协商议事平台。其中，村干部在政治上加以把关，新村民代表增强了和谐促进会的群众基础，企业老板的加入则有利于处理劳资矛盾。[2]

---

[1] 观点参见 2012 年 8 月对宁波市民政局民间组织管理局副局长陈志卫的访谈记录，工作启示引自《坎墩街道五塘新村和谐促进会网格式管理工作手册》，第 44~45 页。

[2] 观点参见 2012 年 8 月对宁波市民政局民间组织管理局副局长陈志卫的访谈记录。

三 政府与和谐促进会的关系

村居层面的和谐促进会是一个比较特殊的社会组织，它和政府之间既是合作伙伴的关系，又是被吸纳的关系。一方面，和谐促进会和政府存在合作关系。和谐促进会是在基层备案的群众自治性社团，它的成立只需要村委会的批准，在街道政府备案。由于村委会是群众自治性组织，因此，从法理上说，受到村委会指导的和谐促进会并不属于政府的下级机关或派出机构。作为独立的社会组织，促进会和政府之间的关系属于合作伙伴关系。但是，另一方面，从实际情况看，和谐促进会又时时刻刻受到民政局、暂住人口管理局和街道党工委三家党政机关的领导和管理。仅从财务上看，和谐促进会的日常工作经费来自财政，专职工作者的工资来自财政。如此看来，和谐促进会在很大程度上已经被党和政府吸纳，成为党和政府在基层推行社会管理而延伸出来的触角。总的来说，和谐促进会和政府之间的关系不同于一般意义上社会组织和政府的合作关系。

更进一步看，在本则社会管理创新案例当中，政府为和谐促进会搭建了一个制度框架，和谐促进会在这一框架内探索试验，逐步推广，获取资源，扩充职能，最终，农村社区维持了社会繁荣稳定、百姓安居乐业的状态，党和政府达到了提供社会服务、创新社会管理的目标。

具体来说，政府在创新社会管理过程中搭建制度框架，主要扮演以下四种角色：

（1）政治上的支持者

高层领导（市委市政府）为和谐促进会的成立提供了不可或缺的合法性资源。如果没有市委市政府给予政治上的认可和支持，"以外管外"或许将一直停留在吴有水偶尔帮助胡华南书记调解新老村民纠纷的水平。只有领导同意"可以积极地试"，同意在全市推广，许许多多散落在民间的优秀共产党员、积极分子和企业负责人才能被组织起来，偶尔的调解行为才能变成经常性的本职工作，企业老板、新老村民和农村干部才能在一个正式的、权威的平台上进行协商，源源不断的资源才能投入到关爱外来务工人员的事务当中。

（2）方案上的设计者

政府一开始就参与了和谐促进会规章制度的设计工作。在五塘新村宣布成立和谐促进会的前一个月（2006年3~4月之间），由八位村民组成的筹备小组负责设计和谐促进会的组织结构、章程和管理办法，负责酝酿第一届会长、副会长、秘书长和理事会的成员，负责计划即将开展的促进会活动。这一切，都得到了综治办领导同志的指导和协助，筹备小组开展的每一项工作也需要详细汇报给领导同志。实际上，单凭村支两委或者筹备小组的力量，很难设计出这么规范的内部治理结构，很难构思出由企业代表、新村民和老村民各占三分之一组建理事会的想法，很难计划出如此丰富多彩的促进会活动。

（3）财力和人力的保障者

在工作经费方面，市政法委采用"以奖代补"的形式，对和谐促进会实行分级奖励，解决促进会的经费来源困难。一星级促进会每年可以得到一万元的奖励，二星级促进会每年可以得到两万元的奖励，三星级促进会每年可以得到五万元的奖励。同时，街道财政下拨同等额度的配比资金。此外，市暂住人口管理局也给予一定额度的资助。

在人员保障方面，2010年以来，宁波市开始为和谐促进会配备专职工作者，解决和谐促进会人员兼职带来的问题。宁波市在农村聘任和谐促进会专职秘书长，在社区或街道聘用社区专职工作者，使和谐促进会的工作职能得以落到实处。

（4）成功经验的推广者

为了有效推动基层社会组织建设，宁波市在近几年组织了一系列的分享学习推广活动。2005年，宁波市组织召开了"全市社区民间组织经验交流会"，2006年开展了"先进社会组织表彰活动"，2007年11月在慈溪市掌起镇召开了"全市农村社区民间组织暨和谐促进会建设经验交流会"，2008年11月组织召开"流动务工人员基层社会组织（和谐促进会）发展论坛"。这些交流会将来自民间的创新做法源源不断地输送到更广大的农村和社区。

经验与教训

一 和谐促进会创新性解决社会融合问题的经验

和谐促进会通过以活动促交流，以参与促管理，以服务促融合，有效地解决了外来务工人员融入当地社区的难题。总体来说，和谐促进会的成功经验包括以下三点：

其一，自主治理。吸纳优秀外来务工人员进入和谐促进会的管理岗位，以外管外，实现新村民内部的自主治理。和促会的最大特征是发挥外来务工人员中优秀党员和积极分子的引领作用，通过地位相同、语言相通、感情相融的乡亲沟通，顺利化解矛盾纠纷。①

其二，多元共治。通过理事会的制度安排，使村支两委干部、外来务工人员和当地企业老板人数各占理事会的三分之一。在此基础上，和谐促进会搭建了新老村民、企业老板和两委干部相互交流、共同协商、汇聚资源、合力办事的平台，营造了平等友爱、团结互助的和谐氛围。多元共治的机制设计使得许多原本棘手的问题在企业、村民和村支两委的共同参与下得以解决。

其三，重建信任。通过经常性开展交流活动和提供公共服务，通过教化、感化和同化的工作方式，使得新老村民、新村民与新村民重新建立彼此之间的互信互助。和谐促进会的创建，淡化了"本地人""外地人"的概念，打破了那种原来以亲友、老乡为圈子的生活方式，使新老村民真正融合在了一起。②

二　和谐促进会创新性解决社会融合问题的局限

当然，和谐促进会的做法也存在一些有待改进的地方。例如，和谐促进会如何能够明确自身功能定位，清晰界定职能边界，集中资源和精力做好城乡融合的服务工作？和谐促进会如何能够持续创新，而不至于落入网格化管理的俗套？和谐促进会模式在向全市推广的过程中，如何能够保持这种模式的有效性，而不是流于形式？

第一，过于庞杂的功能模糊了和谐促进会的核心职责。和谐促进会起源于调解新老村民、新村民和新村民之间的矛盾纠纷需求，其初衷十分明确，就是要让新老村民能够和谐相处。但是在和谐促进会成立以来，促进会的职

---

① 徐长军：《构建基层社会管理新模式——慈溪建立村级和谐促进会服务外来务工者的经验做法》，《今日浙江》2010 年第 8 期。
② 吴有水：《五塘新村和谐促进会工作情况汇报》，2012 年 4 月 26 日。

能在不断扩张，比如，促进会的七个工作委员会已经扩展为十个工作委员会，促进会的职能已经覆盖治安巡防、志愿者服务、文体活动、环境整治、公益互助、扶贫帮困、学习交流、技能培训、青少年教育等多个领域。"促进会是个筐，什么都能往里装"，不难想象，当越来越多的政府部门将它们的职责交给和谐促进会的时候，促进会最初的功能定位变得模糊了，从促进会会长到和谐促进员等所有促进会成员的行政负担变重了，相应地，促进会的自治空间相对来说缩小了。

第二，网格化管理的思路削弱了和谐促进会的创新潜力。城乡融合的活力在于扁平式的民主治理模式，城乡融合的精髓在于促进会以个人的真情实感去教化、感化和同化新老村民。然而，网格化管理的模式因其过于科层化的层级体系和办事流程，往往禁锢人们的创新思维。"网格化管理，组团式服务"的模式起源于城市管理领域，后来推广到社会服务领域，并且在最近几年风靡全国。它有一套标准的组织结构和办事流程，包括"市—县区—镇街—村居—片区（—楼宇）"的层级体系和"信息采集—登记上报—布置处理—结果反馈"等一套办事流程。虽然社会组织容易照搬网格化管理的模式，并且能够取得立竿见影的"效果"，但是在网格化管理思路指导下的社会组织往往沿袭了政府的科层管理思路和维稳思维，有可能成为"二政府"，而丧失了自身的独立性、灵活性与创新性。

第三，快速的推广难以保证各个村居和谐促进会的有效性。诚然，通过行政手段在全市快速推广慈溪市五塘新村和谐促进会的做法，确实要比各地自发成立这样的组织来得快，而且，推广过程中也有标准化的文件进行引导。但是，和谐促进会能够有效发挥作用的关键在于找到一批像吴有水那样有威望、有能力且热衷社会公共事务的新村民，并将他们吸纳到促进会之中，发挥他们在促进城乡融合方面应有的作用。而且，和谐促进会的有效性也有赖于新老村民养成民主议事的习惯，这种习惯需要在不断的促进会换届选举、重大事件决策和矛盾纠纷调解中逐步培育起来，很难在一夜之间形成。因此，利用行政手段快速推广的做法虽然能够在形式上复制五塘新村和谐促进会的治理结构和管理模式，但是不见得能够将民间的精英吸纳到促进会当中，不见得能够使外来务工人员真正参与到促进会的民主治理当中，也不能保证政府的公共服务能够通过促进会覆盖到需要帮助的外来群体身上。

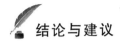 **结论与建议**

宁波市通过建立和谐促进会，在一定程度上解决了外来务工人员难以融入当地社区的社会难题。政府的支持，企业的合作，以及新老居民的共同参与，是和谐促进会的工作得以顺利开展的关键因素。以活动促交流，以参与促管理，以服务促融合，是和谐促进会得以有效运行的成功经验。

和谐促进会在宁波市取得了较好的效果，不仅成功调解了新老村民之间的矛盾纠纷，实现了基层社会的稳定和谐，而且通过开展活动加强了社区内部成员之间的联系，增进了人与人之间的信任，提升了整个社区的社会资本。此外，和谐促进会还为新老村民提供公共服务，减轻了政府的行政负担，创新了社会管理的模式。

研究发现，要将和谐促进会这种民间偶发的创举转变为一种常态化的城乡融合机制，需要一定的制度环境和社会条件：

其一，和谐促进会在促进城乡融合方面的创新举措离不开一个宽松的政治环境，这种创新需要政府的适当介入和推动。其中，政府对社会创新行为的支持尤为重要，政府支持的内容包括：合法性支持，方案设计的指导，经费的支持，以及推广的努力。就目前的情况来看，宁波市政府已经为全市基层村居的和谐促进会搭建了完善的制度框架，包括促进会的规章制度、工作流程、专职秘书长的人员配置和相关的经费保障。

其二，和谐促进会在促进城乡融合方面的创新举措还需要新老居民、企业在自我管理的民主实践中逐步养成自治和共治的习惯，从而将和谐议事的制度真正落到实处。五塘新村正是通过吸纳吴有水等新村民和企业负责人参与管理，形成了多元主体参与的治理模式和高效的管理模式。

最后，课题组发现，宁波市各村居和谐促进会的实践还存在一定的改进空间。因此，课题组的建议如下：

从政府公共政策层面看，政府应当明确和谐促进会在城乡融合方面的职能定位，减轻促进会的行政事务负担，给予促进会更大的自治空间，激发基层创新的活力。政府在和谐促进会发展的不同阶段，应当明确自己所扮演的不同的角色。在促进会成立之初，政府是政治上的支持者、城乡融合制度的设计者以及初始资源的提供者；在促进会成长阶段，政府需要逐步放手，不断提高促进会的自主性，通过购买服务等方式支持促进会的发展；在促进会的发展阶段，政府需要适时退出，给促进会更宽松的发展环境，与促进会形成新型的、真正意义的合作伙伴关系。

从促进会及其与村民互动的层面上说，和谐促进会应当通过长期不懈的努力，将城乡融合的制度转化为村民自治和共治的文化。一项制度的生命力，不仅取决于制度设计的先进性和完善性，而且还取决于制度本身能否符合当地社区的生活习惯，好的制度甚至能够引导村民形成新的习惯。因此，我们建议，促进会通过举办活动和提供服务，吸引更多的村民关心身边的社区，逐步培养村民的自治习惯；同时，通过吸纳多方利益相关者参与公共事务，进一步巩固协商议事的制度，逐步培养村民的共治习惯。

从促进会骨干个体的层面上说，和谐促进会应当在吸引人才和培养人才两方面下工夫。一方面，要注意不断吸纳各地域、各领域的新村民和企业负责人中的精英参与管理。由于民间精英具备较高的威信和丰富的社会资本，如果他们和村支两委的关系不能理顺，那么有可能引发一系列社会矛盾。而一旦和谐促进会将这些民间精英吸纳进来，那么促进会不仅可以增强社会整合的能力，也可以依托这些精英获取更多的资源。另一方面，要加强对现有的促进会骨干成员的培训工作，充分发挥促进会骨干在融合新老村民方面的桥梁作用。由于和谐促进会拥有一套崭新的工作思路和方法，因此，促进会核心成员也必须率先更新社会管理理念，转变工作方法。

社区综合养老服务的新模式

——专业化、分类满足老人的多元化需求

养老问题是未来我国面临的最大挑战之一

根据全国老龄工作委员会办公室发布的《2011 年度中国老龄事业发展公报》，截至 2011 年末，全国 60 岁及以上老年人口已达 1.8499 亿，占总人口的比重达 13.7%。预计到 2013 年底，中国老年人口总数将超过两亿，到 2025 年，老年人口总数将超过三亿，2033 年超过四亿，平均每年增加 1000 万老年人口[①]。

与发达国家人口老龄化不同，中国是一个未富先老的国家，而且长期实行的计划生育政策，导致很多家庭形成"四二一"结构，即一对夫妇要赡养四位老人和抚养一个孩子。随着老年人口比例的不断提高，无论是家庭，还是国家，养老负担都将日益沉重。养老问题能不能妥善解决，不仅直接关系到社会经济的健康发展，而且也直接关系到人们的生活质量与幸福指数。因此，未来如何解决好养老问题将是中国不得不面临的挑战。

近年来，各地纷纷探索养老问题的解决途径，涌现了一批居家养老、机构养老、社区居家养老与机构养老相结合等各种不同的养老模式。其中，广州市逢源街道在借鉴香港经验的基础上，探索的社区分类养老模式可谓独树一帜，较好满足了社区不同类型老年人口的多样化需求。本文首先介绍逢源街道的创新做法及其效果，其次分析该模式的经验与教训。

---

① http://www.chinanews.com/jk/2012/09-05/4160829.shtml.

案例描述

<h2 align="center">逢源街道的综合养老模式</h2>

逢源街道位于广州市荔湾区，是一个典型的人口密集型老城区街道。街道户籍人口 6.2 万人，60 岁以上老人约 1.3 万人，约占总人口的 20.97%。其中孤寡老人 300 多人，独居老人 411 人。近年来，逢源街道人口老龄化、高龄化、家庭小型化和空巢化"四化"叠加的特征愈发明显，给街道的社会管理带来了巨大的压力。老人已成为社区最大的弱势群体，也是基层社会管理中首要的服务对象。

独居、空巢老人的生活向来是令人担忧的问题。逢源街道不仅老年人口多，而且，不同年龄、不同家庭结构、不同健康状况的老年人需求愈发多元。随着家庭功能的弱化，居家养老模式已经远远不能满足老年人，特别是高龄老人、失能老人的多元化需求；机构养老费用昂贵、床位有限，而且大多机构养老需要老年人离开熟悉的生活环境，因此广受诟病。如何创新养老模式，回应不同老年人的多样化需求，是逢源街道社区管理亟待解决的问题。

为了提高社区养老的专业化水平和质量，早在 1998 年，逢源街道就曾和香港邻舍辅导会携手合作，引入社会工作专业的服务理念和服务手法，并成立了老年服务机构——文昌邻舍康龄社区服务中心（简称康龄中心），聘请专业社工，为社区内 60 岁以上的老年人提供服务。当时，逢源街道这种通过专业社工为社区老人提供服务的做法在国内已经是比较领先的模式了。然而，康龄中心的局限在于主要是满足健康老人的需求，并不能满足老年人的护理和康复需求，而且，当时康龄中心只是街道下属的机构，没有独立法人资格，资金来源不稳定，发展受到一定的局限。

2008 年，为了整合街道辖区内的各种分散的资源，逢源街道成立了具有独立法人资格的民办非企业单位——逢源人家服务中心。该中心主要负责统筹和承接逢源街道辖内的政府购买社会服务项目，接受政府购买项目的经费资助，保证政府购买服务项目的正常运作和良好发展。逢源人家服务中心成立后，康龄中心也被纳入到服务中心名下，成为其下属的一个老年项目，资金来源有了一定的保障。

在成立逢源人家服务中心之后，逢源街道养老服务的能力得到了很大提升。一是，逢源街道原来下设有穗港及海外婚姻家庭辅导中心、文昌邻舍康龄社区服务中心、逢源邻舍展能中心等各种非独立法人的中心，这些中心经过多年运营，已经拥有一定的人力、技术、信息等资源。逢源人家服务中心成立后，这些中心都被整合进来，作为其下属的项目，逢源人家服务中心因此实力大增。二是，逢源人家服务中心有政府购买服务的资金支持，再加上作为独立的民间组织，可以积极争取社会捐赠，因此，中心的资金相对充足。在这种情况下，逢源人家服务中心积极拓展为老年人服务的内容。除以往康龄中心、康龄社区大学、长者义工队和文化活动中心为老年人组织的各种文体娱乐、学习和公益活动外，还针对一些不愿意或不便于到社区参与活动的老年人提供居家养老服务，通过"连心线"呼援平台、居家探访、社区医院探访等形式为在家里养老的老年人提供贴心的服务。

随着人口老龄化问题的日益突出，特别是高龄老人、失能或半失能老人的增多，原有的服务项目已经不能满足养老的需求。为此，逢源街道进一步完善社区老年人综合服务的模式，以更好地满足不同年龄及身体状况的老年人的特殊照料需要。2010年，作为广州市社区综合养老服务试点之一，逢源街道办携手香港邻舍辅导会，创办了广州市首个长者日间护理中心。这是一种新的养老形式，特别是对于那些忙于工作而无暇照顾父母的中青年人，白天可以将老人送到中心接受护理、参加活动，晚上下班后再把老人接回家。老人既能享受和儿女的天伦之乐，又能享受群体的生活。至此，以专业化、高质量、分类服务、全面覆盖为特征的社区老年人综合服务模式在逢源街道初步成型。所谓专业化是指逢源街道社区综合养老模式通过引入社工制度、护理与康复制度等，大大提升了社区养老服务的专业化水平；所谓高质量是指由于社区养老硬件设施、员工的专业化程度和组织内部管理制度的提升，使得社区养老服务的质量相对较高；所谓分类服务是指根据老人的健康状况与爱好，分门别类提供不同方式的服务；所谓全面覆盖是指对老人进行了细分，社区综合养老服务模式能够为健康老人、失能或半失能老人等不同类别的老人提供服务。而传统的社区养老服务方式较为单一，主要针对健康老人，而难以覆盖其他类别的老人。

在逢源街道社区老年人综合服务模式中，最具创意的方式便是长者日间护理中心。它不是独立的法人机构，而是逢源街道办事处在广州市福利彩票公益金的支持下成立的机构，通过公办民营的方式委托逢源人家服务中心运营。一方面，它接受街道办事处的行政督导；另一方面，它接受来自香港国际服务社和香港邻舍辅导会的服务督导（见图1）。

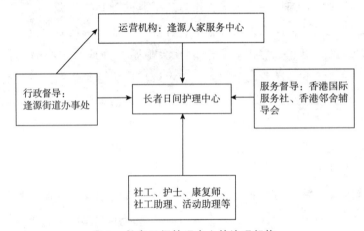

图1 长者日间护理中心的治理架构

长者日间护理中心的房屋由市民政局以每平方米五元的价格出租，初期装修、设备投入等经费主要来源于广州市福利金和文昌慈善会，目前则以政府购买服务为主。另外，香港方面主要提供技术支持、专业培训、服务督导以及部分经费。

逢源人家服务中心在接受政府委托后，在香港国际服务社和香港邻舍辅导会的帮助下，聘用了社工、护士、康复师、社工助理、活动助理等人员，为老年人提供专业化的服务，具体包括护理服务、康复服务、社交及发展性活动、起居照顾、支援服务等五方面内容。由专业社会工作者引领物理治疗师、职业治疗师、护士组成跨专业服务团队，为社区体弱和日间缺乏照顾的长者提供全面和优质的综合照顾。在硬件设施和规划布局上，日间护理中心设计了包括防滑地板、高背坐椅、防游走门铃、观察镜、畅谈室、护士当值室、康复室、多感官治疗室等人性化和专业化的设施。

作为广州首个长者日托机构，逢源街道开辟了一种新的养老服务方式。与传统的机构养老不同，长者日托服务费用相对较低，只收取伙食费和基本的护理费。每位符合条件的老人每月需要缴纳基本护理费 200 元，伙食费则为早餐 4 元，中餐 8 元。此外，日托服务依托社区，使老人能够在熟悉的环境中养老，增加了安全感和亲切感。相比居家养老模式，日托服务增添了专业护理和康复服务，日常会安排专业护士负责监测老人们的身体状况并提供一般的护理，定时为他们测体温、血压和心率，每个月还要检测一次血糖。由专业社工和治疗师对老年人进行照顾，配以专业化的医疗和康复设备，明显增强了治疗的效果。总体而言，老年人的日托机构有效弥补了单一的居家养老、机构养老模式的不足。

逢源街道综合养老模式的创新点

一　分类服务、全面覆盖，满足社区不同老年人的需求

与以往各地社区养老模式所不同的是，逢源街道根据不同类型的老年人需求，进行分类服务、全面覆盖。

逢源人家服务中心将养老服务分成四个板块：一是针对健康长者的，为老人提供康龄中心、康龄社区大学、长者义工队和文化活动中心 22 支文体团队，以活动为主，护理为辅；二是针对不愿意或不便于到社区参与活动的长者，中心提供居家养老服务，通过"连心线"呼援平台、居家探访、社区医院探访等形式为在家里养老的长者提供贴心的服务；三是为需要 24 小时全天候生活照料、又能接受院舍养老的长者提供全托的服务；四是针对日间没人照料、身体有康复需要的长者，提供长者日间护理服务，以护理、关照为主（见表 1）。

可以说，逢源街道社区综合养老模式最大的创新之处在于根据不同人群的不同需求，给予不同内容和程度的专业关怀和照顾[1]。

---

[1]　贺林平：《广州创办首个"托老所"》，2010 年 7 月 23 日《人民日报》，http：//cpc. people. com. cn/GB/64093/64387/12227656. html。

表 1 逢源街道社区养老的四种类型

服务对象类别	服务项目/机构	特　点
健康长者	康龄中心、康龄社区大学、长者义工队、文化活动中心等	活动为主，护理为辅
不愿意到社区参与活动的长者	居家养老服务	
需要 24 小时全天候生活照料的长者	全托	
日间没人照料、身体有康复需要的长者	长者日间护理中心	护理、关照为主

二　创新组织形式，整合社区资源

逢源街道社区综合养老模式的另一个创新在于组织创新。以往很多城市的社区养老服务主要通过公立事业单位的方式提供，而逢源街道改革之后，通过设立私立的社会组织的方式提供养老服务。

以往逢源街道也是通过公立的许多街道下属的中心提供社区公共服务。原有模式最大的弊端在于各个中心相对独立，各成体系，不利于资源的整合和管理，导致较高的沟通成本和运营成本。随着社会需求的日益多样化，越来越多的社区中心相应成立，服务项目庞杂多样，项目之间的链接少，无法实现跨越式发展，为社区管理带来了诸多不便。

为此，逢源街道进行了组织方式的创新，成立了一个独立的民办非企业单位，通过非营利性的社会组织的方式提供社区服务，并对社区原有资源进行了整合。与原有模式相比，社会组织的方式具有以下优势：第一，实现了统一运营，形成一站式服务，逢源人家服务中心成立后，弱化了原有的各类街道下设"中心"，取而代之的是家庭项目、长者项目、残障项目等，有效地整合了社区分散的各项资源，使资源统筹更加便利；第二，以社会组织为载体，搭建了居民和政府之间的桥梁，负责统筹承接逢源街道辖内的政府购买社会服务项目，保证政府购买服务项目的正常运作，拥有更强的筹资和管理能力，提高了资源配置的效率和公共服务的质量；第三，更加专业和亲民，社会组织在提供服务过程中，比政府和居委会更加专业、更加亲民、更具亲和力①。

三 创新资金筹集渠道，发展政府购买服务

目前，国内许多社会组织的资金来源单一，主要依靠服务收费、社会捐赠等收入。逢源街道社区综合养老模式的创新在于，针对养老服务的准公共物品属性，与国际接轨，采取了政府购买社会组织服务的新方式。政府购买社会组织服务，不仅扩大了社会组织的资金来源渠道、资金更有保障，而且也使得社会组织的资金来源多元化，降低了社会组织服务收费的比例，提高了社会组织的公益性。

由于我国公共财政体系尚未改革、采购法尚未修订，政府购买社会组织服务存在很多制度瓶颈。逢源街道大胆探索，积极推动政府购买社会组织服务、养老机构官办民营等新方式。这种新模式摆脱了过去"养人养机构、服务水平低"的局面，创立了"项目制""招标制"等方式，提高了养老服务机构的效率与质量，走出了一条"政府购买、民间运作、居民享受"的新路。

四 创新管理运营模式，提高养老服务的专业化水平与服务质量

凭借着毗邻港澳的特殊地理优势，逢源人家服务中心采用了与境外成熟的社会组织合作的创新型管理运营模式。通过吸收香港社会福利机构的经验，引入社工制度和护理、康复制度，大大提高了社区养老服务的专业化水平。

早在20世纪90年代末，逢源街道就开始与香港合作。在逢源人家服务中心成立后，又主要依托香港的社会福利组织为其提供人才培训、技术指导和服务督导，这使得逢源人家服务中心养老服务的社工服务、护理与康复服务的专业化水平和服务质量大大提升，实现了社区养老服务的跨越式发展。以长者日间护理中心为例，其医疗和康复器材既有国产的，也有香港社会福利机构无偿或低偿提供的，工作人员不仅有来自内地的社会工作者，而且还有香港社工师。通过与境外社会福利机构合作，长者日间护理中心不仅在社区养老服务的硬件方面领先全国其他社区，而且在软件方面，其技术水平、专业化程度和服务质量也走在全国前列。

---

① 与逢源人家服务中心谭主任的访谈，2012年5月。

创新的成效

首先，逢源人家服务中心较好地满足了社区不同老年人的多元化需求。以往，尽管逢源街道的养老服务也做得不错，但成立逢源人家服务中心之后，资源得到进一步整合，养老服务的内容和质量不断提升。在服务的内容方面，原来的康龄中心、康龄社区大学、长者义工队等主要服务身体比较好的健康老人，而实行社区综合养老服务模式后，服务对象拓展到行动不太方便、需要日间照料或护理的老人；在服务质量方面，由于进一步加强与香港社会福利机构的合作，无论是社区养老的硬件设施水平，还是养老服务的专业化程度都得到较大幅度的提升。

案例 陈婆婆的故事

陈婆婆是 1998 年加入到康龄中心的，当时康龄中心刚刚成立。她是中心的骨干，担任中心的长者舞蹈教学工作。2011 年，陈婆婆患轻微中风，腿脚活动不便，再也不能跳舞了。祸不单行，她的老伴于同年过世。双重的打击使得陈婆婆不再愿意参加社区集体活动，不仅身体素质下降，人也变得郁郁寡欢。在社工多次的动员和劝说之下，老人家终于接受了长者日间护理的服务。在享受专业社工照顾、和老年朋友聊天的同时，她还顺便照顾了其他行动更为不便的老人，在日间中心也继续做起了唱歌组的老师，人也逐渐变得精神和健谈。

在访谈过程中，日托中心劳主任表示，逢源街道社区综合养老服务模式最大的成效就是及时关注和发现社区需求，开展日托服务。日托服务开展后，得到了社区居民的积极响应，有需求的老人纷纷来日托中心注册，中心里的老人彼此建立了和谐融洽的关系，对中心生活和各项服务比较满意，长者的子女也纷纷表示这一举措大大减轻了他们的负担①。目前，逢源人家服

---

① 与长者日间护理中心劳主任访谈，2012 年 5 月。

务中心每年服务约为 3.5 万人次，其中长者日间护理中心恒常的服务对象是 20 人；院舍托老的有 30 人；参与健康长者活动的，例如社区大学、长者义工队的老年人 600 余人。

其次，形成了相互信任、和谐融洽的社区关系网络。由于逢源人家服务中心为社区居民提供了大量公共服务，使政府和居民之间的联系更加紧密，居民的诉求反映渠道更为畅通，基层政府对于社区需求的掌握能力、社会矛盾的反应能力均有所增强，强化了居民对政府的信任。当社区成员之间建立的相互信任积累到一定程度时，有利于社会资本的积累，形成互惠的规范，从而提高居民的社区归属感和社会参与度，形成良好的社区关系。日托中心劳主任在访谈中表示，逢源街道居民和社区志愿者、居委会以及政府的关系都相对融洽，老人们对社区的归属感不断增强，不少老年人已把中心当成第二个家。长期用心的服务增强了居民对服务供给者的信任感，彼此之间有了更加亲密的关系，这也是逢源街道能够获得如此多殊荣、成为和谐社区的一个重要原因①。另外，许多接受服务的长者积极参加逢源街道长者义工联队，为其他有需要的居民提供服务，形成了积极的社区参与文化。

总的来说，通过建立专业化、高质量、分类服务、全面覆盖的社区综合养老服务模式，逢源人家服务中心较好地满足了不同类型老年人的需求，增进了社区的信任，增强了居民的社区归属感，形成了和谐的社区关系。自成立至今，逢源人家服务中心已成为广东省和我国创建和谐社区的优秀典型，先后获得了全国和谐社区建设示范街道、广州市先进集体等多个全国性以及省、市荣誉称号。

 案例分析

社会创新的动力

逢源街道养老服务模式创新的动力主要来自三方面：改革创新的文化、

---

① 与长者日间护理中心劳主任访谈，2012 年 5 月。

社会需求和为民服务的精神。

广东作为中国改革开放的前沿阵地,不仅在经济领域先行先试,而且在社会建设领域先行先试。广州市作为广东省的省会城市,更是改革创新的先锋。由于长期作为中国改革的试点与标兵,广州市的干部已经形成了以改革创新为荣的文化,而这种改革创新的文化就是逢源街道不断进行社会管理创新的动力源泉。在这种创新文化下,近年来,广州市加大了社会建设领域的改革力度。逢源人家服务中心的成立就是改革试点的结果:"逢源人家服务中心成立的背景就是广州市试点政府购买社工服务,所有的项目必须由有资质的社工机构来承接,所以才有了逢源人家服务中心这个民办非企业的 NGO 组织①"。

逢源街道养老服务模式创新的另一动力来源于社会需求。一方面,街道面临着严峻的老龄化问题。逢源街道是广州的老城区,老年人口占常住人口的 21% 左右,给家庭和社区带来了巨大的压力。"怎样才能让这部分人老有所养,过好晚年生活,让他们发挥余热参与到社会事务当中,是我们建立这一模式的初衷"②。另外,受传统文化影响,很多老人排斥机构养老的方式,又希望融入社区生活、减轻子女负担,这对社区养老提出了新的挑战。谭主任强调:"逢源街道创新的动力是居民的需求。因为有了不同的需求,所以产生了不同的服务";另一方面,随着社会分工的不断细化,单靠居委会或街道办事处的几个职能部门越来越难以适应日益复杂和活跃的现代社区管理。社区居民新的需求的产生亟须社会组织的发展和服务内容的创新。

积极解决社会面临的养老问题、为老百姓排忧解难的精神是推动改革创新的另一动力。正是因为有这样一种精神,在面对前所未有的养老压力面前,历任领导都能够高度重视社区建设,鼓励大胆创新。"可以说逢源的历任主要领导对社区服务的重视程度都非常高,从未放松过。领导们了解居民的需求,更清楚怎样去争取上级部门的资源,促进社区服务的发展。逢源街道的领导非常有远见,早在 90 年代末的时候就已和香港合作,吸收香港的

---

① 与逢源人家服务中心谭主任的访谈,2012 年 5 月。
② 与逢源人家服务中心谭主任的访谈,2012 年 5 月。

先进经验发展社区服务"。"逢源街道养老模式的形成不是一朝一夕的事情，而是经过历任领导人的共同努力才形成了今天这个比较综合和全面的服务模式①"。随着我国经济体制改革和政治体制改革的发展，逢源街道的领导越来越清醒地认识到传统基层社会管理模式的弊端，在为民服务精神的指引下，各级领导干部才能勇于承担创新的风险，鼓励基层创新，并为社区养老服务模式的创新提供支持。

逢源社区综合养老模式取得成功的原因

逢源街道社会管理创新的成功主要归功于两方面原因：宽松的政治环境和社会组织自身的优势。宽松的政治环境是指广东省和广州市政府对社会组织发展的政策支持，这为逢源街道社会管理创新创造了一个相对开放和包容的政治环境。社会组织自身的能力包括直面社会需求的快速反应能力和强大的资源整合能力。

一 宽松的政治环境

广东社会管理一直走在全国的前列，特别是在培育和发展社会组织方面，进行了大胆的政策创新。广东省政府在社会组织的培育和管理上费了很多脑筋、做了很多努力，希望尽可能给民间组织更好的发展空间②。2008 年9 月，广东省出台《关于发展和规范我省社会组织的意见》，明确要求政府各部门将社会组织能够承担的三大类 17 项职能转移出去。2012 年 5 月，广东省委、省政府又出台了《关于进一步培育发展和规范管理社会组织的方案》，并规定 7 月 1 日起，除法律规定外，全面"松绑"，实行社会组织直接到民政部门登记。

作为广东的省会城市，广州在培育和发展社会组织方面也走在前列。2008 年，广州市民政局制定了《广州市社区社会组织管理试行办法》，促

---

① 与逢源人家服务中心谭主任的访谈，2012 年 5 月。
② 与广东省民间组织管理局黎建波副局长的访谈，2012 年 3 月。

进社区社会组织的发展，发挥社区社会组织在构建社会主义和谐社会中的积极作用。2011 年，市民政局颁布了《关于进一步深化社会组织登记改革助推社会组织发展的通知》，进一步降低社会组织登记准入门槛，减轻社会组织办理登记的负担。2012 年 5 月，广州市民政局印发了《关于实施"广州市社会组织直接登记"社会创新观察项目的工作方案》，全面铺开社会组织直接登记，社会组织可以直接向民政部门申请成立，无须再找业务主管单位挂靠。

长期以来，逢源街道所属的荔湾区也一直大力发展社会福利服务、公益慈善类社会组织。通过简化登记注册程序，向社会组织转移职能和购买服务，加大公共财政对社会组织的资助和奖励力度，建立社会组织孵化基地，落实社会组织税收优惠政策，等等。目前，全区共有社会组织 500 多家。区政府专门成立购买公共服务工作部，积极扶持和推动社会组织参与社区养老服务体系建设。

二　社会组织自身的能力

（1）直面社会需求的快速反应能力

逢源街道社会创新取得成功的另一个重要原因有赖于社会组织直面社会需求的能力和快速反应的能力。这种能力的产生一方面来自于社会组织扁平化的组织架构以及解决社会问题的强烈动机；另一方面也缘于养老的压力。相对于政府的科层体系和利益博弈带来的低效，社会组织扁平化的组织架构、较少的条框约束和大胆创新的改革精神，能够更加敏锐地洞察社会需求，刺激改革创新的神经，并且迅速落实到行动中去。这是社会组织具有的普遍优势，逢源人家服务中心也不例外。与此同时，老城区存在大量的老年人口，老龄化问题的严峻性相比一些年轻的社区要明显得多。因此，逢源人家服务中心有很强的动机解决社区问题，并做出迅速的反应。

（2）强大的资源整合能力

服务中心对财力、技术和人才三方面资源均有较强的整合能力，这为逢源街道创新成功提供了基本保障。

财力方面，广州市民政局、荔湾区政府对逢源人家服务中心的发展给予了财政支持。首先，长者日间护理中心的房屋由市民政局以每平方米五元的低价租给中心，大大降低了投入成本。前期投入主要靠广州市福利金和文昌慈善会的资助。试点运行的第二年，日间护理服务得到了来自社工人才培养的项目资金 90 万元。目前的运营也离不开政府的支持。中心作为广州日间托老的试点，得到了政府购买服务的专项经费 200 万元。政府财政上的支持大大减少了社会组织的资金压力，为逢源人家服务中心工作的顺利开展提供了财政保障。

技术方面，服务中心与香港社会福利机构、社工机构合作，获得了大量的技术支持。到目前为止，逢源人家服务中心已与香港邻舍辅导会、香港国际社会服务社合作开展了六大领域的服务。香港社会服务机构不仅为逢源街道的社会服务提供专业技能及手法的支持，还提供人才培训及部分经费支持。一些专业治疗设备在内地无法买到或价格太贵，香港社会服务机构通常会免费提供。对于每个穗港合作的服务项目，香港社工机构都会进行督导。逢源街道之所以能够在技术方面有强大的资源整合能力与其自身发展历程有关。逢源人家服务中心成立之前，逢源街道已开展了几项社区服务，并成立了相应的服务中心，均与香港的社会福利机构有长期的合作关系。这为日后服务中心继续与香港合作奠定了坚实的基础。

最后，在人才方面，逢源街道拥有一支专业的、多层次的社工队伍。一方面，逢源街道是最早培养本土社工的街道。早在 1998 年，逢源街道已开创了将专业社工引入社区服务的先河。当时香港邻舍辅导会的资深社工常驻广州，带领广州本土的社工开拓服务，继而于 2005 年招聘了第一批社会工作专业的大学毕业生充实了人才队伍。此后，逢源街道每年都自筹经费，面向中山大学、广东商学院、华南农业大学等多所高校社工系的本科毕业生聘请专业社工，并招募上述高校的研究生参与逢源人家服务中心的管理和运营，策划开展社区服务。目前，已有 22 名专业社工在各个服务岗位上从事专业服务。另一方面，逢源街道还定期输送社工到香港社会福利机构、社工机构参加培训和交流，建立了一支专业化、高素质的社工人才队伍。社工队伍的建立为社会组织的服务提供了人力保障，促进了社会管理创新的成功。

三 社会组织与政府的关系

逢源人家服务中心和政府的合作模式主要是通过政府购买社会服务来体

现，确立了政府主导、社会参与、公建民营及政府购买服务的养老服务发展模式。具体而言，二者的合作主要体现在以下几个方面。

从功能的角度来看，政府与社会组织实现了功能互补。一方面，市政府、区政府和逢源街道办事处是服务监督者和资助方，约束和规范公共服务的供给过程，同时给予逢源人家服务中心制度保障和财政支持；另一方面，社会组织承接了政府部分社会管理与服务职能，协助政府提供公共服务。逢源人家服务中心主要负责为居民提供专业性服务，如：长者日间护理服务、居家养老服务等。此外，社会组织的发展满足了社会多元化的需求，推动了基层社会管理创新。

在管理形式方面，政府与社会组织是协同共治的关系。在逢源街道，政府渐渐从一些社会服务领域抽身退出，不再进行直接管理，而是让渡给社会组织进行协同治理，并对社会组织的发展给予大力的支持和鼓励，扮演监督者和合作者的角色。

在传统的社区中，公共服务由街道办事处和居委会直接提供，这种封闭的、单一模式，不仅资源使用效率低下，而且不能带动社会资源的投入，阻碍了社会福利事业的发展。而逢源街道通过公办民营、政府购买社会组织的服务的方式，激发了社会的活力，整合了政府、社会多方的资源，满足多元化的养老需求。这种由政府管理公共事务，社会组织提供社会服务的合作模式不仅减少了政府的社会管理压力，也促进了社区社会组织的发展，而这正是社会管理的创新所在。

经验与教训

一　值得借鉴的经验

逢源人家服务中心在创新性解决社区养老问题方面有许多值得借鉴的经验。

首先，根据老年人的不同情况，进行分类服务，满足多元化的养老需求。随着人口老龄化程度的加剧，特别是高龄老人、失能老人比例的提升，原有的养老模式已经越来越难以满足养老的多元化需求，而逢源街道在了解不同老人需求的基础上，探索了分类服务、全面覆盖的社区综合养老服务模式，特别是创新性设立了长者日间护理中心，这对于其他逐步进入高龄化社会的城市具有重要的参考价值。

其次，通过与境外机构合作，跨越式提升养老的专业化服务水平。逢源人家服务中心能够在较短时间内建立高水平、专业化的社区综合养老服务模式，一个重要经验是与境外成熟的养老服务机构合作，通过学习香港社会福利机构的理念和管理制度，引入境外养老服务的硬件，学习境外养老社工、护理和康复的技术，从而实现了跨越式发展。

再次，整合资源。逢源人家服务中心不仅整合社区内的六大服务项目和社区内部的资源，减少了不同服务项目各自管理运营的成本，使社区资源得到了有效利用；而且整合了政府、社会组织、捐赠者的资源。逢源社区综合养老服务模式不仅得到了政府的财政支持，而且吸引了社会捐赠，激发了社会活力，发挥了社会组织在养老服务中的作用。

二　困难与挑战

逢源街道社区综合养老服务模式的创新不是一帆风顺的，过程中也遇到了许多问题和挑战。一些问题出现后得到了较好解决，一些问题至今仍是社区养老服务改革之中的困惑。

第一，逢源人家服务中心对财政资金依赖过高、组织的自主性不足。目前，中心的经费大部来源于政府购买服务的专项资金，虽然有助于扶持社会组织的快速发展，但也导致社会组织对政府的依赖性过大。逢源人家服务中心下属的长者日间护理中心每年获得政府购买资金 200 万元，但这仍不能满足社会组织的运营和管理需要。因此，逢源人家服务中心不能全部依靠政府投入，必须拓宽资金来源的渠道，吸纳社会捐助，增加服务收费，增强社会组织的自主性。

第二，长者日间护理中心的场地空间和服务对象受到限制。目前，由于场地、人员、经费等因素限制，社区服务还不能满足所有居民的需求。长者日间护理中心只能同时服务 25 位至 35 位老人。然而，由于老城区空间狭窄，同时考虑房价等因素，要拓宽服务场所并非易事。这个问题也是许多老城区开展社区服务面临的挑战。另外，虽然中心的服务项目已较为齐全，但目前大都是面向本市的居民和老年人服务，还未能覆盖到外来务工人员等群体。

第三，社会组织人才队伍的专业化水平有待进一步提高。城市社区公共管理和公共服务供给机制的创新，必须有专业化的人才队伍作为保障。近年来，服务中心吸引了越来越多高学历、高水平、有专业技能的工作人员，但这类专业人员的数量十分有限。由于运营经费不足，工作人员待遇偏低，中心的专业社工每月工资只有 2000 多元，很难吸引更多优秀社工投入到社区工作。而大部分的工作人员和志愿者不具备专业技能，相对缺乏专业知识。目前，逢源人家服务中心仍是由一位街道办事处派出的公务员负责日常的运营和管理。相比香港或新加坡的社工机构，其管理层均具有一线社工服务的工作经历，而逢源人家服务中心的管理层缺乏相关专业知识，对机构的管理造成了一定的困难。另外，护士和康复治疗师是日间护理中心的核心人物，需要具备急救和处理突发事件的能力。这部分人员无论从数量上还是专业水平上也需得到进一步加强和提升。

国外解决社区养老问题的创新做法

国外在解决社区养老问题方面有许多创新的经验做法。下面主要介绍英国、美国、日本和瑞典的养老模式。

一是英国模式。英国的养老模式主要为社区照料，即在保持家庭正常功能的基础上，使大型院舍的专业服务和社区的非专业照顾有机结合，形成一种新型的养老模式。这种服务的宗旨是，老人不用脱离熟悉的生活环境就能接受到养老服务。英国社区照料式的养老模式包括四方面内容：生活照料、物质支援、健康支持、整体关怀。其中，生活照料又分为居家服务、家庭照顾、老年人公寓、托老所等四种形式。比较创新的做法是老年人公寓，这种模式在国内还比较少见。老年人公寓是指为老人提供独立或半独立家居式居住建筑，公寓内生活设施齐全，设有"生命线"，老人若感不适拉动生命线可及时获得救助。老年人公寓一般交通便利、环境优美、设施齐备、服务周到，而且与家庭居室大致相同，让老人感到亲切。老年人公寓收费低廉但数量有限。物质支援方面，英国政府为老年人家里安装楼梯、浴室、厕所等处的扶手，设置无台阶通道和电器、暖气设备等设施，改建厨房和房门等，使老人能够在家独立生活。另外，在社区建设方面，英国还创新性地建立了老年人工作室，以满足部分老年人工作的热情和意愿。工作室是为老年人提供力所能及的钟点工场所，这种做法不仅有助于老年人摆脱孤独、促进心智健康、丰富生活，还能适当增加收入。

二是美国的退休社区养老模式。美国的老人退休社区共分为五种形式：退休新镇、退休村、退休营地、老人照顾中心和继续照顾退休社区。前三种是以提供休闲生活为目的的退休社区；而后两种是以提供医疗服务为目的的退休社区。美国养老服务最大的创新之处是鼓励经费来源的多样化，提倡社会力量的参与。美国养老服务的管理和服务主要有三种形式：一是由个人或团体投资，政府雇人管理；二是政府、个人和团体三方共同出资，由个人或团体管理；三是完全由政府投资，个人或团体管理。民间团体和慈善机构在养老服务供给中扮演了重要的作用。政府会给予社会组织技术支持、政策优惠，如免征地税、营业税等，并对服务进行考核和监督。

三是日本的属地养老模式。日本推崇"属地养老"的原则，即让生理或心理有障碍的老人在自己家中接受照料，或者尽可能在社区里、社区附近接受照顾。据此，日本推出了"在宅服务"，为老人提供全面的援助。例如，有专业技能的家庭护理员上门为老人进行身体护理、家务和生活咨询等服务；定期用车早晚接送老人到日托护理中心享受老年服务和身体检查；还有"福利用具的借贷"等种类繁多的服务项目和福利设施，为那些因护理老人而身心疲惫的家庭成员提供了休整的时空，使得居家养老得以顺利进行。

四是瑞典模式。瑞典充分发挥非营利组织的作用，为老人提供入户服务、巡回服务等。瑞典的养老服务有三点创新。其一，在大城市和人口过疏的地区，服务队用轻型汽车装着工具为老人家庭提供"巡回服务"。这项服务还得到了社会部和邮电部的资助，并形成了由邮递员对独居老人进行访问援助的制度。其二，政府为照顾老人的家属发放报酬，鼓励家庭成员对老人进行照顾。其三，社区资源共享服务，即不同人群共同享受社区服务和资源。例如，利用学校资源为本地区的老人提供饮食服务，即在小学生吃完饭后，利用学校的厨房和食堂为老人提供饮食服务。学校的名称和菜单公布在报纸上，价格仅是市场价的一半。

结论和建议

一 结论

随着人口老龄化加速，中国的养老问题日益严峻。面对银发浪潮，逢源街道通过成立社会组织和政府购买服务的方式，创新性探索了一条专业化、高质量、分类服务和全面覆盖的社区综合养老服务模式，在满足不同老人的需求、解决社区养老问题方面取得了明显的成效，具有一定的推广价值。

逢源街道是广州最早引入专业社工提供社区服务，也是政府向社会组织购买服务最早的街道，逢源邻舍长者日间护理中心也是广州首家日间托老中心。这些创新探索在不同范围、不同程度上已经在荔湾区、广州市、广东省，甚至全国范围内得到推广。

二 政策建议

针对逢源街道社区综合养老模式所遇到的挑战，我们提出以下几点建议：

从政府与社会组织关系的角度来说，荔湾区政府可以给逢源人家服务中心更大自主发展的空间。一是在人事方面，减少政府的干预，提高其自主性；二是在资金方面，政府应该为中心获取其他渠道的经费营造良好的制度环境，大力拓宽社会融资渠道，鼓励和引导社会资金投入养老服务工作，减少社会组织对政府财政的过度依赖。这样既可以逐渐减轻政府的财政负担，也可以进一步加强社会组织资源整合的能力，实现独立自主的运营理念。

从人才队伍的培养角度来讲，服务中心应该吸纳更多优秀的人才，提高社工的服务质量。一方面，应努力提高社工人员的待遇，进一步完善社工薪酬指导机制，充分保障他们的福利。同时建立社工人才表彰激励制度，把社会工作人才的表彰奖励纳入政府人才奖励范围，逐步建立健全社工人才表彰奖励体系，增强对社工的吸引力。另一方面，提高社工的准入门槛。目前中国的社会组织发展尚处在起步阶段，社工资格认证的工作也还没有普及。因此，必须提高社工的准入门槛，提高人才引进的质量。这样也有助于增强社工的积极性和事业心，提高其社会地位。

最后，从管理的角度来讲，政府应加强对社区综合养老这一创新性项目的监测与评估工作。在香港，政府于 1999 年推行了社会福利机构"服务绩效监测系统"（Service Performance Monitoring System），制定了包括资料提供、服务管理、对使用者的服务及尊重服务对象的权利等 16 条服务质量的标准，规范社会福利机构的运作及服务水平，并要求社会福利机构每年定期对服务项目的运作进行自我评估，政府也会每三年组织进行一次外部评估。2004 年，这套系统进一步升级为"提升服务绩效监测系统"。加强对社区综合养老项目的监测与评估，不仅有利于社会组织不断完善组织内部管理、提升服务质量，而且也有利于政府不断总结创新试点项目的经验，从而在更大范围推广社区综合养老模式。

儿童教育与健康领域的社会创新

儿童素质教育的创新探索

——透明、高效的公益模式

儿童素质教育问题迫在眉睫

在全球化的背景下，各国之间的竞争越来越激烈。竞争在很大程度上是人才的竞争，而一个人成年后是否具有创新意识、知识技能和良好的品质，又与其儿童时期的经历与所受教育密切相关。

当前，中国的儿童教育归根结底是应试教育。这种教育体系的最大局限是扼杀了儿童的学习兴趣，抑制了学生的创新潜能与品质培养。特别是在广大农村地区，不仅缺乏良好的办学条件，更缺乏优秀的教师。农村在儿童的应试教育都难以保障的情况下，素质教育更是难以提上政府的议事日程。

尽管中国的素质教育问题已经提了很多年，各种讨论也非常热烈，但是如何将纸上谈兵的素质教育，特别是农村的素质教育变为现实则是当前中国教育领域面临的最大挑战之一。将素质教育停留在低面，不仅会影响到儿童受教育机会的不平等和由此带来的贫富差距，而且会影响到儿童素质的提升和国家核心竞争能力的提高，影响到国家的繁荣昌盛。

作为一家民间自发成立的非公募基金会，上海真爱梦想公益基金会（以下简称真爱）探索了一条提高儿童素质教育的新路。一方面，真爱利用现代远程教育等技术手段，通过在贫困地区学校建设梦想中心，将大城市优质的教育课程与教育资源输送到偏远地区；另一方面，真爱将企业管理的经验应用于公益领域，提高了公益组织的透明性与效率，赢得了社会的信任，形成了可持续、良性循环的公益模式。本案例首先介绍真爱的发展历程；其次分析真爱如何通过创新的方式解决儿童素质教育问题；最后探讨这一社会创新发生的原因及其所需的环境。

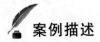 **案例描述**

发展历程

一 初创阶段——了解需求

2002 年的川藏之行让真爱梦想创始人之一潘江雪见到了雪山、牦牛、金顶等五彩绚烂的景色，但是真正让她震撼的是街边一些无所事事的少年。这些少年精神生活贫瘠，没有任何理想、没有未来，这样的精神状态深深地刺激了潘江雪。于是她开始走访当地学校的老师和学生。四川省阿坝州马尔康县中心小学的老师对潘江雪的恳求令她印象极其深刻："我们的孩子太没有梦想了。这里是重重大山，飞不出去。你们带来图书和电脑，让他们了解外部的世界，好不好？"①

2007 年 7 月，潘江雪和吴冲毅然决定将曾经的冲动变成他们一生的事业。当时还是金融业高管的潘江雪和吴冲回到当年经过的阿坝州马尔康县，主动找到县教育局，和当地官员一起倾听师生们的真正需求。老师们提出：孩子们需要电脑、需要图书、需要多媒体教学等很多资源。当时，潘江雪和吴冲就想到上述所有的需求可以通过一个集成模式来满足，可以放在一间教室里来提供。这个想法获得了在场所有人的赞同，他们为这个集成教室取了一个好听的名字："梦想中心"。2007 年 10 月，潘江雪、吴冲、王吉绯、张薇四位金融界高管用个人积蓄在香港注册成立了香港放飞梦想中国教育基金有限公司②，并在注册后立刻飞赴马尔康，开始筹备建设当地两所乡村学校

① 陈薇：《梦想连锁店》，检索日期：2013 年 03 月 04 日，来源：http://www.adream.org/news/20120312095013.html。
② 2007 年 11 月更名为"真爱梦想中国教育基金有限公司"。

的梦想中心。

虽然香港特区政府税务局核准并给予真爱·梦想中国教育基金有限公司慈善团体免税的待遇。可是，境外基金会在中国内地执行项目不能用港币直接支付，必须采取结汇的方式支付每一笔物资，这给真爱的项目执行带来了极大的困难。为了顺利开展项目和遵守基金会财务要求，真爱必须在国内设立公益组织的账号，注册成独立的基金会或者依托在合作伙伴下。2007 年底，真爱找到了国内某教育领域的公募基金会进行合作，从接洽到合作的沟通过程长达数月。一开始该基金会向真爱表示了浓厚的兴趣，可是，在正式开展项目，第一次从香港打款入境的短短两个月后，合作便因种种原因被单方面终止。

二　第二阶段——独立运作

在克服了重重困难之后，真爱梦想中国教育基金资助的马尔康两间集图书室、互联网和多媒体活动为一体的"梦想中心"终于建成了。然而，如果真爱想要继续开展项目，就必须在国内注册。2008 年 4 月，真爱的创始人踏上了当时认为"几乎不可能成功"的注册之路。此前真爱以香港基金会身份与上海市教育局沟通的时候就清楚地了解到教育局不愿意作为其业务主管单位。而上海市民政局一开始对真爱的创始人辞职无薪创办基金会感到好奇。但是，由于真爱在汶川大地震救灾中的高效运作增强了上海市民政局的信心。

2008 年 5 月 12 日下午，汶川地震发生的那一刻，潘江雪和吴冲恰好走出上海市民政局的大门。地震后，他们立刻向商界朋友发出赈灾筹款短信，同时，迅速与中国红十字会总会、四川省红十字会相关负责人联络。从发出第一个筹款募捐的倡议短信，仅仅过了 28 个小时，48 位金融界朋友共计捐出了 685086 元，并且在全国货源与运力紧张的情况下，真爱将采购到的5558 顶帐篷和 2400 条睡袋，全部在 28 小时内抵达成都。

对于中国的慈善机构而言，执行力总是比良好愿望更为稀缺。当时，国内许多慈善机构筹集了大量物资，却无法将物资及时送到灾民手中。毫无政府背景和救灾经验的真爱却通过与上海市民政局等六个部门协调，从上海市极度紧张的航空运力中，争取到了救灾货物的免费机位。灾后发生的 120 小时里，他们累计募捐 185 万元，运送货物 40 吨。其中最快的一批货物从筹集到运输仅用了 3 个小时。真爱高效的救灾与官办慈善机构形成了鲜明的对比，也让上海市民政局感受到了真爱的善心与能力。2008 年 5 月 28 日，上海真爱梦想公益基金会获得批准成立。审批速度之快，在现在看来都是难以想象的。

三 第三阶段——焦聚素质教育

注册成功后，真爱很快将工作重心回归到乡村素质教育领域。然而，在没有可资借鉴的模式和标准的情况下，整个管理团队处于一种"摸着石头过河"的状态。但是从项目初始，真爱就希望做成可复制的公益产品，构建从形式到内涵统一的标准化模式。因为只有实现标准化管理，才可以被组织化复制。引用潘江雪对梦想中心的诠释："我们要做一间素质教育公益麦当劳，而不是一间包子铺。"①

真爱的创始人在一开始并未弄清到底应提供什么样的软件支持来配合梦想中心的硬件设施。2008 年 4 月，潘江雪在美国旅行的时候，遇到华东师范大学的权威教育专家、国家课程与教育改革研究所所长崔允漷教授。崔教授对真爱的运营模式非常感兴趣。回国后，崔教授第一时间联系到潘江雪，开始为梦想中心的教师培训和课程改革出谋划策。2008 年下半年开始，崔教授的团队根据"梦想中心"的结构设计课程，将教学从单向灌输转为双向互动，改变电脑桌的设计以便于学生课堂讨论，安装投影仪增加效果体验并增强硬件的使用功效，从而吸引孩子真正对学习产生兴趣，提升教学的效果和学生的素质。

"课程改革是教育改革的核心，课程创新是教育制度创新的重点。如果说梦想中心是改变知识供应方式的超市，那么梦想课程就是这所超市的内涵，使之成为素质教育的实验室"。真爱梦想基金会项目官员胡斌如此揭示梦想中心与素质教育的关系②。随着课程的深入，梦想课程已经纳入当地学校的课表，每个班每周至少要上一节梦想课程，教师参与的时间不能超过课

① 基金会中心网：《梦想中心——上海真爱梦想公益基金会》，http://crm. foundation center. org. cn/html/2011 - 12/52. html.

② 原文摘自《梦想中心结缘乡村素质教育改革》，2009 年 7 月 29 日《人民政协报》。

时的三分之一，保证了学生的充分融入。课程从设计到形式都融入了"创新、多元、宽容"的核心价值观和精神。

经过将近三年的摸索，现在真爱已经形成了以梦想中心的硬件设施建设为中心，四个软件服务产品为辅助的一整套体系（见图1）。梦想中心是真爱创造的"完整可复制的产品和服务系统"，四个服务型软件分别为：梦想课程、梦想领路人、梦想银行和梦想盒子。真爱希望通过提供科学的硬件支持和软件服务，确保公益产品的可持续性。

图1 真爱梦想整体项目框架

主要创新点

虽然成立才短短几年，真爱已经在公益圈赢得了较高的声誉。不仅在公开透明度方面居于各种排行榜的前列，而且在业界以高效著称。真爱之所以能够在短期内取得如此傲人的成绩，与其创新的管理模式密不可分。其创新之处主要体现在全方位引入商业管理理念、将公益产品的硬件与软件密切结合、让各个利益相关方深度参与等方面。

一　引入企业管理的经验

真爱最大的特点之一在于其发起人均是工商界的精英。正因为如此，真爱从一开始就将企业领域的管理经验引入公益组织的管理之中。特别是将商业投资领域的"轻资产策略①"成功引入基金会的运营管理之中，打造基金会的核心竞争力。与大多慈善组织粗放式管理所不同的是，真爱建立了"筛选－建设－运营－评估"为一体的运营模式，对公益产品和服务进行全方位、精细化的管理。

（1）筛选——精心筛选合作伙伴，从源头上控制风险

为了从源头上控制项目的风险，真爱高度重视合作伙伴的挑选，不断优化选点的流程。真爱秉承的理念为："帮助向上、向善之心的人群摆脱环境约束并提供启蒙和助力"。因此，真爱不是简单的仗义疏财，更不是对弱者的怜悯和施舍，而是注重受助者是否已尽其所能，或受资助的项目是否惠及有向上向善之心的个体。

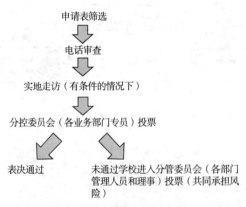

图 2　真爱项目选点筛选流程

首先，真爱为项目的申请环节设计了严格的筛选机制（如图 2）。以往的经验表明，校长本人对梦想中心的态度至关重要。绝大多数成功推进梦想

---

① 轻资产策略是指机构将资源集中投资于非实物性资产，如渠道、品牌、客户关系和专业技术等。通俗地说即机构在核心能力建设上投入很大资源建立起高壁垒，不仅避免机构陷入资本、价格等要素的恶性竞争中，而且能保证较好的增长空间以及较高毛利率《真爱梦想年报（2012）》。

课程的学校都是由校长亲自出马推进①。鉴于此，真爱特别为校长设计了一个网上申请表格。由于大多数意愿不强的校长不愿意在网上花费两个小时以上的时间来填写申请，这就排除了合作意愿不强的学校。在和备选学校初次沟通的过程中，真爱还会对受助者向上及向善之心进行评估，从中找到理念相近或者相似的校长，为日后的项目推进统一思想。

在收到完整申请表格的 48 小时内，业务发展部的专员会致电递交申请的校长，电话中问及的问题也经过精心设计，如果校长不是本人亲自填写的表格，就无法回答全部问题。随后，业务发展部的专员会根据校长的反馈进行评分，并从中筛选出一批学校以备选点走访。接下来，项目官员将亲自走访备选学校，然后由各业务部门专员组成的分控委员会投票表决是否决定资助。没有通过分控委员会投票的学校还有一次机会，即由各部门管理人员和理事组成的分管委员会进行第二轮投票。如此严密的筛选流程，从源头上较好控制了项目的风险，为项目的成功实施奠定了坚实的基础。这些经验非常值得其他资助机构学习与借鉴。

（2）建设——不断优化流程、提高建设质量

在完成选点后，真爱将与校方签署协议，并要求学校在收到梦想中心建设物资后自行组织装修并承担这部分费用，同时要求学校派出一名专职人员负责管理梦想中心，确保每个班级每周至少上一个课时的"梦想课程"。这么做的原因是：校方通过自身的"投入"，会变"受助者"角色为"合作伙伴"，对梦想中心多了一份责任感，即帮助自助之人。

当确认了建设方案后，真爱的建设部便着手联络物流中心，以平均 15 天的效率将全部项目建设材料从物流中心和厂家发送至指定学校。当货物抵达学校之后，真爱会根据发货及安装的要求建立全程跟踪机制，积极管理项目的建设实施。特别值得一提的是，真爱还会定期对项目延迟竣工的原因进行分析，并根据发现的问题修订项目流程，从而不断改进和提高梦想中心的建设效率。例如，2011 年，真爱对高于平均工期（40 天）的学校进行了调查，了解是因主观原因导致建设缓慢，还是因遇到了气候恶劣、寒暑假、校舍硬件不达标、电脑和地板未及时运到等客观原因所致，并根据发现的问题

① 与潘江雪的访谈，2013 年 2 月 3 日，于北京金融街华嘉小学。

完善流程。正因为如此，2012 年，真爱在实现 67% 的高速增长下仍进一步缩短了建设的工期，将其降至平均不到 37 个工作日。

与此同时，建设部专员还通过电话、短信、邮件与学校负责老师或校长直接沟通保证项目的执行质量。每一个学校从发货到建设完成平均会有十次左右的追踪，保证及时了解项目建设进程，并且及时和其他部门沟通最新的反馈意见并迅速做出回应。例如，2011 年，有梦想中心被反映面积较小，学生数量较多，致使上课十分拥挤，学生体验不佳。当真爱搜集到这样的反馈后便将教室面积的大小列入 2012 年选点的标准。

（3）运营——引入竞争与激励机制、完善服务支持体系

建设部完成中心的交付后，验收合格的学校就会被纳入"运营池"中。由于 2011 年和 2012 年连续两年的高速增长，使人手本来不足的运营部不得不进行变革。通过建立激励机制，调动教师积极性，完善服务支持体系、提高管理效率。除了课程的引入和教师的培训外，运营部通过收集、分析和整理梦想中心学校的数据建立了学校的评级标准，根据评级结果为学校提供不同形式的服务与支持。例如，每一个运营池中的学校都会获得一整套面向梦想课程老师和学生的服务系统平台的支持。截至 2012 年底，"梦想盒子"上注册的开设梦想课程的老师已经突破 6000 人。老师们上传课表、发帖回帖或者进行任何和课程有关的在线讨论、分享和互助都集合在这个平台上完成，他们还可以利用积分兑换电子产品以及生活用品，极大地提升了乡村教师的积极性。除了梦想盒子上的注册，运营部还针对学校和老师提供了各项奖励，如竣工奖励、培训讲师邀请、走访陪同、主题活动等，均与"梦想银行"的积分挂钩。

除了对教师的支持外，运营部还建立了基于学校教学周期的服务体系。根据学校竣工的时间和竣工后一个学期开展梦想课程的情况，按照开课的实际指标和质量维护进行评分。比如：以平均开班率、教师开课率、班均开课课时等为标准将学校按照"呵护期、丑小鸭、黑天鹅、白天鹅和火烈鸟"等五个级别评级。在每个学期的期末，运营部根据学校提交的课表和实施报告，结合学期中的走访和电话访问情况，对学校重新评级。

此外，真爱还引入了外部资源，根据区域的评级差别进行不同的支持。比如西北区域的学校黑天鹅和丑小鸭（较差）比率较高，故在 2012 年委托

公益合作伙伴协助走访了二十余家学校。而在西南区域项目平均评级比较高，真爱就资助优秀学校的优秀梦想课程教师对黑天鹅和丑小鸭学校进行帮扶。这样不仅提高了项目运营的效率和成果，并且节约了成本。更有意义的是，他们将原本项目的受益者之一的老师激励为项目的爱心输出者，真正实现了项目受益人的自助目的。

（4）项目评估

比较而言，在"筛选－建设－运营－评估"的链条中，评估是真爱相对薄弱的环节，当然这也是国内其他公益慈善机构普遍面临的问题。尽管真爱为乡村孩子引入了梦想中心、素质教育的课程，但是，项目的效率与效果到底如何？儿童素质是否得到了提升？这种模式是否对儿童的成长起到了积极的影响？对这些问题，真爱还缺乏系统的监测与评估。到目前为止，真爱只有两个项目经过了外部评估。一是"真爱梦想项目对乡村教师身心康宁的影响研究"，这是真爱委托北京师范大学珠海分校人力资源管理研究所、香港中文大学教育学院进行的针对全国"梦想中心"乡村教师的为期 2～3 年的评估项目。该项目通过预审研究、质性访谈、追踪研究等方式，探讨乡村教师的职业压力、身心康宁现状，并评估梦想课程对教师身心康宁以及幸福感的影响。二是"梦想课程"对学生和教师的效果和影响评估，这是真爱委托北京师范大学－香港浸会大学联合国际学院，针对贵州地区"梦想中心"的学生和乡村教师进行的为期两年的项目评估。

目前，真爱正在积极争取外部支持，努力完善项目的评估机制。

二 软硬件公益产品的结合

以往一些慈善机构往往只关注硬件，而忽略软件，即使有的慈善组织关注软件，但也因为缺乏硬件的支撑，资助的效果存在较大局限。例如，国内大量慈善组织为偏远地区盖学校、注重硬件投入，也有一些志愿者组织在偏远地区的学校开展支教活动或开展乡村教师培训，但尚未很好将两者相结合，更没有充分利用远程教育的技术。真爱的创新在于将软件和硬件有机融合，并使其可以大规模复制并持续服务。从图 1 可以看到，真爱的四个公益项目依托梦想中心为平台，多个产品相互补充，将公益产品的硬件建设与软件服务紧密连接。

　　硬件建设固然重要，但软件服务却可以提高公益产品的附加价值，提升资源的使用效率。真爱的软件服务创新性依托了本地老师，动员本土资源使得项目能够提供可持续的服务。只有改变老师，才能提高素质教育的水平。所以，真爱致力于为当地教师带去全新的服务，如梦想领路人培训。这个培训主要针对教育局领导、校长、教导主任、"梦想中心"专职教师，培训内容包括以开启乡村教师的创造性思维为诉求的拓展训练，以教育理念展示分享为诉求的梦想课程示范课展示等两方面。由于培训往往在梦想中心落成后迅速进行，所以老师们都拥有饱满的热情。这样不仅能使培训老师对课程有更深刻的理解，并且能极大激发老师们对硬件的使用兴趣，马上尝试开课的意愿也会因此特别的强烈。

三　调动各利益相关方的深度参与

（1）一线教师的参与

　　尽管梦想课程主要依托华东师范大学课程研究所的课程纲要，根据年龄段制定矩阵式的课程体系（见图3）。但是，梦想课程的来源非常广泛，特别是真爱鼓励一线教师参与到课程建设之中，使得这个矩阵表不断深化，引入更多有趣的体验式活动。

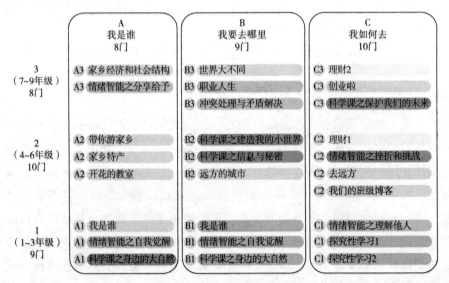

图3　梦想课程初级框架

更具创新性的是，梦想盒子搭建了一个平台，通过积分和兑换奖品的方式、校本课程大赛或者课件升级大赛等方式，调动了一线教师参与课程建设的积极性，丰富了示范课程的内容。而且，一线教师可以将自己的授课视频上传到网上供其他教师点评和交流，精彩的课程由于下载次数多而成为示范课程，教师也成为明星教师。这种自助与互助的网络模式，不仅节约了成本，而且也使得优秀的儿童素质教育的教师得以脱颖而出。

由于真爱对一线课程老师进行赋权、赋能，给予其平台和参与的机会，一线教师被带入课程的创造和改革中，梦想课程因而在开放过程中不断持续优化。

（2）志愿者的参与

真爱的另一特色是将各行各业的精英吸引到志愿者团队之中，并充分发挥志愿者们的经验、专长等优势。仅 2011 年，真爱共有 916 人次的志愿者提供了总共 37282 小时的志愿服务①。

根据现行《基金会管理条例》，基金会的行政管理成本不得超过 10%，所以迫于人力资源成本的压力，真爱大部分全职员工都是大学刚毕业的应届毕业生。因此，真爱通过吸引经验丰富的志愿者来弥补员工的不足。这些精英志愿者有时反过来还可以为刚加入基金会的应届毕业生提供支持和引导。

以真爱最重要的筹款活动"分享·爱"为例，2011 年该活动的筹款额占到基金会全年筹款收入的 25.4%，甚至大于 2011 年全年所有企业的捐助额总和。而整个筹款活动几乎由志愿者组织，全职员工很少深度参与。筹款活动的核心团队由真爱的理事刘蔓、基金会发展委员会的两位副主席麦广丽和利青组成，她们领导着十位核心精英志愿者与 80 余位活动志愿者长期参与其中。深圳的文蔓好女士就是"分享·爱"的核心精英志愿者之一。五年里，虽然她没有担任真爱的任何职务，但是每年深度参与真爱的筹款活动。在首次筹款晚宴活动中，文蔓好负责了整个晚宴的流程设计与执行。随着第一次筹款晚宴的成功，接下来的两年，她投入了更多精力在晚宴流程的摸索中。到了第四年以后，她辅助核心志愿者团队确立了整个筹款晚宴的流程、体系、并确立了各工作小组的职能和人员，使晚宴的效率上了新的台阶。从

---

① 2012 年上海真爱梦想公益基金会年报。

分担单块业务到承担整个志愿者队伍的统筹和管理，文蔓妤已经成为真爱志愿者队伍不可或缺的管理者，是真爱精英志愿者中的一个典型代表。正是这些精英志愿者的深度参与，极大减低了真爱的运营管理成本，也提升了基金会内部运营管理的效率。

（3）捐赠企业的深度参与

以往的公益模式中，捐赠企业表达了爱心之后，较少参与到慈善项目的决策、执行与监督之中。但是，真爱的模式则是尽量让捐赠企业深入参与到公益项目之中。

例如，中信信用卡中心早在 2008 年汶川地震后就和真爱合作开展了"图书捐赠积分圆梦"活动。活动通过中信信用卡持卡人用积分兑换的赠书券，向真爱捐赠儿童读物，送往灾区。2009 年开始，中信信用卡中心和真爱加大合作力度，除了发行志愿者信用卡①外，他们还动员品牌部的专业人员作为志愿者，协助真爱全程策划"分享·爱"的整个筹款活动。由于企业志愿者发挥了其专业技能的优势，极大提升了"分享·爱"的策划水平与专业性。除此之外，中信信用卡中心的员工也自发地加入真爱的志愿活动中。每年都有多名中信信用卡的员工参加梦想教练计划，有的成为观察员，有的为梦想中心的老师提供专业培训。

另一个案例是西门子与真爱的合作。西门子结合自己的企业社会责任理念，"通过企业和非政府组织双方建立合作伙伴关系来推进环保教育"②。除了捐助梦想中心外，西门子与真爱集中双方的资源、专业知识和经验，推广了"爱绿梦想实验室"的课程。西门子在"梦想中心"配置的标准硬件基础上，为学生增设了各种科学设备，还特别为实验室配备了西门子探索箱，可进行"能源与电力"以及"环境与健康"方面的实验。除此以外，西门子还提供了爱绿教育计划的核心部件"爱绿课程及教具"，在真爱梦想的全国性教育公益网络内广泛推广。除了"爱绿梦想实验室"，西门子员工更以志愿者方式参与了"西门子爱绿梦想中心实验室"课程的二次开发。同时，除爱绿教育计划目前覆盖的学校外，西门子员工也可在真爱梦想教育公益网

---

① 志愿者信用卡全部积分将转换现金捐赠给真爱。
② 西门子东北亚区首席执行官、西门子（中国）有限公司总裁兼首席执行官程美玮，2010 年 9 月 17 日。

络内的其他学校开展长期的志愿者活动，让企业从各个方面深度参与到真爱的公益项目之中。

创新效果

真爱通过在基金会日常管理中全方位引入企业管理的经验，将公益产品的硬件与软件密切结合，调动各方参与的积极性，取得了明显的效果。

一　缓解了教育资源的不平衡性

真爱通过运用远程教育等高科技手段，将城市优质的教育资源输送到偏僻的农村地区，缓解了中国教育资源的不平衡性。首先，真爱的硬件设施改善了部分地区特别是乡村中小学的教育条件。真爱梦想的核心产品"梦想中心"已经从2007年的2家，增长到2012年的779家，梦想中心的项目服务已经扩展到全国29个省市自治区。2012年共向各地输送24万册二手图书和38万册新书；其次，真爱已经在29个省份对7500名教育局领导、校长和老师开展了素质教育课程的培训，累计惠及近80万中小学生。在高速增长的硬件产品和不断完善的软件支持服务下，真爱正逐步改善了中国素质教育发展的不均衡状态。

二　为公益行业树立了透明与效率的标杆

自2008年成立至今，经过短短的几年努力，真爱已经成为公益行业透明与效率的标杆之一。真爱已经蝉联两届福布斯中国（Forbes China）基金会透明指数的桂冠，在基金会中心网的透明指数、中民慈善捐助信息中心的慈善透明排行榜中也居于前列。真爱是国内为数不多的几家开展ISO9000质量管理体系的非公募基金会，按照上市公司的标准披露信息，并聘请专业的律师事务所和会计师事务所，制作"无水分的"资产负债表，定期披露所有花费及捐赠信息。另外，详细的项目反馈报告、月度工作报告、季报、年报、重大事项报告，因格式规范、条目和内容清晰，也很大程度上完善了基金会的行政管理。除此以外，真爱也利用官方网站、微博和博客对捐赠信息进行披露，全方位接受公众的监督。

另一方面，真爱通过引入企业管理的方式，大大提高了公益组织的内部运行与管理效率。企业与公益组织固然有许多不同之处，但二者都面临着有限的资源和无限的需求这两个问题。潘江雪认为公益也可以视为捐赠人的慈善投资，既然是"投资"就要有"回报"①。所以，基金会作为公益资产受托机构建立了制度化的管理机制，用专业化的管理来获得更大的"回报"，亦即对慈善资产的更高的使用效率。真爱认为，按照商业逻辑，基金会所提供的公益服务就可以视为一个产品。只有产品在精心设计时，将"力气往一处使"才能提供专业的服务。真爱相信，优秀的公益项目也可以像商业项目一样被采购或是合作，并且真爱在资助领域上专注于弥补教育资源的不平衡，并且设立了"帮助自助之人"的原则。

不到三十个人的全职管理团队实现了高效的运营，在行政管理费较低的状态下连续几年保持了高速的增长。国际上通常采用"全职雇员人均能效"②的指标来衡量公益组织的运作效率。真爱曾将自身"全职雇员人均能效"数据与 Charity Navigator 评级四星的世界最大的公益图书组织 Room To Read 进行了对比。同为单一领域执行性基金会，真爱的人均能效为 713216人民币/人，高于 Room To Read 15 个百分点③。同时最新的年报数据显示，2011 年"真爱梦想"筹款超过 3126 万元，新建 232 所梦想中心，较前一年增长 53%，同时还新建了 309 所梦想书屋。而行政费用仅为 93.2 万元，占总支出的 4.9%，不仅远低于国家规定的 10%，甚至比 2010 年 5.6% 的支出比例还降低了 0.7 个百分点④。

三　项目的可持续发展

为了项目的可持续发展，真爱从选点开始，严格管理。由于前置了风险控制机制，而不是建好了才做风险规避，因此，为项目可持续运营奠定了一

---

① 潘江雪:《真爱梦想公益基金会演讲稿》，检索日期：2013 年 3 月 2 日，来源：http://blog.sina.com.cn/s/blog_ 5667715b0100iypf.html，2010。
② 全职雇员人均能效 = 年度支出总额 / 年末全职人员数。
③ 李晶:《人均 71 万元能效　真爱梦想公益基金会公布年报》，一财网，2011，http://finance.ifeng.com/news/20110418/3891242.shtml。
④ 2012 年上海真爱梦想公益基金会年报。

定的基础。而梦想中心、梦想书屋最小的服务年限是五年，包括激励机制和服务都是按照至少五年设计。并且在最新的募款计划中，单独计划为五年以上的项目提供更多款项的支持。

从财务角度来看，资金的可持续性对基金会的长期稳定生存至关重要。2011 年末，真爱的净资产约等于当年总支出的 1.48 倍，也就是说基金会的资金余额在外来捐款为零的条件下仍可以支撑同样运营状态 1.48 年①。根据美国 Charity Navigator 教育类慈善组织评估标准，真爱的财务稳定度高于国际安全标准将近一倍，财务发展非常稳健。另外，真爱将商业公司中严格的预算约束机制引入基金会。在创始之初，真爱就设立了全面的预算制度，始终坚持自下而上地制定滚动式预算，并在每一年根据实际发展状况对预算进行修改。这样既全局又细致的预算在过去五年中成功展现了其良好的约束力，并且在执行过程中坚持每月定期跟踪，由理事们亲自把关，使得基金会能够可持续发展。

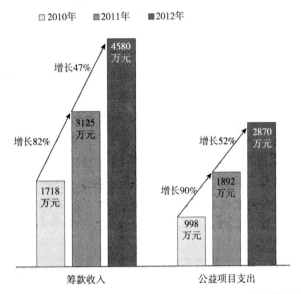

□2010年　■2011年　■2012年

图 4　真爱梦想 2010 年至 2012 年筹款增长及项目支出增长比例

真爱的项目之所以能够快速发展，直接仰仗于良好的口碑和迅速增长的

---

① 2012 年上海真爱梦想公益基金会年报。

筹款额。2011 年，中国公益界受郭美美事件的影响，全国捐赠总量比 2010 年减少了 150 亿元，下降 19%，而真爱仍然筹款达 3126 万余元，较 2010 年增长 82%。其中 54% 的捐款人属于过往捐款人[①]。这几个关键数据清楚的说明了捐款人对真爱项目的认可度。

案例分析

一 创新是如何发生的

从真爱的案例看，其之所以不断创新，创始人的理念非常关键。真爱的发起人兼理事长潘江雪，曾任香港招商证券董事、汇丰晋信基金管理公司教育网站总监。真爱的发起人兼秘书长吴冲曾任国泰君安证券收购兼并部总经理、兴安证券副总裁和 CHARDAN CAPITAL LLC 董事总经理。发起人兼理事王吉绯现任资和信控股集团董事长。发起人兼理事刘蔓现任中国国际金融公司销售交易部董事总经理。这些先富起来的社会精英带着回报社会的冲动、激情与责任，对自己的人生进行了重新定位与选择。

几位发起人都经历了中国从计划经济向市场经济的转型过程，他们敏锐地意识到 2007 年左右的中国慈善业所处的发展阶段如同二三十年前的商业领域一样，还处在探索之中，所以每一点变革或创新的边际效用非常大，这个空间对他们来说更加充满了挑战。

由于他们发现了公益领域的巨大需求，进而选择了教育领域进行了调查研究。他们在创始之初便决定，为了让公益更有效率，必须坚持三个基本原则："帮助自助之人"；"需要将商业管理全方位引入公益"；"倡导非牺牲的公益精神"（见图 5）。在三个基本原则的指导下，执著、使命感、项目规划能力、抓住机会的能力等品质让他们从捐钱转变为捐出自己。他们认为，用最小的资源做最大的事，用价值观和爱来占据市场，是他们可以做到并且能够做好的事。利用商业背景，系统科学地经营慈善项目不仅能够给他们带来事业上的创新和快乐，而且他们的人生价值也能够得到更完美的体现。

---

① 2012 年上海真爱梦想公益基金会年报。

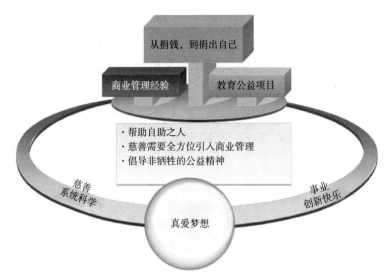

图 5 "我们为什么要做真爱梦想"

资料来源：2012 年 2 月 5 日真爱梦想北京分享会 PPT 截图。

二 真爱和政府的合作模式

作为民间公益组织，真爱非常重视与地方政府的合作。比如梦想中心的建设，从选点开始就重视和各级教育部门的沟通。

从 2010 年以来，真爱业务发展部开始有计划地回访已有梦想中心的地区教育局，大力推动教育部门的认同度。这种项目策略和以往的一次性捐助完全不同，真爱希望推动教育局一起对已建成梦想中心开设课程实时跟踪评估，组织常规性的梦想沙龙活动。在很多地区，梦想沙龙已经成为当地教育局主推的非常规性会议，多所已开设梦想课程的学校老师十分喜爱这种交流沟通平台，并且乐于为未开设梦想中心的学校和老师带去新的课程和思路。合作最深入的马尔康县委办公室甚至将"梦想课程"的实施列入 2011 年马尔康县教育事业第十二个五年发展规划中①。

迄今为止，真爱和教育局的合作主要有两种模式。第一种是与贫困地区的甘肃省会宁县教育局的合作模式（见图 6）。这种合作模式下，如果用市

---

① 马尔委办《中共马尔康县委办公室马尔康县人民政府办公室关于印发〈马尔康教育事业第十二个五年发展规划〉的通知》，[2011] 139 号。

场学的语言来描述，即真爱在进入陌生市场时主动承担介入费用及风险，用实际效果来引入未来合作伙伴。与会宁县的合作经历了三年的时间，第一年，真爱全额承担第一间梦想中心的建设费用。第二年，真爱全额承担了二间梦想中心的建设费用。由于教育局看到了梦想中心学校的效果，因此与真爱梦想的关系从陌生走向认同。在第三年，教育局与真爱签订了全面合作的协议，按照1:1出资的方式，在未来四年内，实现全县小学与初中"梦想中心"的全覆盖。

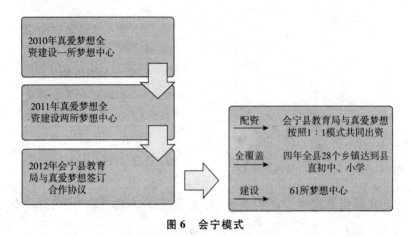

图6　会宁模式

资料来源：真爱业务发展部，2013年1月。

第二种是与发达地区天津市津南区教育局的合作模式。从相识到认同，仅仅用了一次演讲的时间，在很短时间内，通过密集的沟通和交流，让当地教育局了解真爱，并开展合作。津南区教育局全资购买真爱的素质教育项目，并由真爱对梦想中心学校或申请学校开展培训。随后，由教育局负责督导学校的梦想课程教学与科研，真爱协助教育局对优秀教师进行表彰（见图7）。

无论是通过项目成功经验现身说法，还是主动向教育局相关官员宣讲，真爱始终坚持"救助自助之人"的理念，用政府的力量来推动儿童素质教育的开展。

目前，梦想中心正从西部资源相对匮乏的乡村，逐渐向中部以及东部沿海发达的省份和城市发展。会宁、津南是已达成并成功实施的两者合作模式。然而，以上两种模式也不是固定不变的，真爱在实践中将探索更多创新的合作模式，推动各地教育局的持续投入及深入合作。

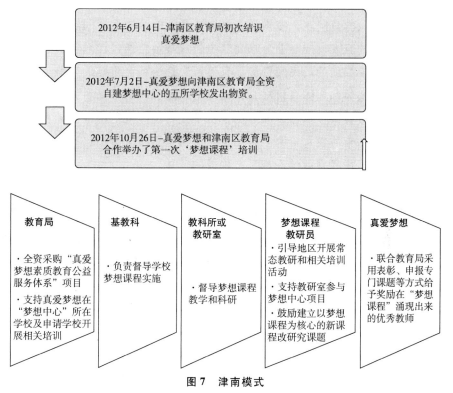

图 7　津南模式

资料来源：真爱业务发展部，2013 年 1 月。

真爱的案例表明，地方政府在社会创新中是重要合作伙伴，而不是局外人。政府可以为社会创新的发生、实施和经验推广提供重要的基础条件。事实上，各地教育部门已经深度参与到真爱的公益项目之中。从态度上，大部分教育局能用开放的心态接受社会组织对社会问题的创新解决方式，从行动上，一些地方已经开始鼓励或购买部分服务来弥补政府在儿童素质教育方面的不足。正是各地教育部门的认可与支持，梦想中心的梦想课程才能惠及更多的儿童，才能在儿童素质教育过程中发挥积极的作用。

结论

　　儿童的素质教育问题，特别是农村地区儿童的素质教育问题是当前中国教育系统面临的巨大挑战。上海真爱梦想公益基金会通过深入调研、发现社会需求，探索了如何动员民间资源，有效解决这一社会难题的新路。真爱将软件和硬件、实体和虚体有机融合，通过运用远程教育等高科技手段，将优秀的儿童素质教育课程传输到偏远的乡村学校，使广大贫困地区的乡村儿童也能享受优质的素质教育资源，这无论对于儿童素质教育的提高，还是对于缩小城乡儿童素质教育的鸿沟都具有积极的意义。

　　真爱的另一个贡献在于成功将商业领域的管理经验引入到公益领域，打造了透明与高效的公益模式，为行业树立了新的标杆。凭借创始团队的商业背景，真爱成功将企业化思维嫁接到组织内部管理的各个环节之中，从而以最少的资源投入取得最大的产出。尽管真爱的创新探索仍然存在一些不足，例如，组织最初的目标并不清晰，项目评估机制尚不完善，企业管理的经验可能并不能完全照搬到公益领域，等等。但是，真爱透明、高效的公益模式，对于长期以来透明度不高、效率低下的中国公益界而言，无疑具有巨大的冲击力。目前，越来越多的基金会纷纷邀请真爱分享其经验，一些基金会甚至开始仿效真爱的信息披露、预算管理等制度，以期提升自身的生命力。这也彰显了真爱存在的价值与意义。

　　真爱的经验表明，商界精英加入公益领域具有十分重要的作用，他们可以发挥鲶鱼效应，激活整个公益行业，可以为公益领域带来新的创新动力。通过引入企业管理的经验，可以大大提升公益组织的透明度与效率，从而改变以往公益行业不透明、低效的形象，重新恢复公众对公益行业的信任与信心。毫无疑问，中国的公益行业需要引入企业管理的经验，需要更多商界精英的加入。而且，商界人才在公益领域具有广阔的空间，可以大有作为，可以更好实现人生的价值。

儿童营养不良问题的解决

——以现代信息传媒技术推动社会进步

🖋 儿童营养不良是一个需要引起高度重视的健康问题

在中西部一些贫困地区的孩子们，因上学路途遥远、家庭经济贫困、学校餐厅设施落后等原因，只能带上非常简单的食物作为到学校的午餐，有些孩子甚至要饿着肚子去上课。由于贫困和饥饿，导致儿童营养不良、身体瘦弱等情况在这些地区长期存在。随着国家大力推行寄宿制教育，贫困地区儿童营养不足的问题集中显现。全国 1.3 亿名农村中小学生中，有 3000 多万人每日三餐食宿在学校，还有相当一部分学生虽然不寄宿，但需要在校用午餐。

尽管政府在这方面也做出了一系列努力。例如，2001 年政府出台了对农村义务教育阶段贫困家庭学生"免学杂费、免书本费、逐步补助寄宿生生活费"（简称"两免一补"）的政策①。2007 年以后，国家启动了中西

---

① 但该政策实施的重点是"两免"，对"一补"政策的覆盖范围及标准落实不到位，补贴人数少、标准低，根本无法广泛地解决儿童的营养问题。以湖南省芷江侗族自治县为例，"一补"工作从 2005 年开始，补助标准为中小学统一每生每年 50 元。2008 年按照省里规定调整到小学每生每年 500 元，初中每生每年 750 元。2010 年秋季根据《湖南省财政厅关于追加 2010 年秋季学期农村义务教育阶段家庭经济困难寄宿生生活费补助资金的通知》（湘财预〔2010〕236 号）的有关规定，调整到小学每生每年 750 元，初中每生每年 1000 元。并且，对"贫困寄宿生"有着严格的标准，如：持有农村特困户救助证的学生；父母为双农家庭经济贫困的学生；农村单亲家庭生活困难的学生；农村因父母残疾家庭生活困难的学生；农村因病致贫、因灾返贫家庭的学生；父母双亡生活困难的学生；革命烈士子女；等等。

部农村初中校舍改造工程，并将学生食堂作为重要建设内容，中央大约投资 30 亿元用来改造食堂。此外，各地围绕改善学生营养工作也采取了一些措施，例如，2005 年开始，浙江省开始了"爱心营养餐"工程；2006 年山西静乐县实施了"一个蛋工程"；2008 年广西柳州市开始了"免费午餐工程"；2009 年陕西省正式开始"蛋奶工程"。只是这些零散的努力对普遍存在的儿童营养问题的解决杯水车薪。

2011 年 2 月，中国发展研究基金会一项关于中国贫困地区学生营养状况的调查报告揭示，中西部贫困地区儿童营养摄入仍然严重不足，受调查的学生中 12% 发育迟缓，72% 上课期间有饥饿感；学校男女寄宿生体重分别比全国农村学生平均水平低 10 公斤和 7 公斤，身高低 11 厘米和 9 厘米；儿童贫困将导致其未来人力资本巨大损失，形成贫困代际传递①。

儿童是国家的未来。儿童的健康不仅是儿童的基本权利，也是国家的希望。正是由于认识到儿童健康问题的重要性，早在 20 世纪，特别是二战之后，以英国为代表的西方福利国家就陆续建立了儿童免费午餐制度。然而，直到 21 世纪初期，儿童营养不良问题仍然在中国的一些中西部贫困地区大量存在。

 案例描述

"免费午餐"活动简介

"免费午餐"行动缘起偶然。2011 年 2 月，邓飞以"2010 年度记者"的身份参加了天涯社区的颁奖晚会。

"我的邻座、一个叫小玉的支教女教师告诉我，她所在学校（贵州省黔西县花溪乡沙坝小学）的学生没有午餐，每天她一个人端着饭盒，没办法面对他们热望的眼神，不得不快步走进自己的宿舍去吃饭。最初我们是

---

① 常红晓等：《营养的贫困》，《新世纪》2011 年第 8 期。

想帮助她所在学校的孩子们。"①

在做出承诺后，邓飞查阅了国内外相关项目运营的资料。2011 年 3 月 1 日，他在微博上发布这样一条短信："呼吁免费午餐"。印度政府为解决小学生吃饭问题十年前推出免费校园午餐制度，已让 1.2 亿小学生午餐吃饱，还增加教育普及率。日本曾在战后困难时期推广过午餐配给制度，美国也有此类由政府补贴午餐免费制度惠及 3000 万学生，但中国目前还无该项计划。②

在国家尚无计划的情况下，邓飞打算先从民间做起。3 月 24 日，邓飞发出一条微博：

"25 日将去贵州一悬崖下的乡村小区，当地学生无午餐，每天中午喝凉水充饥。我们尝试在该校建一个食堂，推动中国贫困山区的免费午餐计划"③。

两天后，邓飞到了黔西县，不仅去了花溪乡，还去了更穷的太来乡。结果他发现，那里的小学生确实没有午饭吃，靠喝凉水充饥。因为饿，下午上课注意力都不集中。邓飞立刻感到，仅援助一个学校，是远远不够的。回到北京后，邓飞先发动了自己 QQ 群里的 500 名记者，并开始计划推广"免费午餐"计划。④

通过网络的传播，邓飞的想法很快得到了社会的响应，并募集到了第一笔资金。2011 年 4 月 2 日，黔西县沙坝小学"免费午餐"启动，169 名学生吃到的免费午餐是：一份米饭、一个煮鸡蛋、一勺酸菜炒肉、一勺烧土豆，一勺白菜汤。附近的村民也来围观，他们说，孩子们家里穷，住得远，午餐问题困扰了好几代人。

与此同时，为了使得更多的贫困地区儿童得到资助，邓飞等 500 多名记者和国内数十家媒体联合中国社会福利基金会正式发起了"免费午餐"公益项目。

作为具有公募资格的中国社会福利基金会的专项基金，"免费午餐基

---

① 引自百度百科"免费午餐"词条：http://baike.baidu.com/view/2775177.htm。
② 引自邓飞 2011 年 3 月 1 日的新浪微博。
③ 引自邓飞 2011 年 3 月 24 日的新浪微博。
④ 庞清辉：《行动者邓飞》，《中国新闻周刊》2011 年第 546 期。

金"开始利用微博等手段开展公募活动，倡议社会公众每天捐赠三元为贫困地区学童提供免费午餐。它致力于帮助因家庭贫困而没有钱享受营养午餐的学生，同时呼吁更多爱心企业和人士加入到活动中，通过社会捐助的力量，对一些贫困山区学校简陋的厨房条件予以改善。

"免费午餐"项目的创新点

作为一个完全由民间自发的活动，为了赢得公众的信任与捐赠，为了惠及更多的贫困地区儿童，"免费午餐"项目启动后，采取了一系列的创新性活动。

一　利用微博等新媒体动员社会资源

"免费午餐"项目最大特色与创新，就在于充分应用了微博等现代信息传媒技术动员社会资源。

首先，"免费午餐"项目不是低调行善，而是大张旗鼓地宣传。该项目突破传统思维模式，通过网络积极开展营销，引起社会广泛的关注。

"一开始，可能很多人都不知道孩子没饭吃，我自己也不知道，是个很偶然的机会发现的，孩子饥饿的照片，只有通过传播，才能引起社会关注。我们做的事情也只有让大家看得见，引起大家的重视，才能真正激活民间的力量，合力解决社会问题"①。

其次，在宣传方式上，将网络媒体与传统媒体深度结合，使"免费午餐"宣传的覆盖面从网友，拓展到更广泛的读者、观众，形成一次全方位的爱心接力。

邓飞坦言，"传统媒体一开始能给我们使用的空间很小，它追求新闻价值，追求广告盈利，在项目的宣传过程中是不稳定的。因此我们利用新媒体，团结个人微博等私人媒体的力量，形成巨大的传播网络，这反过来又促进了传统媒体对'免费午餐'项目的关注，形成有力的、全方位的宣

---

① 资料来源：与邓飞的访谈录音整理，访谈日期：2012－09－24。

传体系"①。

最后，在募集资源过程中综合应用了各种最新的网上募款方式。"免费午餐"的项目团队综合运用了微博、网上论坛、淘宝、支付宝、手机短信等最新的互联网工具，把互联网募款的优势发挥到极致。例如，免费午餐团队开展了微博公益拍卖活动，并在阿里巴巴集团首席市场官王帅的帮助下，在淘宝网建立了一个网店。一边是邓飞在微博上动员网友捐出自己的闲置物品，集中放置在淘宝店里对外标价销售或者竞拍销售；另一边是全国各地的网友都可以在线拍下并支付一个标价为三元的虚拟产品，为孩子们提供一顿免费的午餐。

另外，传统筹款方式主要依靠筹款方的动员，而"免费午餐"通过借助网络的力量，捐助者不仅自己慷慨解囊，而且还能通过网络的力量动员其"粉丝"加入到捐助阵营中来，"粉丝"们又可以带动自己的"粉丝"参与，从而形成一种"核裂变式"的筹款，大大提升了被动员群体的覆盖面，提高了募款的效率。而且，在动员过程中，"免费午餐"充分发挥了微公益和快乐公益的理念，网友们可以选择义捐、竞拍、转账等自己喜欢的方式随时随地地进行捐助。例如，第一笔大额捐款人"广州刘嵘"发微博称，其微博每转发一次，就捐助九元钱。他承认，当初见到微博被疯狂转发还是有点紧张的。后来设了捐款上限 90 万元，短短 22 小时即实现了目标。除微博外，5 月 11 日，中国社会福利基金会与拉手网共同推出"拉手公益·孩子的免费午餐"团购活动，在全国 500 个城市同时开团，打出"仅需您三元的支持，就能让贫困地区的孩子吃上一顿热腾腾的午餐，满足孩子们吃饱了听课的小小幸福！"的宣传语，温暖贴心的团购语言，简洁易操作的捐款方式，使网络动员的力量在短短 14 天内集结了 330447 人次，为"免费午餐"基金募集款项 991311 元。

二 打造高效的信息披露系统

"免费午餐"项目的另一个创新之处在于其财务的公开透明与信息披露的及时性。

_____

① 资料来源：与邓飞的访谈录音整理，访谈日期：2012 - 09 - 24。

"我们是一个纯民间的公益项目，发起人是一群记者，我们既没有行政资源，也没有企业资源。我们活下去的唯一理由就是，告诉大家我们在做事，在做善事，并且需要大家的支持。要获得资助就必须要做到公开、透明，把我们的项目展现给大家看，每天开微博，公布信息。这让捐款人看到了透明的基金会、透明的项目，公开透明这一点对我们项目的帮助特别大"[①]。

为了做到公开透明，邓飞等项目发起人制定了拨款的原则：不透明不拨款。

"从最开始注册微博，公开账号，只要涉及钱的，全都是公开的。每个学校必须开微博，可以由志愿者帮助开通，每天都要通过微博进行监控，随时公开收支信息，否则攒到月底做的账就有可能出问题。每一笔钱是怎么花的，校长要通过微博详细说清楚。每个学校发过来我们再转出去，全国人民都能看见。在价格上做手脚的可能性也很小。因为我们还给家长留下电话，如果发现今天还没吃上午餐，或者午餐没达到标准，随时可以举报。此外，我们还发展了当地的志愿者。一旦发现问题，志愿者会到现场核实。我们项目组也有一名专职人员可以出差核查。当然，还有一只重要的力量，就是各地媒体，我们的发起人大多数是媒体人，这本身就是一只重要的监督力量"[②]。

在及时公开财务信息方面，"免费午餐"对传统的公益模式提出了挑战。以往，大多数公益慈善组织的信息透明度很低，特别是信息披露的周期太长，这也是公众对传统公益慈善组织缺乏信任的原因之一。为此，2012年7月，民政部颁布了《关于规范基金会行为的若干规定（试行）》。《规定》明确要求，基金会通过募捐以及为自然灾害等突发事件接受的公益捐赠，应当在取得捐赠收入后定期在本组织网站和其他媒体上公布详细的收入和支出明细，包括：捐赠收入、直接用于受助人的款物、与所开展的公益项目相关的各项直接运行费用等，在捐赠收入中列支了工作人员工资福利和行政办公支出的，还应当公布列支的情况。项目运行周期大于三

---

① 资料来源：与邓飞的访谈录音整理，访谈日期：2012 - 09 - 24。
② 根据访谈录音（访谈日期：2012 - 09 - 24）和京华时报"免费午餐已经筹款千万，成在公开透明"（记者张然，2011年9月26日）的报道整理而来。

个月的，每三个月公示一次；所有项目应当在项目结束后进行全面公示。尽管政府做出了强制性的规定，但一些公益慈善组织信息披露的周期仍然远远超过三个月，其原因之一就在于这些组织没有借助现代信息技术手段，信息披露成本较高。然而，通过借助网络媒体和新技术的力量，邓飞的团队做到了每个星期公示一次。邓飞谈道：

"要想用微博进行募捐，就要学会微博的规则，打个比方，要明白大海的习性，以前我们在小池塘里打鱼，规模不大，收入不多，打到多少鱼也都能看得见。但现在是在大海里打鱼，每天源源不断地从网络涌出爱心捐款，捐助者随时要求看我们的财务报表，如果还用传统的方法，一年一个财务报告，这肯定不行。通过新技术，我们的团队做到了一个星期公布一次财务状况，这是我们项目能够有公信力的一个重要保证。尤其是郭美美事件发生以后，官办基金会受到强烈质疑，而我们与他们形成了巨大反差，捐助者肯定是要支持我们的。"①

三　建构务实的组织运营和管理模式

2011 年 5 月 5 日，在中国福基会"免费午餐"基金成立的同时，基金管理委员会也宣告成立，管委会成员总共七人。与以往专项基金大都由捐赠人组成委员会的方式不同，"免费午餐"基金的管委会成员来自各行各业，有媒体人、公益律师、NGO 专业人士、非公募基金会负责人、社会爱心志愿者等。委员会的构成在一定程度上代表了社会公众，并且具有各自的专业背景，以这样的方式来保证组织决策的合理性和相对民主。另外，基金会还主动寻求成立了以主要捐助者和社会知名人士为成员的监委会。"免费午餐"基金在做出一些重大决策的时候，会提前征询监委会委员们的意见和建议，让决策更加专业、合理。

除完善组织治理结构外，"免费午餐"基金还加强了组织的运营管理。

就资金的支出而言，"免费午餐"的发起人认为，首先要考虑的是资金的安全，要对开餐学校进行持续不断的考核和评估。如今很多公益组织都是一次性将善款全部拨付，而忽视拨付后的监管工作。"免费午餐"为

---

① 资料来源：与邓飞的访谈录音整理，访谈日期：2012 - 09 - 24。

了确保善款安全，缩短了拨款时限，从一学期拨一次款缩至两个月拨一次，持续对学校的运营状况进行监督。其次，要考虑到项目开展的长期性和可持续性，预留出一定的拨付额度。正如邓飞所说：

"我们做什么事情都有轻重缓急，去年我们做了 14 个省份，129 所学校，这已经是我们这个团队的极限了。我不是要通过扩展数量来显示我多能干，我们首先要保证捐款人的善款安全，我要去捐的每个学校，都要经过我的测试和磨合，达到我的标准我才会投钱，不然我的钱有去无回，人家就不信任我了，我就死路一条了。而且，每开一个学校，都要有长期的、稳妥的计划，当时我们也没想到国家会这么快接手，我们必须要筹到一个学校两年的钱，才敢去开，我要保证这所学校明年也有饭吃。"①

就业务成本与管理成本来说，截至 2012 年 12 月 31 日，在所支出的 346.79 万元中，包括筹资费用和管理费用分别是 8.52 万元和 17.34 万元，占总支出比重的 7.5%。虽然不超过 10% 的运行费用是符合现行法规的必要开支，但在中国内地，目前这一理念尚未被完全接受，因此也很少有筹资方会坦然公布出自己的运营成本和筹款成本，以免引起质疑。在这样的社会背景下，"免费午餐"不仅用公开透明的方式去积极建构与捐赠人、社会公众之间的信任，而且也让捐赠人和社会公众逐渐接纳运营成本的理念。

四 借力他者，搭建跨界合作的平台

"免费午餐"启动之始，资金募集的主要目标群体是个人，但项目从未放弃向其他组织，包括政府、企业和其他慈善组织、民间团队借力，搭建跨界平台，以发挥更大的影响力。

（1）坚持与地方政府的沟通与合作

以往一些民间自发的公益组织为了保持组织的自主性，不愿与政府部门合作。而"免费午餐"的发展战略是"以战略公益推动公共政策"。正如邓飞所说："民间募资顶多是条鲶鱼，国家投入才是鲨鱼。"在项目推广过程中，"免费午餐"团队始终坚持与地方政府的沟通，以期推动"局部

---

① 资料来源：与邓飞的访谈录音整理，访谈日期：2012 - 09 - 24。

普惠"。在与地方政府沟通与合作的过程中，尽管有个别地方出于某些顾虑而拒绝引入"免费午餐"项目，但更多的地方政府都表示认可与支持。目前已经初步形成了湖南的"新晃模式"和湖北的"鹤峰模式"。

在湖南新晃开通湖南第四所学校——贡溪镇田家小学的时候，"免费午餐"湖南项目负责人、华声在线副总编辑杨博智向新晃侗族自治县政府领导提出请求："孩子是家庭的孩子，也是社会的孩子，更是国家的孩子。孩子的健康成长，应该由家庭、社会、国家共同出力。"这就是后来被媒体广泛传播的"免费午餐"湖南"1+1+1"模式的最初蓝本。接下来，2011年6月1日，在湖南新晃方家屯乡胡家坝小学"免费午餐"启动仪式上，"免费午餐"基金管理委员会主任肖隆君与新晃侗族自治县教育局签订项目捐赠协议，双方约定按照"1+1+1"的爱心模式，共同为新晃41所村小学1500余名贫困学童提供免费午餐。随后，新晃县政府承诺每年拿出60万元，承担全县41所小学每个孩子每天一元的餐费，并承担厨房的建设，为"免费午餐"在新晃的铺开疏通道路。湖南由此促成全国第一个全县开通"免费午餐"的省份，一场民间公益行动也因此上升到政府层面。

在湖北鹤峰县，2012年10月8日，邓飞与鹤峰县领导定下了在全县开餐的计划，并且初步制定了"政府出1元，免费午餐项目出2元"的"1+2"资金来源方案。11月7日，《鹤峰县"农村小学免费午餐计划"实施方案》以及实施细则正式出炉。12月1日起，鹤峰县42所农村小学的4381名学生吃上"免费午餐"，成为湖北省全面实施"免费午餐"计划第一县。

（2）与商业的谨慎合作

相比与政府合作的积极沟通、主动寻求，"免费午餐"与商业的合作则持谨慎的态度。这一方面是因为项目刚刚启动，与企业之间的信任尚未建立起来，很多企业处于观望状态；另一方面，出于品牌保护的需要，"免费午餐"对于企业的捐助并非一概热烈拥抱。

"免费午餐"项目初期的善款主要来自个体而不是企业，与企业之间的信任还在探索阶段。

"因为我们现在突然冒出这么一股力量去做公益，我们现在缺乏足够说服力，去说服比如说央企、国企还有我们重大的企业，我们首先影响的是民众，我们建立很好的口碑、公信力以后，我们再去做他们的工作。"

"最早给'免费午餐'捐款的是我们的微博网友，因为我们的捐款账号，首先发布在微博上面。第二批是城市里的中产居民，其中最重要的捐款群体是女性。虽然说一个人可能是 3 块钱，或者 30 块钱，但是我们人多，免费午餐捐款的人，我们初步算了一下，我们至少上了 200 万以上了，200 万人。这样的话，我们这么小额的，其实在'免费午餐'捐款中间是大头。"①

在谈到与企业合作的态度时，肖隆君说：

"一直以来，出于品牌保护需要，'免费午餐'对于企业的捐赠一直持谨慎状态，对于目的性太强的捐赠，基金会均予以了回绝。'免费午餐'基金长期以来都是被动等待捐赠人的捐赠。下一步，基金会将会在机构与企业合作这一块尝试主动传播，在保证品牌不受损的情况下，吸纳更多的捐赠。"②

"免费午餐"从一开始就申请了国家商标注册，包括文字和 logo，从法律层面对"免费午餐"品牌进行保护，严格控制使用范围和适用场所，凡要求使用'免费午餐'及 logo 的组织和个人，均需要活动书面授权。这些措施有效保护了该项目的品牌纯洁性，防止与商业合作中的"走样"。在此前提下，邓飞介绍了自己的团队与企业合作的计划：

"根据我们的计划，不用等到今年年底，'免费午餐'学校的孩子们所处的环境会有翻天覆地的变化。这些学校都会得到一个图书室，当地的村民也可以到这里来看书。有药业公司也想参加'免费午餐'，我动员他们给每个'免费午餐'的学校配一个药匣子，里面有感冒药、红花油、泻立停、创可贴。还有小额贷款项目跟着我们下乡，每个享受'免费午餐'的孩子的父母可以申请小额贷款。对于一些视频公司，我建议他们做视频，

① 雪夜漫谈：《免费午餐最重要的捐款群体是女性》，2011 年 11 月 7 日，http：//bbs. ifeng. com/news/detail_ 2011_ 11/07/10468141_ 0. shtml。

② 华声在线：《免费午餐新学期开学第一餐向祖国致敬》，2012 年 9 月 4 日，http：//hu-nan. voc. com. cn/article/201209/201209040842152013. html。

把北京最好的老师讲课的视频放给孩子们看……"①

（3）借力打造免费午餐生态圈

"免费午餐"项目的创新之处还在于致力打造"免费午餐生态圈"。所谓"免费午餐生态圈"，即通过"免费午餐"项目打开一扇窗口，从而源源不断引入配套的其他公益项目，这些公益项目间环环相扣、彼此合作，最终从根本上解决社会问题，形成一个系统的公益生态圈，并产生集聚效应。

用邓飞的话说，"免费午餐"最终将不仅仅是一顿午餐，而是一个窗口："我们实际上是通过自己的努力，打开一扇窗口，'免费午餐'运营成功，可以让学校积累信誉，其他的慈善机构就会给他们提供源源不断的帮助，这样才能从根本上解决问题。"②

例如，在新晃县全面开启"免费午餐"的启动仪式上，发起人邓飞表示，健康的午餐只是第一步，接下来，项目组将与政府和社会资源对接，继续推进农村儿童、贫困儿童的大病医疗，图书室建设，为"免费午餐"学校学生提供多种维生素，帮助提高营养改善学生体质。在鹤峰，全县启动"免费午餐"之后，2012年2月，邓飞组织多家公益团队以及企业等，再次来到鹤峰，启动"免费午餐"配套公益计划，努力打造一个"免费午餐生态圈"。在各路公益团队、企业和媒体的努力下，鹤峰不仅成功推广了"免费午餐"，并拥有了配套计划，如今还成了全国民间儿童大病医保试点的第一县。

"免费午餐"项目的成效

在2011年郭美美事件导致传统公益模式备受质疑的当口，"免费午餐"项目通过一系列的创新性举措，从网上发酵并造就了奇迹。从2011年4月2日项目正式启动，短短五个多月就动员了上万名捐赠者，募集善

---

① 资料来源：与邓飞的访谈录音整理，访谈日期：2012 - 09 - 24。
② 资料来源：与邓飞的访谈录音整理，访谈日期：2012 - 09 - 24。

款 1690 余万元，为 77 所学校的 10000 多名孩子提供了"免费午餐"。截至 2013 年 4 月，"免费午餐"基金的捐款数额已经超过 5142 万元人民币，如果加上"免费午餐"都市快报项目，共计 6000 万元，"免费午餐"的联盟体涵盖 200 多所学校。目前，项目还在不断扩大之中。

更为重要的是，在"免费午餐"项目的成功实施和其他团队的共同影响下，政府快速开启了儿童营养餐项目。2011 年 5 月 11 日，人民日报刊发评论《民间"免费午餐"期待政府接棒》①，指出"免费午餐背后隐含着营养权这项基本的权利，它与生命健康权息息相关，也关乎社会公平公正、长远发展。提供物质上、经济上的支持，提供保障这一权利的法律程序和服务，本是政府应尽之责"。2011 年 10 月 26 日，国务院常务会议决定实施农村义务教育学生营养改善计划：中央每年拨款 160 多亿元，按照每生每天三元的标准为农村义务教育阶段学生提供营养膳食补助；中央还将困难寄宿学生生活费补助提高一元，达到小学生每生每天四元，初中生每生每天五元，即小学每生每年 1000 元，初中每生每年 1250 元。政府的营养餐项目普惠全国 680 个县市约 2600 万在校学生。

案例分析

"免费午餐"项目的成功不是偶然的，除了建立科学务实的组织管理模式，充分利用微博等现代信息传媒技术的力量，向他者借力发挥杠杆作用之外，还有几个非常关键的影响因素，即发起人的社会创新家精神、选择正确的公益领域和慈善危机事件所提供的发展契机。

一 社会创新家精神

国内外经验表明，社会创新活动的产生往往与个别的社会创新家密不可分。社会创新家群体往往是推动一个国家社会创新发生、发展的关键要素。尤其是在社会创新缺乏知识产权保护、缺乏物质利润刺激、缺乏政策导向鼓励的环境下，社会创新家个人的性格、理念、认知、社会资本等特

---

① 张铁：《民间"免费午餐"期待政府接棒》，2011 年 5 月 11 日《人民日报》。

质就显得尤为重要。显然，"免费午餐"项目也离不开一个关键人物——具有社会创新家精神的邓飞。

（1）感性与知性并存的性格

邓飞原本是凤凰周刊的调查记者。从业十年，撰写发表了100余篇调查报告，《沈阳蚂蚁梦》《杀死阳宗海》《狗日的普九造》《湘西州长的北京一夜》《南中国贩童链》《周庄肺病》……众多的调查报告揭露了一系列严重的社会问题，涉及福利院、水库移民、死刑犯器官、官员重大贪腐事件等各领域。

调查记者的经历丰富了邓飞的人生经历和社会阅历。在此过程中，关于什么是公平和正义、社会该如何运行的认知和理念逐步形成，敢说、敢干、正直、仗义的性格特质也显现出来。同时，调查记者的身份又赋予他一种跳出情绪与喧嚣之外的冷静与理性。

"在情感上，我同情悲悯任何一个弱势和受害者，有一种我天生俱来的关怀意识。此外，我竭力学习法律知识，培养自己对一个事物的快速洞察和准确判断。"①

感性与知性并存的性格特征使邓飞初步具备了发起公益活动、成为社会创新家的性格特质：良心事须凭着良心做，但一旦事关公众，又必须要有一套理性的设计。在谈到自己的职业身份对"免费午餐"项目的影响时，邓飞说：

"长期调查研究中国社会问题的经历让我对很多事情的理解比较深刻，'接地气'，对于问题的解决，我遵循一些简单实用的方法，遵循常识，而不是什么理论。因为我是一名调查记者，我很清楚任何事情我可以做得不好，但是我不可以在里面有经济问题，不可以贪污，所以我们也开辟了彻底公开透明的模式。因为我是一名记者，我知道怎样把一件有意义的事展现出来，从'免费午餐'一开始，我们就摒弃了低调行善的理念，而是积极宣传展现，促进信息的流通和沟通，让更多的人了解并接纳这件事情。我是凭良心做事的，但只有让公众看到你的诚意和良心，公众才会把自己

---

① 邓飞：《充分利用新技术》，2011年1月12日《南方传媒研究》。

的良心托付与你，汇成更大的力量用于慈善事业。"①

（2）组织与动员能力

在新闻界里，邓飞是一个公认的行动者。2005 年，他建立 QQ 群"小刀"希望整合媒体记者的力量。

"因为所有调查记者都面临恶劣新闻环境，需要倾诉、交流和相互帮助。我将 QQ 群取名'小刀'，意在小刀子割肉，低调却结实有力，一点点挖剖中国社会的腐烂肌体。很快，这个 200 人的群就满员，几乎天天在一起交流业务、闲聊和分享任何好玩有趣的东西。"②

2008 年，邓飞又组织建立容装 500 名记者的更高级群，组织全国媒体记者互相协调，整合资源，形成一股不可小觑的媒体力量。微博的出现，进一步扩展了邓飞的组织能力。

"QQ 是 1 对 1，或者 1：500，速度、效率都受到限制，微博则不同，只需要两分钟的时间，全世界都会知道你要发布的消息。"③

事实上，在"免费午餐"开启之前，借助微博"打拐"等事件，邓飞已经小小地展现了一下他的组织动员能力，也更深刻地体会到了微博的重要性。微博"打拐"之后，邓飞作为网络意见领袖的地位已经形成。发展到现在，他在新浪微博已经拥有 246 万粉丝。无论是在微博"打拐"，还是在"免费午餐"中，邓飞组建的记者网络联盟以及他的粉丝团都起到重要作用。

"以前，我们靠写文章影响读者实现某种改变；现在，我们可以绕开（传统媒体），自己来实现改变。大家微博上守望相助，让点滴汇聚成江海，锻造新力量，这会极大地改变社会。中国不缺我一个记者，但缺少行动者。"④

（3）信誉与社会资本

邓飞作为记者的努力很快获得新闻界和社会的认可，2008 年他获天涯

---

① 访谈录音整理，访谈日期：2012 - 09 - 24。
② 邓飞：《充分利用新技术》，2011 年 1 月 12 日《南方传媒研究》。
③ 刘炎迅：《媒体圈"微博打拐志愿团"》，《中国新闻周刊》2011 年第 6 期。
④ 寇润涛：《民间公益组织者谈草根慈善：允许不专业不能不透明》，2012 年 7 月 23 日《齐鲁晚报》。

社区"最受欢迎的媒体和记者"铜奖；2008 年、2009 年、2010 年连续获得腾讯网华语传媒盛典连续年度记者提名；2010 年，新浪微博年度记者，同年，获腾讯网华语传媒盛典年度记者；《时代周报》"影响中国时代进程"100 人；《南方人物周刊》"中国魅力 50 人"。

信誉无疑是一种重要的社会资本，在公益领域，信誉就是公益组织的"公信力"，而这正是许多公益组织所缺乏的。从事媒体工作多年的邓飞显然明白信誉和品牌对他和他的团队意味着什么。"免费午餐"开启以来，规范、公开、透明，始终被视为最重要的规则，这正是建构信任、争取信誉的表现。随着公信度的提升，"免费午餐"项目一方面可以募集到更多的善款，另一方面，筹资费用和管理成本有逐渐下降的趋势，而这又与邓飞本人的社会关系网络分不开。例如，邓飞前往项目点的机票等很多都是企业或朋友捐赠的，因此大大降低了"免费午餐"的行政成本。

"我的机票，我跑这么多地方的机票加起来的话，我想大概到（行政成本）百分之多少了。所以说我在这里讲，因为我的奇特性，让我能够保全 5%（行政成本）的这么一个好名声。但是实际上我抬高了道德标准，其他的 NGO 组织缺乏我这样人脉的兄弟们，更加增加压力了。"[1]

二 选择正确的公益领域

卡内基曾说，要选择那些最有价值的领域开展慈善活动，以追求慈善的影响力。正确的公益领域主要是指那些引起社会不公正的根源性、机制性领域，例如建立图书馆、学校、医院、科研机构等。而中国目前的慈善捐助在这方面的投入还相对较少。这主要是因为这些领域的投入往往周期较长，短期成效不明显，并且风险较大。于是，在缺乏激励机制的情况下，公益项目发起人缺乏在这些领域投资的动力。他们主要把捐赠集中在社会热点领域，导致很多捐赠带有"社会事件"的性质，例如，抗震救灾中的捐赠井喷，之后捐赠骤减，捐赠因事件而起，也因事件而亡，没有在导致社会不公正的根源性领域发挥作用，而后者恰恰是公益慈善的重要价

---

[1] 根据访谈录音（访谈日期：2012 年 9 月 24 日）和凤凰网《雪夜漫谈》第二十二期（2011 年 11 月 7 日）资料整理而来。

值所在。

在目前中国的社会情境中，现代慈善刚刚兴起，慈善资源相对稀缺而社会需求旺盛，因此，如何选择正确的公益领域，平衡短期与长期之间的矛盾便成了一个重要的话题。之所以说邓飞的"免费午餐"选择了合适的领域，除了免费午餐事关儿童的营养发育这一值得投入的公益领域之外，还因为这一领域能够在断裂的社会中最大限度地引起各阶层的共鸣。由于改革开放以来的社会分化和利益分配不均，当下社会是个"断裂的社会"，一方面是贫富分化严重，阶层之间流动开始减少，各阶层之间的认同程度较低；另一方面是政治改革进程缓慢，官民矛盾突出，民众对政府的信任程度较低，政府对许多社会公益项目缺乏投入。在这样的社会背景下，选择儿童营养不良问题，容易在更广阔的范围内引起共识，既能团结民间各阶层的力量，又能团结中央和地方各级政府的力量，形成一股合力。尤其是在官民合作方面，"免费午餐"项目可以弥补社会裂痕：

"以前我是一个调查记者，到处揭露腐败、黑幕，我相信那也是对社会很有价值的，因为我的监督也是为了这个社会更完善。但有时候监督多了，会有无力感。所以我想，为什么不动手建设呢？如果用爱和善良去建设，容易达成共识，实现改变，这也是改变社会的一种好方式。"①

三 慈善危机事件带来的契机

2011年6月，"郭美美"事件引爆了中国传统公益慈善模式的危机。这个自称"住大别墅，开玛莎拉蒂"的20岁女孩，在微博上多次发布其豪宅、名车、名包等照片，其认证身份居然是"中国红十字会商业总经理"，很快引起了社会的轩然大波。在官办慈善组织由于透明程度不高、慈善丑闻频发，组织公信力受到挑战的同时，民间自发的微公益正好满足了大众的需求，释放了他们的爱心。"一些公开透明的民间公益就成为一项对民众信仰的挽救行为"，邓飞说，"郭美美事件之后，民众反而加大了对民间慈善的捐款"。三元钱的简单投入，就能解决一个孩子饥饿的学习状态，让捐款人觉得亲切自然、切实可行；"免费午餐"的每一笔收入和

---

① 叶铁桥：《免费午餐：用公益弥合社会割裂》，2011年11月25日《中国青年报》。

支出都及时在微博上得到公布，真正做到了公开透明，而这正是慈善的灵魂所在。可以说，"郭美美事件"引发的官办慈善组织公信力危机反而为"免费午餐"等公开透明度相对较高的民间微公益的发展提供了契机。

经验与启示

反观"免费午餐"的整个过程，一个公益项目如何惠及更多儿童、发挥更大影响力？除了项目本身的设计等方面的一系列创新之外，在经验方面，值得认真总结的还包括以下几个方面：第一，名人发起的价值导向型的创新项目更容易脱颖而出；第二，地方层面的突破更具可操作性；第三，让公众参与到公益项目的整个过程非常重要。

一 名人发起的价值导向型创新项目更容易脱颖而出

从近年来有影响的创新性公益慈善项目看，一些由社会名流，特别是媒体精英发起的公益项目往往更容易产生广泛的社会影响。除邓飞的"免费午餐"外，还包括王克勤发起的"大爱清尘"项目，救助中国尘肺病患者；崔永元发起的"爱飞翔·乡村教师培训计划"已经开展六期活动；杨澜发起的打工子弟艺术教育项目；从一个媒体人转型为职业公益人的孙春龙发起的"老兵回家"项目；等等。

而在名人发起的公益慈善项目中，具有明确价值取向的项目更容易脱颖而出。这些社会创新项目往往以解决某个紧迫性社会问题为导向，倡导公平正义、维护公民基本权益等价值理念或公开透明的公益慈善原则。这是因为，一方面，名人本身具有较高的社会知名度，可以利用自身的知名度扩大公益项目的影响。同时，利用名人的光环和庞大的粉丝队伍帮助公益项目动员社会资源。另一方面，由于名人往往是社会的精英，他们的视野开阔，能够较好把握社会问题的本质，所选择的公益项目往往具有前瞻性，更能够从根本上解决社会问题。而且，名人由于拥有较高的社会知名度，不愿意因为从事公益慈善项目而影响自己的声誉，因此在开展公益慈善项目时，更能够坚持公开透明等公益的基本原则。而这些要素也使得公益项目更容易取得成功。

二 地方突破更具可操作性

"免费午餐"项目成功引领国家行动，带来中央层面的公共政策变革，这是邓飞等人所期待的，也是他们一直努力的方向，但公共政策变革的速度之快也是出乎邓飞等人意料的。邓飞坦言，"免费午餐"在推广过程中，从没有主动谋求过国家高层的关注，但始终坚持与地方政府的沟通，以期推动"局部的普惠"。

民间公益项目，尤其是涉及社会福利方面的民间公益，都需要明确与政府的关系及各自的边界，以更好发挥自己的作用。一种理想的状态是，民间公益慈善组织在地方层面试点，探索社会问题的解决方案，试点成功之后，由政府接受，在更大范围推广。以"免费午餐"项目为例，民间公益慈善组织通过与地方政府合作，在湖北鹤峰县等进行试点，探索了解决儿童营养问题的可操作方案，包括满足每位儿童营养所需要的资金额度、营养午餐的管理与监督模式，等等。2012年3月，鹤峰县进一步成为国家营养改善计划试点县，统筹管理营养改善计划和"免费午餐"计划资金①。由于地方试点项目的成功，为项目在更大范围的推广提供了参考，同时也为中央政府快速制定公共政策提供了坚实的实践依据。

"免费午餐"项目的经验表明，民间公益慈善组织在与政府合作方面，选择中观层面的地方突破更具可操作性。蓝煜新在对各地社会组织管理创新的研究中发现，从创新动力上看，"各地的创新探索既非社会需求自下而上的压力驱动，亦非源自中央自上而下的指示和动员，而是地方党政领导解放思想、主动创新的结果"②。

对地方政府来说，政府要创新社会管理，同样要以民间力量为杠杆，找到行政力量与社会力量之间的结合点，"免费午餐"恰好创造了这个结合点。近年来，各地先后出现的社会组织管理创新实践也进一步证明了地方政府和社会组织协同治理的可能性。而地方层面的社会创新又可以为国家层面的公共政策变迁提供实践依据。

---

① 樊未晨：《"五无"县孩子吃上免费午餐》，2012年7月30日《中国青年报》。
② 蓝煜昕：《社会组织管理体制：地方政府的创新实践》，《中国行政管理》2012年第3期。

三　让公众参与到项目的整个过程

"免费午餐"项目的另一个重要经验就是重视向公众传递价值理念，激发公众的参与热情，通过公众自己的努力，构建和谐社会，用公众自身的公益慈善行动改变中国。邓飞的团队一直希望以微公益的形式训练公众的社会责任感和救助弱势群体的参与情怀，让公众学会自觉地关注周边的陌生人。最近几年，公权力的腐败和慈善界的丑闻轮番挑战公众的信心，"小悦悦事件"引发冷漠大争论，社会信任度持续下降的结果之一就是"大家相互指责、相互伤害而没有人去行动"①。因此，"免费午餐"的一个重要价值就在于它寻找到了一个切入点，让公众行动起来，共同为孩子创造美好的未来，而不是继续相互指责和抱怨。在此过程中，让公众参与到"免费午餐"的决策、执行与监督的全过程之中，并在参与之中让公民的素养和民主治理的能力得到训练和提高。

结论与建议

早在20世纪30、40年代，西方福利国家就开展了"免费午餐"项目，而在中国中西部贫困地区，学龄儿童的营养不良问题长期存在。对于这一长期性的社会难题，一个民间公益慈善组织——中国福利基金会"免费午餐"基金却通过自己的创新模式，取得了显著的成效。从项目正式启动，在一年左右的时间，项目募集的资金就高达3500万元人民币，惠及34000多名孩子。更为重要的是，这一社会创新最终影响到国家公共政策的出台，使得学龄儿童的营养健康问题得到较为彻底的解决。

"免费午餐"项目之所以能够成功，其最主要的经验与启示在于：第一，社会创新家是社会创新发生和发展的推手，因此，如何培养和发现具有社会创新家精神的群体，并给予他们宽松的发展环境，对于一个国家社会创新能力的提升具有重要的意义，值得政府和社会高度关注；第二，应用现代信息传媒技术动员资源和打造透明化的管理体系既是"免费午餐"

---

① 来源：访谈录音整理，访谈日期：2012-09-24。

项目的创新之处，也是其成功的核心，这对于我国大量公益慈善组织而言，具有重要的借鉴价值，利用现代信息传媒技术，不仅可以扩大组织的影响力，而且可以极大提高组织的效率、降低信息披露的成本，实现很多过去不可能实现的目标；第三，让公众参与到公益项目的决策、执行与监督的全过程不仅是项目成功的关键，同时对于培养公众的素养、提升公众民主治理的能力具有重要的作用；第四，由民间公益慈善组织在地方层面开展创新性试点，然后由政府在更大范围推广是解决社会难题的有效模式。

"免费午餐"的案例也给我们留下了一些值得思考的问题。第一，除了引领公共政策变迁的民间公益值得关注外，社会创新所需的政策环境同样值得关注。民间组织探索、政府接棒是政府与社会合作的一种理想状态。在一些慈善事业比较发达的国家和地区，通常都是民间组织先行，以其自主性和灵活性发现社会问题并研究探索其解决模式，接下来的项目推广阶段则由政府来做。但并不是所有的项目都如此"幸运"。免费午餐成功引领公共政策变迁，为其他领域政府与社会合作树立了典范，但该项目也有其特殊的地方，就是邓飞策略性地选择了儿童营养健康这一议题。而在其他领域，在引领公共政策变迁上则进展缓慢。因此，研究者应关注更多的案例，一方面分析在既有政策环境下，在一些易于操作的领域，民间组织应如何引领公共政策；另一方面，或许更为重要的是应分析社会创新究竟需要什么样的政策环境以及政府应当怎样促进社会创新。

第二，对待社会创新应更加宽容，将社会创新看作是一个过程，而非结果。过去几年，中国的慈善捐赠持续增长，公益领域呈现欣欣向荣的景象，有关社会创新方面的学术研究和实践层出不穷。"这固然增加了我们对创新的组织层面和背景层面的知识，但有关创新研究的碎片化现状也已经出现"①。社会创新是一个复杂的过程，它取决于特定情境下诸多组织和外部因素的具体结合状态。这就意味着，要理解或是推动社会创新，不仅仅要考虑那些可能有利于创新发挥作用的潜在因素，而且要考虑那些负面

---

① Christian Seelos & Johanna Mair, "Nonprofits: Innovation is not the Holy Grail: It is time to move from innovation as an ideology to innovation as a process," *Stanford Social Innovation Review*, (Fall 2012).

的组织和背景因素。一定意义上，正是这些负面的组织和背景因素抑制或阻碍了社会创新的发生和实现。无论是在研究领域还是在实践领域，无论是在政府部门还是在社会组织部门，既不能刻意高估或低估创新的效率，也不能刻意高估或低估创新的难度，创新一定要立足现实，而不能为求创新而创新①。

---

① Christian Seelos & Johanna Mair, "Nonprofits: Innovation is not the Holy Grail: It is time to move from innovation as an ideology to innovation as a process," *Stanford Social Innovation Review*, (Fall 2012).

环境保护领域的社会创新

破解城市河流治理的难题

——从源头保护水资源、恢复生态系统

成都地区河流系统治理面临的挑战

管子曰："水者何也，万物之本也，诸生之宗室也。"水是生命之源，也是幸福之源，是一切生物赖以生存的最基本、最重要的物质。随着城市化全面提速，水的供需矛盾日益加深，"水多、水少、水脏、水混"①，几乎是我国所有河流流域城市普遍面对的问题。同时，河流流域内生态与环境问题不断累积和扩大，造成流域性生态退化和环境污染问题日益突出，成为社会经济可持续发展的重大挑战。

四川省成都市从 1993 年起提出走环境与发展并重的可持续发展之路，开始对环抱城市中心的府南两河（人称腐烂河）进行治理，希望在改善河两岸贫困居民居住状况同时，实现治河截污、植绿造景、道路管网建设。十年治河，花费 200 多亿元，府南两河环境有所改善，但是由于理念、经验、技术等方面的原因，花了大价钱的府南河工程并未达到理想目标，工程结束后，一系列问题逐步显现。首先是人与水的紧张关系并未得到根本改善；其次是在解决了工业废水和城市污水等点源污染问题之后，由化学品污染和生产生活方式造成的面源污染凸显出来，河流出境断面监测水质依旧为劣五类，河流的水质并没有得到根本的改变。

---

① "水多"是指河流流域的城市水资源相对比较丰富；"水少"则是指由于长期的水利欠账，导致结构性缺水现象比较严重；"水脏"指的是存在生活污染、工业污染；而"水混"指的是由于暴雨频发导致的水土流失等现象。

保护河流和水利开发一直都是环保领域的难题。成都市河流研究会作为国内为数不多的以河流治理为己任的环保组织，在成都市河流治理方面探索了一条新路，取得了有目共睹的成效。本案例首先介绍成都市城市河流研究会的创新做法，其次对这一社会创新的动力、创新环境及其经验教训进行分析总结，最后提出政策建议。

 **案例描述**

成都城市河流研究会简介

成都城市河流研究会（Chengdu Urban Rivers Association，英文缩写 CU-RA，中文简称河研会）成立于 2003 年 6 月 5 日，是在民政部门登记注册的民间公益环保组织。由原府南河综合整治工程项目的专家学者和工作人员共同发起成立，有一批稳定的专家团队，同时拥有来自国内外，特别是成都本地的大、中、小学生，退休人员等广泛参与的志愿者队伍。目前研究会拥有专、兼职工作人员 15 人，工作领域包括水环境专项课题研究、水环境保护与污染防治实践、环境教育与交流、为政府提供环境政策建议、为公众提供公共环境信息等。研究会开展的项目很多，包括水资源与水环境保护专项课题研究、城市河流、乡村环境教育与保护、安龙生态乡村规划、安龙可持续发展示范村、岷江论坛、四川青年志愿者培训、尿粪分离式旱厕、小型乡村污水生物净化快池系统、有机生态农业、环保社区文化建设等。

安龙可持续发展示范村项目

由于成都市河流研究会涉及的领域较宽、所实施的项目较多，这里仅以其实施的成都府南河上游安龙可持续发展示范村项目为例，剖析其在城市河流治理中的一些创新做法。

针对成都市府南河治理中出现的问题，河研会经过考察和论证认为府南河工程治理的 29 公里集中于城区，属于河流下游，而在中上游农村地区的面源污染十分严重。所以要想河流彻底变清，必须从源头上，从流域社区生态系统构建入手。因此，必须从改变农村的生产生活方式入手，从农村内部实现资源的循环利用和减排入手，城乡互助，这样才能从根本上解决问题。基于这一设想，河研会和位于府南河上游的成都市郫县安德镇从 2005 年起共同发起实施了安龙可持续发展示范村项目。

河研会希望在安龙村探索出能系统解决农村的面源污染的整体方案。创新无污染型生产、生活方式，发展生态农业，构建循环经济的可持续发展模式。从某种意义上讲也是回归传统的农村生产、生活方式，并以此模式为示范，以点带面，在河流两岸构筑起河流保护带，根治农村面源污染，实现河流的流域保护（见图1）。

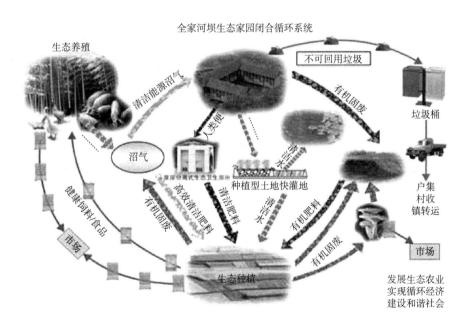

图 1　无污染型—资源节约—闭合循环型川西安龙村生态家园系统示意

有调查显示，城市河流的污染有 60% 来源于上游农村制造的面源污染，1 公斤化肥，土地只能吸收 20%～30%，其余的 70% 都会流进河流里去。而连年的施肥使土地依赖化肥"成瘾"，用量越来越大，最终导致土地板结。

为了减少农药化肥的渗透，减少对城市河流的污染，达到保护河流的目的，从 2005 年开始，河研会开始引入 CSA 的模式（社区支持农业的英文缩写，即城市社区扶持小农户、扶持生态农业的活动），从而保证蔬菜没有农药残留，更加健康安全；土地没有农药化肥的渗透，河流更加健康安全。

安龙村的示范实验从推广沼气池开始。一个八立方米的沼气池，河研会补贴 500 元，可年产沼渣 4745 千克，沼液 21313 千克，年节约薪柴 1204 千克，相当于保护 3.3 亩林地。随后则是改厨、改厕，活水公园净水处理系统的设计者黄时达为村民设计了一套庭院净水微系统。厨房、卫生间、洗手池等的污水，流入院子内的小型人工湿地植物床，植物床放有过滤作用的碎石，上面种植芦苇、姜花、伞草等根系发达的植物，可降解、吸收水里的有毒物质。这样流出的水，甚至能用来养鱼。沼气池产生的清洁肥料、厕所收集的粪便、可回收垃圾等，堆积形成有机肥料，而这些都能用于农业生产。

在推广沼气池的同时，河研会开始动员村民进行有机农业耕作方式。有机农业，是闭合这个农村循环系统的关键一环：沼气池产生的清洁肥料，用于农业；厕所收集的粪便，用于农业；可回收垃圾等堆积形成的有机肥料，用于农业；乃至处理的庭院污水，也可流入农田。更重要的是，河研会寄望通过有机农业解决农民的生计问题。通过引入 CSA 的理念，由消费者和农民共同实现食品保障和经济、社会与自然环境的可持续性。简单说就是通过消费者的订单农业，解决农民的粮蔬销路，从而解决村民的生计问题。

2006 年 3 月，在河研会的鼓励下，安龙村的王成、高盛鉴等五户农民率先尝试回归传统农业生产方式。回归在这个科技发达时代已被人淡忘的传统"原生态"种植方式，完全不用化肥农药和除草剂，不种反季节和大棚果蔬，用沼气液、农家肥，连洗涤剂都不用，菜还要"安心"让虫吃一些，让鸟和蚯蚓都回到田里来，回归一个自然生物链。

在营销模式上，安龙村的"无添加"农产品采取农户直销的方式。即由农户将各色菜品向城里订菜的客户定时定点供应。由农户记下客户的不同需求，一周送一到两次。与农贸市场相比，其菜价并不算便宜，但安龙村的村民用土方法种出来的有机蔬菜，卖点就在于"绿色""无添加"。通过城市客户的口口相传，其客户群体逐渐扩大，有时甚至供不应求。

就这样，在河研会的鼓励与扶持下，七年间参与的农户数量目前稳定在

11 家。随着客户群体的不断增加，参与的农户的经济收入由之前的亏损转为赢利，并且收入水平在不断上升。同时通过他们的实践，社会支持农业的理念已越来越深入人心。这样的致富方式，也得到了村委会领导的认可，对于安龙村的示范项目从之前的漠不关心到目前的大力支持，可以说安龙村不仅实现了生态有机农业模式的实践，更是帮助村民打开了致富之路的大门。反过来，安龙村不断回归的良好生态环境，也对下游河流的治理产生了不可忽视的影响。

安龙可持续发展示范村项目的创新之处

与大多 NGO 不同，河研会拥有一定的政府背景，同时又追求和强调自身作为社会组织的独立性。由于河研会的自主性较高，与国际联系密切，又拥有一批专家资源，因此，河研会在城市河流治理中，创新性提出一些新的思路与做法。

一 提出了整体性地保护水源地的规划和系统性的解决方案

环境问题不仅是简单的环境保护问题，解决环境问题必须与经济问题、社会问题联系在一起，在整体解决方案的目标下，逐步解决生产、生活中的环保问题，实现环保工作的可持续性。当年的府南河工程如果不解决地表径流污染问题，就只能成为形象工程。而河研会的创新之处在于整体性规划，系统性解决。在府南河治理中，从流经成都的几条主要河流的上游开始，标本兼治，而不是头疼医头、脚疼医脚。通过在安龙村开展村民保护水源地的示范项目，有效控制安龙村的农村生活排污、减少生产污染，从而影响政府的公共政策，在更大范围建立生态保护示范区，从源头上解决城市河流的污染问题，保护水资源。特别值得一提的是，河研会不是单纯推动村民保护环境，而是将环保与农村发展密切结合，统筹兼顾。通过帮助村民发展有机农业，使得村民在保护生态的同时，解决生计、发展农村经济。

二 打造良性循环的生态圈系统

"世界上没有垃圾，只有被放错地方的资源"。河研会的另一个创新之处是在河流治理过程中，打造良性循环的生态圈系统。河研会将自然界的生态圈概念引进到一个村的良性循环中来。沼气池、新式厕所、污水处理系统，构成了安龙村的生态家园三大硬件。安龙村在接受禁止向地面、河流直接排污之后，为了给这些"放错地方的资源"找个出路，试验者就开始在生态圈上下工夫。通过较长时间的努力，村民开始接受不用或少用化肥等，处理过的污水进入田间灌溉、排出的粪便进入发酵和沼气池、残渣再进入田间成为有机肥；生活中少用洗衣粉、洗涤剂，油污米糠清洗、米糠在菜地里与腐叶等菜田残余物堆积为有机肥，有机蔬菜、生猪、家禽开始成为市场走俏产品。这样，一个无污染、有机化、生态型的自我循环圈在安龙村逐步形成之中。经过七年多的实践，这个村庄的种植方式和生活方式已经发生了明显的变化。拿村民自己的话来说，"除生态蔬菜已经很有名了外，最明显的变化就是家门口的河水变清了，野兔、白鹭这些动物回来了，村子里连垃圾都少见了。"①

三 使环保成为村民的一种生活、生产方式

安龙可持续发展示范村项目从一开始就注重村民的观念和行为习惯的转变。如今，经过长期的宣传教育，村民环保意识大大增强，环保已经成为村民的一种生活、生产方式。可以说，七年来，最大的变化是村民的思想观念、环保意识、生活习惯的变化。沼气池、新式厕所、污水处理系统、垃圾分类、有机耕种等等，很多在其他地方很难做到的事情，在安龙村做起来了，关键的因素是他们将环保和生活、生产联系起来，和健康、生产效益结合起来，成为一种自觉与习惯。比如，"希望的田野"有机农乐园就是一个例子。这是由志愿者发起并组织的公益活动的名称。每月举行一次，大部分时间都是来到安龙村。借助这个平台，进行永续农耕的生产者与热爱健康的消费者相互交流，消费者在此了解生产者的生产与产出状况，购买自己所需的健康食物。生产者和

---

① 谢戈：《安龙村：用这样的方式创建生态家园》，2008 年 11 月 23 日《成都日报》，http：//www.cdrb.com.cn/html/2008－11/23/content_337793.htm.2008－11－23。

消费者提供面对面的交流，建立相互信任，增进城乡的良性互动。在为生产者提供一个崭新的宣传平台的同时，也向公众推广永续的生产生活方式对环境及人类健康的益处。

四　形成了环保工作的社区参与模式

"自然之美、社会公正、城乡一体"是成都市新的历史定位。在安龙村，一直围绕这12个字在试行。坚持有机耕种、坚持生态保护、坚持水源保护、坚持"农民论坛——村民议事会"、坚持开放心态，与城市互动，与环保组织和人士互动，这给安龙村带来很多先进的理念和成果。从安龙村目前的状况来看，一条环境保护链条已在形成，不少环保人士认为，安龙村的实践走在了全国的前面，这个村所取得的这些经验，是可以在农村地区进行复制的，特别是在河流流域推广。它告诉我们，只要把环境保护和村民健康、村民的切身利益联系起来，让他们真正成为环保的受益者。农村人不仅完全可以接受环保理念，还能积极参与到环境的维护中来。

五　整合各方资源

安龙可持续发展示范村项目的另外一个创新之处在于将不同群体有机整合，形成了良性互动的合作伙伴关系。安龙村项目的合作方主要包括多个群体：一是项目实施方，即河研会；二是成都生态消费者群体；三是生态农业种植户；四是项目的资助方香港社区伙伴。

第一，河研会与当地政府、村民的合作。河研会与安龙镇政府的合作是项目实施的保证。没有政府的支持，河研会是很难进入社区开展项目的。与此同时，河研会通过积极发动村民，与村民开展合作。一方面，河研会通过村民倡导生态农业、河流保护；另一方面，村民通过项目提高能力、增加收入。例如，村民高家夫妇2006年开始生态种植，能力和收入稳步提高。女儿高清蓉2007年放弃在沿海的职业，回到家中参与生态农业，并购买厢式货车，承担并大大改进了配送的工作。高家2008年全家年收入已经达到40000元，两个儿子也由此准备放弃在外的工作，回家参与生态农业。高家从事生态农业的成功案例，对周围村民产生了很强的示范效应，而且受到郫县和成都媒体关注，产生了良好的社会影响。

第二，河研会与消费者的合作。一方面，消费者通过河研会的平台获得更好的生态产品，另一方面，河研会通过消费者对生态农业进行有效支持。消费者不仅自己消费生态蔬菜，而且积极向其他消费者推荐，并热心参与各项活动，对于消费者群体的凝聚和扩大起了重要作用。

第三，河研会与社区伙伴的合作关系。一方面，社区伙伴通过项目组探索成都平原社区发展工作的本土经验；另一方面，项目组通过社区伙伴学习香港社区发展工作的先进方法，同时获得资金支持。本项目是社区伙伴在成都平原的第一个生态农业项目，也是成都社会组织第一个生态农业项目，双方的合作，探索了成都平原社群支持农业的一些重要的经验。

安龙可持续发展示范村项目的创新效果

通过多年的创新实践，安龙可持续发展示范村项目已经取得了较好的效果和社会影响。

一 项目效果

第一，经过多年的努力，安龙村环境状况明显改善。目前，通过该项目已为 160 户农家构建了闭合循环生态家园系统，修建了包括粪尿分集式生态旱厕、沼气池，农家生活污水生物净化快渗池等设施，减施禁施农药化肥、走无公害之路。每年粪便资源化无害处理 47.5 吨，尿液资源化利用 189.8 吨，节约用水量 5694 吨，污水处理量 11388 吨，出水指标达到农灌水标准。动员和支持九户村民坚持不用化肥农药近十年，生态种植面积已近 39 亩。

第二，生态自然环境得到恢复。进行生态耕作的土地，随着农药化肥的停止使用，对环境的污染日益减少。2010 年，成都观鸟协会在这里发现 32 种鸟类，近百只珍稀黄缘萤在此翩翩起舞。这个项目先后荣获国内外评选出的若干环保大奖，安龙村也升格为国家级生态村。为了更好地发挥教育示范功能，世界自然基金会与河研会相继在此设立水环境教育中心。

第三，建立了"绿色消费联盟"。在城市消费者中建立生态消费群体的网络和联盟，通过生态农产品的配送、团购以及相互交流等方式，支持农村生态农业种植户群体的探索、坚持和发展。该项目已经发动、联络了 2000 多城市志愿者加盟作为消费者。有 100 多个城市家庭加入了城市农夫队伍①，城乡居民的直接交流促进了双方的环保意识提升。印发了《安龙农事手册》《成都区县农村环境教育指南》等。

第四，村民自身的能力得到提升。项目通过发展生态农业、有机农业，提高了村民收入，并通过搭建平台，促进城乡互助交流，共同参与环境保护。目前安龙村生态农业面积 80 多亩，绿色消费者 600 余户。项目从培养农村社区生产者健康意识和合作理念出发，过程也着眼于培养农户自我学习以及解决问题的能力，在与消费者的合作过程中也培养了面对市场以及与消费者沟通的能力，即使没有项目支持，农户依然可以持续下去。

第五，城乡信任开始重建。通过项目搭建平台，通过组织各种交流活动，如今，城市消费者与参与项目的村民之间信任度得到很大提升。安龙村的农户与买菜的家庭建立了朋友间的信任，"跟菜市场上的买卖关系完全不同"。每到品尝新米或者过年杀猪时，他们会请这些城里朋友来吃饭，以感谢一年的支持。

二　社会影响

第一，来自国内外的参访。如今，安龙村每周都会有两次以上的交流、培训活动。大量来自国内外的参访人员在此亲身感受了可持续的生态农业方式与城市河流治理的新模式，这对于从源头上治理城市河流的模式推广起到了积极作用。

第二，媒体的宣传。项目启动至今有大量媒体前来参访报道，如 CCTV、南方周末、四川日报、四川电视台、成都日报、成都商报、成都电视台、美国探索频道、美国纽约日报、华盛顿时报、美国地理杂志等知名媒体专程赴安龙村采访，把安龙村的经验传播到国内外。

---

① 网上的"开心农场"让网民体会到了种菜的快乐；在现实里，也有不少城市居民向往着"采菊东篱下，悠然见南山"的田园生活。随着这种意识的逐渐递增，在繁华的城市里就出现了大量的城市农夫又叫"都市农夫"。他们每个人都在精心地管理着属于自己的田地，同时也都在享受着自食其力的快乐。

第三，教育研究层面。安龙村现在已成为包括四川大学、西南交通大学、电子科技大学、四川农业大学等四川各大高校的研究基地，也是成都四中、七中、九中等诸多初高中的环境教育平台。

第四，政策影响。安龙创新的闭合循环生态家园模式得到广泛认可，四川省和成都市的领导多次访问安龙村，并将安龙村模式作为成都市政府2010年重点推广项目之一。现在安龙村已经成为成都市委党校的培训点，学员定期到安龙村接受培训。

 案例分析

创新的动力

一　组织领导人的价值理念

河研会之所以能够持续创新，与河研会的执行负责人田军的价值理念有密切关系。田军最早是位媒体人，做过电视和报纸的编辑。在府南河治理工程中从事宣传策划工作。在此期间对原本被称作翡翠项链的府南河污染感触极深，认为"治河不治流，等于打假球"。在府南河工程之后就开始思考河流、流域及上下游的共生关系。而社会责任感则是驱使她在府南河治理工程结束后继续从事这项工作的动力所在。作为一个民间环保组织的负责人，在工作中所遇到的酸甜苦辣，困难与艰辛要远远超过具有公权力、有稳定资金来源的政府部门。如果没有一种信念支撑、没有责任感为动力，是不可能持续坚持这项事业。作为一名成功的媒体人和政府官员，田军本可以只要享受着好待遇等着退休就可以了。但是她却为了河流保护事业辞了职，全身心投入到环境保护事业之中。这种动机很大一部分来自于她对生活息息相关的河流的亲水情结，另一方面也来自于她对府南河治理工程的心有不甘。对事业的执著以及对自我价值实现的渴望促成了她对河研会全心全意的付出。

二　河流治理的现实需求

中国在经历了50多年的河流大规模开发建设以后，如今终于认识到河

流治理的价值，开始强调保护河流生态系统的重要性，并把维护河流健康作为流域综合管理的战略目标。由于长期以来河流开发与管理河流系统本身是一个完整的生命和生态系统，但是长期以来，河流往往都是由为数众多的利益相关方进行分散化的开发与管理。从国际经验来看，特别是流域性的生态与环境问题，不能单纯依靠某个部门、某一地区或某种单一方法，"头疼医头、脚疼医脚"的治理办法已远远不能解决问题，需要不同部门与地区之间的合作，需要上中下游、左右岸的协调，需要有效的跨部门和跨行政区的综合管理。而目前我国普遍采用的河流治理方式已经不能完全适应流域性问题的变化以及社会经济发展的需求。

面对来自上游的水污染，大家认识到，两河的治理是涉及全流域的系统工程，需要全流域群众生产生活方式的转变和全流域群众的广泛参与。只有通过政府与民间环保组织合作，才能够把政府和民间的资源都调动起来，共同面对河流的污染与治理问题。

三　农村生态环境保护的需求

当前，中国农村地区的环境问题日益突出。尽管村民可能对于生态平衡和循环经济不甚了解，但对农村垃圾的危害、环境的污染却深有感触。由于村级公共资金有限，农村环境保护的投入严重不足。随着农村居住集中化的趋势，村民对于农村生态环境保护的需求极为迫切。在这一背景下，村民也需要采用一些新的方式方法来应对环境危机。例如，农村沼气的使用。在这方面，特别是沼气使用的管理、后期的维修等问题，短期内不可能通过政府的公共服务来实现，民间环保组织则可以大有作为。而农村对环境保护的巨大需求正是民间环保组织创新的动力源泉。

影响创新的环境因素

一　与地方政府的合作共赢

在河流治理过程中，与各相关主体的互动关系，特别是与当地政府的合作关系直接决定了河研会在当地的扎根情况，直接影响到项目的顺利实施。

成立至今，河研会开展了大量工作、实施了很多项目，从乡村环境教育到城市地表径流面源污染控制，从府南河上游可持续发展示范村的设立到保护成都饮用水源地"柏条河"行动。而所有这些项目的开展都离不开当地政府的支持与配合。由于河研会的使命与政府治理河流的目标完全一致，河研会的项目能够弥补政府在河流治理工程中的不足，再加上河研会的发起人很多有深厚的政府背景，因此，河研会与地方政府形成了密切的合作伙伴关系。而这种合作伙伴关系的建立也是河研会得以深入基层开展创新项目的基础。

二 平衡环境保护与村民的切身利益

从安龙可持续发展示范村项目的情况看，既要保护生态环境，又必须通过生态环境的保护让村民获得实际的利益，而这也是创新型项目得以成功的重要基础。安龙村示范区的居民既是河研会开展环保宣传的对象，也是循环生态圈的直接建造者。生态示范圈示范项目的实施很大程度上取决于当地居民对生态环境问题的认识，及其对项目的认同与支持。而要取得村民的认同与支持，又必须通过发展绿色循环经济让村民得到实惠，能够在保护生态环境的过程中不断提高生活水平。只有这样，一个创新性的河流治理项目，才可能吸引越来越多的当地农户参与到项目之中。否则，单纯的生态环境保护、河流治理项目是难以持续的。

三 丰富的外部资源

组织持续创新的能力在很大程度上取决于组织拥有丰富的资源。民间环保组织其内部资源有一部分来自组织创始人自身的影响力及其所能动员的社会资源[①]，但这些不足以维持组织的生存和持续发展，它们仍需要在资金、技术、志愿服务等方面依赖其他社会部门的支持。因此，民间环保组织动员整合社会资源的能力是其持续创新的资源基础。

---

① Guobin Yang, "Environmental NGOs and Institutional Dynamics in China," *The China Quarterly* (2005): 46 – 66.

河研会持续创新的能力与其丰富的外部资源密切相关。如果没有丰富的资源，河研会的创新活动也很难发生。一是河研会有充足的项目资金来源。目前河研会和香港社区伙伴、世界自然基金会（WWF）、美国水保护者协会、富平学校、微软公司等都保持着良好的合作关系，这些机构为河研会开展创新性项目提供了资金方面的支持。二是媒体资源。一项社会创新活动，特别是其宣传与推广活动离不开媒体的支持。"在世界范围内，媒体普遍对环境运动持同情和支持态度"[1]。再加上田军本人有媒体工作经历，又曾在政府部门负责宣传工作，因此，河研会与媒体有非常密切的关系，这也为河研会开展创新项目，提供了丰富的宣传与推广资源。三是拥有丰富的人力资源。社会创新活动离不开人才。河研会十分重视网罗专业人士，很多从相关部门退休下来的工程师等组成了河研会志愿者专家组，几十位从各个岗位上退休的高级工程师们形成了一支稳定的专家团队，为河研会的创新设计及为政府河流治理提供决策咨询智囊团提供了专业支持。另外，河研会与高校环保社团之间构建了密切的关系网络。大学生环保社团是环保民间组织中的重要力量，它们的特点是"数量大，热情高"。[2] 大学生环保社团在河研会的创新过程中扮演了非常重要的角色。每年的"五一""十一"均有社团组织志愿者前往开展活动，在人手缺乏的暑假、寒假也有志愿者主动前往帮忙。这也为河研会的创新活动提供了源源不断的人力资源。

河研会的创新经验

河研会作为中国环境 NGO 中为数不多的专业从事河流治理的组织，其成功的经验在于科学的项目设计、城乡统筹的理念及注重村民的能力建设。

一是项目设计科学合理，符合需求。就安龙村示范项目来说，项目提出了"安全农业、安定农村、安心农民"的思路来响应中国政府多年来一直高度重视的"三农"问题。农民的生计、农村的产业发展和水资源保护本来就

---

[1] Mol. Arthur P. J. and Neil T. Carter, "China's Environmental Governance in Transition," *Environmental Politics*15（2）（2006）：149 – 170.

[2] 中华环保联合会，《中国环保民间组织发展状况报告》，《环境保护》2006 年第 10 期。

是息息相关的，紧密不可分的。河研会的项目设计对此进行了系统的考虑，把水资源、水环境的保护与农户的生计统筹考虑、统筹规划。项目把单个的成熟环保技术成果整合到一起，综合运用，并与当地的乡土智慧，乡土文化相结合，形成了整体性的、系统性的、综合性的解决农村面源污染的方案和模式。从创新无污染型的农村生产、生活方式入手，从源头、从农村内部去控制污染源、消除生产生活中污染，建设生态友好的农村家园。为农村面源污染治理提供示范及参考。项目所在地的安龙村全家河坝位于成都水源地保护区敏感地带，该项目的实践经验，可为邻河地带、水源保护区等生态敏感地带农村水环境污染防治提供参考和样板。项目的成功实施可以保护和保留住川西平原特有的河流水网和依此而形成的自然生态环境，以及依此自然生态环境而形成的川西农耕文化的特有的生产、生活方式。

二是注重城乡统筹。成都作为城乡统筹的试点，在河流治理的过程中，也必须将城市与农村纳入统筹之中，特别是作为农村主体的农民应参与到整个乡村的规划和城乡统筹规划之中，才能避免以城统乡，以治理城市的方法治理乡村，以发展工业的思路发展乡村。农村的发展需要依托于当地村民的生计才能让农民在自己的土地上持续投入，农民不是土地的开发商和经营商，而是土地的主人、朋友。以乡村建设为基础的城乡统筹，以乡村经济为主导的城乡统筹，以乡土文化为灵魂的城乡统筹是保障乡村环境以价值存在而不是短期变现的商品。

三是重视村民的能力建设。无论是河流治理本身，还是城乡统筹规划，村民的能力都是关键。农民自身的能力是一个内因，政府和社会支持只是外因，外因是通过内因起作用的。农民的能力包括劳动技能、认知能力、创业能力等。大部分人把能力简单地理解为认知能力，或受教育的水平。虽然大部分农民教育程度不高，但是不存在掌握劳动技能的困难，或者说农民一点也不缺少智慧，总有灵活和变通的办法。对于村民，根据河研会在农村开展能力项目的经验，技能型的能力培养，出于自身发展的需要，村民能主动参与到其中，提高自身知识和技能，方法上可以采用常规的教与学的方式。但对一些素质型的能力培养，如环保知识的普及和教育，要根据成年人的学习特点进行，参与、互动、启发、有趣是开展村民能力建设的关键，"不让农民饿着环保"，"为了健康为了兴趣为了发展而环保"。

结论和建议

城市河流治理是一项非常艰巨的任务。成都城市河流研究会探索了一条城市河流治理的新路径——和以往大规模修污水处理厂等消极方式不同的是，它致力于从源头上解决问题，从农村面源污染治理着手，从积极的角度注重水源与河流的保护。成都城市河流研究会利用自身的优势和资源，不断探索与创新，在城市河流治理过程中取得了明显的成效。

河研会的创新实践表明，社会组织在社会管理创新过程中，可以扮演非常重要的角色，弥补政府与市场的不足。社会组织可以利用自身的优势，贴近基层，了解社区需求与民众需求；可以有效整合政府、市场与民间资源，不断持续创新。河研会的经验表明，科学的项目设计、城乡统筹的理念及注重村民的能力建设是河流治理项目成功的关键。人们可以通过城乡互动解决社区和村民的问题，通过改变乡村社区的生活生产方式，改变人和自然之间的关系来保护河流、保护环境，并促进城乡的可持续发展。河研会在城市河流治理方面的理念及创新实践值得其他河流流域城市学习与借鉴。

守住湖泊生命线

——民间环保组织的创新实践

武汉市湖泊保护面临的困境

"湖泊是地球妈妈明亮的眼睛",每一位武汉人,都会对武汉拥有"百湖之城"的美誉感到骄傲,坐拥两江百湖,因水而兴,得水独厚,湖泊是其最具特色的水生态系统和水环境资源。全市湖泊水面率为9.21%,同比远高于全国平均水平,居各大城市首位。大大小小湖泊星罗棋布,宛如颗颗明珠镶嵌于武汉三镇。东湖水域面积达33平方公里,是中国最大的城中湖;人均淡水资源位居各大城市首位,是北京的71倍,上海的19倍,广州的5倍。而在今天,人们为城市建设日新月异而欣喜的同时,也为湖泊保护的严峻现实而忧心。

来自武汉市水务局的资料显示:20世纪80年代以来,武汉市的湖泊面积减少了228.9平方公里。武汉市城区登记在册的湖泊总数由新中国成立初期的127个减少到目前的38个,总数已不及20世纪50年代初的三分之一。近50年来,共有近百个湖泊已经消失。譬如"杨汊湖""范湖",水已不见,只留下一个带"湖"字的地名。曾经清澈甘甜、捧之即饮的湖水,不少已变得污浊脏腻,甚至臭气扑鼻,垃圾遍布;碧波荡漾的水面一片一片遭到蚕食,变成繁华的街市、宽阔的马路和成群的楼宇——这几乎是武汉市主城区湖泊近50年来共同的命运。"明珠"蒙尘,碧浪千层不再,被誉为"百湖之城"的大武汉现在是优于湖又忧于湖。

有权威专家认为,武汉湖泊数量减少、面积锐减,既有特殊历史背景下围湖造地、围湖养鱼的"历史之殇",也有因城市建设需要而填湖占湖的"发展之殇",更有屡禁不止的违法填湖的"现实之殇"。而武汉市领导直指伤湖三"凶手"——垃圾围湖、开发困湖、污染伤湖。

应该说武汉市政府早已开始着手湖泊治理工作,但是效果并不显著。2011年的"沙湖填湖引发群众上访"事件将武汉市湖泊保护问题推上了刀锋浪尖。沙湖万亩湖面萎缩至区区119亩。官方解释为,"建沙湖公园需要填湖修路,只有通过建环湖路把岸线固定好,才能避免填湖事件发生"。这种解释相当于为了保护好沙湖就必须填湖,其逻辑的诡异程度堪比"维修式拆除"。

众所周知,湖泊、湿地与水资源问题不仅关系到生态环境的保护,更直接影响到人类的生存与可持续发展。湖泊、湿地与水资源的保护绝不仅仅是武汉市面临的挑战,也是中国大多数城市面临的挑战。甚至有专家预言,21世纪,世界面临的最大挑战之一就是水资源的困境。水是生命之源,显然,湖泊、湿地与水资源保护是环境保护的重中之重,它不仅需要党委领导、政府负责,同样也需要社会协同、公众参与。而在武汉市的湖泊保卫战中,一个环保民间组织——"绿色江城"正是通过一系列的创新举措,有效动员了社会资源,在武汉的湖泊与水资源保护中,发挥了积极的作用,弥补了政府与市场的不足。本文以"绿色江城"为案例,首先介绍该组织在湖泊保护中的做法及其创新举措,其次分析民间环保组织创新的动力与环境,最后总结"绿色江城"在湖泊保护中的经验及其启示。

 **案例描述**

武汉民间环保组织"绿色江城"简介

"武汉绿色江城环境文化发展中心"(简称"绿色江城"),是柯志强于2008年创立的民间环保组织。最初,与国内很多民间环保组织一样,是在工商部门登记注册。2012年,经武汉市民政局批准正式登记注册。其业务主管单位是武汉市环保局。"绿色江城"主要开展水资源保护、环境宣传教育、资源节约利用、企业社会责任等项目。通过开展形式各样的环境保护活动，倡导绿色文明，提高公众环境保护意识和责任感，为"资源节约、环境友好"两型社会建设和"生态文明"建设而努力，促进人与自然和谐相处。

"绿色江城"开展的主要活动

自 2008 年成立至今，"绿色江城"已开展了"行走江湖""爱我百湖，水资源保护公益活动""新公民计划——绿色呐喊，走进农民工子女学校""森林计划——环保爱心项目""绿色呐喊，走进武汉 1 + 8 城市圈"等一系列活动。

2009 年，"绿色江城"发起"行走江湖"环保公益活动，把致力于武汉湖泊保护工作的近千名志愿者聚集在一起，对武汉主城区 32 个江河湖泊进行现场调研，行程 300 公里。在"行走江湖"的过程中，志愿者们为城区内的 40 多个湖泊选出了草根"湖长"。这些草根湖长将大部分精力都投入到护湖行动中，坚持对武汉各大湖泊进行绿色环保宣传与走访调查，用实际行动保护武汉湖泊。经过为期一年共 12 期的"行走江湖"活动，志愿者们开展了大量现场调查，捡拾湖边垃圾，提取湖泊水样，记录湖泊周边不良现象，在"绿色江城"网站上表达对湖泊治理的诉求，评选出全市最好和最差湖泊。2009 年 10 月 31 日，由市民评选出武汉最好的、最差的湖泊分别是后襄河、巡司河。这一结果，于当年在武汉举办的"世界湖泊大会"前一天发布，轰动江城。

2010 年，"绿色江城"策划了"爱我百湖"湖泊保护公益行动，最后由《长江日报》联合武汉市水务局、市环保局等单位共同举办，在全市招募志愿者开展护湖行动。保护对象是全市 166 个湖泊。2010 年 7 月 31 日，时任市长的阮成发在活动启动现场向志愿者授旗。

2010 年 10 月起，"绿色江城"组织环保志愿者联合《长江日报》开始对我国最大的城中湖—东湖的排水口进行大调查。在一个月内采取现场走访形式进行了五期调查，行程百余公里。重点对东湖的排水口进行全方位的调查，并对东湖周边企业单位、社区、餐馆、医院、小作坊、学校、楼盘、填湖、违建等进行同步调查。将水路巡查船和岸上志愿者小分队相结合，志愿者按照每期行动路线沿途拍摄现场照片，采集排水口水样，测量排水口尺寸和 GPRS 定位等多种方式记录调查结果。10 月 23 日，水路巡查船在武汉大学后门半侧山处，发现直径足有 2.5 米的排污口，犹如小瀑布般的污水流入东湖。据了解：这股污水以武汉大学校区生活污水为主，每天排出污水约2700 吨，这些污水原本应该抽升至市政管网送至沙湖污水处理厂，但由于武汉大学与地方部门因接管问题出现分歧，且武汉大学属教育部直属，地方影响力有限，导致早在 2009 年就已在武汉大学校内建成的污水抽升泵站和管道无法正常供电运行，严重影响当地居民的生活环境。第二天，《长江日报》将"东湖半侧山，一排口日吐污水 2700 吨"进行了曝光，引起了社会广泛关注。时任省委副书记、市委书记杨松，市长阮成发分别对曝光的问题作出批示，要求有关部门和单位认真整改并及时回告。随后，市水务局召集武汉大学、市水务集团排水公司以及东湖风景区管委会、武昌区水务局等相关部门负责人，到半侧山排污口现场查看并召开协调会，在限期 15 天内，半侧山截污设施正式运行，当地每天产生的 2700 吨污水不再直流东湖。2010 年底，"绿色江城"的志愿者花了两个月时间整理东湖调查记录及图片资料，编写制作完成了《东湖大调查报告》和《东湖排污口地图》，连同公众对湖泊保护的公益诉求递交给了政府部门，并向新闻媒体进行了曝光、向有关部门举报了污染和破坏湖泊的行为。政府有关部门认为"东湖大调查"抓住了治理东湖的重点——从排污源头抓起。他们将继续配合调查行动，提供了船只等工具，并派人全程协助坚持做完后续全面调查，真实地发现、记录污染东湖的排污口，及时汇报调查结果，积极配合有关部门进行整治。随着"东湖大调查"行动的成功开展，"爱我百湖"的后续行动得到了政府有关部门的大力支持，武汉市水务局热情欢迎志愿者到武汉市内其他重点湖泊调查排污，并派出专家现场指导。市环保局根据现有资料制定出工作方案并立即启动。并派专业人员参与调查，协同有关部门组织专班，依法加强对污染源的监管，严查违法排污行为。

"绿色江城"湖泊保护行动的主要创新点

作为民间环保组织，"绿色江城"在湖泊保护中采取了很多基于动员民间资源的创新性活动，与政府采取的保护措施有很大不同。通过搭建公众参与环境保护的平台，建立多方合作机制，在武汉湖泊与水资源保护中发挥了积极的独特作用。

一 发动公众，深入实地调研，化解城市治理难题

以往国内一些环保 NGO 主要是开展一些符合多方利益而又不会引起争议的环境教育及社区环保项目，但当公众面对真实的环境问题和环境利益冲突时，环保 NGO 往往不愿、不敢也没有能力直接面对。从某种意义上讲，一些环保 NGO 的工作与公众的环境诉求是脱离的。环保 NGO 是公众参与公共政策的组织化载体，离开了公众，环保 NGO 就成为无源之水、无本之木。

"绿色江城"的湖泊保护行动与政府和其他环保 NGO 的不同之处在于广泛发动公众参与，让环保志愿者深入一线开展实地调研，以实际行动参与到城市治理之中。城市是市民的城市，城市事务千头万绪，艰巨而复杂，政府管理不可缺少，而公众的参与无疑为城市治理注入了新的活力。"绿色江城"在对武汉湖泊保护问题及相关环保 NGO 的工作现状进行分析后认为，若要切实改变武汉湖泊保护政府无力、责任推诿、官民矛盾严重的问题，需要密切关注公众的诉求。由于占有资源的不同，弱势群体往往很难在与强势群体的竞争中发出声音，需要借助组织的力量放大群体的声音。所以"绿色江城"的每次活动都会发动广大会员采取实地调查、会员反映等多种途径了解武汉湖泊保护的实际困难与公众的真实意愿。"绿色江城"的创新之处不仅在于发动公众参与湖泊保护，而且形成了一套独特的工作流程。首先由公众参与环境问题的调查，对环境违法行为提供线索，而后组织人员进行深入的现场调查，获得翔实可靠的第一手材料，并以组织名义向政府反映、建议、要求并配合政府依法处理这些环境问题，并对处理结果进行跟踪监督。

二 在议程设置和政策决策阶段干预

西方环保 NGO 的政策参与一般发生在议程设置或政策决策阶段，而中国环保 NGO 的参与活动则往往发生在政府决策之后或当政策开始执行或准备执行之际。此时，一些重大工程的前期准备阶段已经结束，突然叫停往往会造成政府和相关企业资源的巨大浪费。

为了避免湖泊保护行动有始无终，引起各利益相关群体的过激行为和资源的巨大浪费，"绿色江城"往往会力争在政策议程设置或决策阶段积极介入，而不是等到政策执行阶段再进行干预。为此，绿色江城与政府有关部门建立了密切的沟通机制，特别是在议程设置阶段，通过正式或非正式的途径与政府相关部门展开对话，使政府清晰地了解公众和"绿色江城"的立场、观点、要求。因为"绿色江城"的宗旨是维护公共利益，也是帮助政府解决社会矛盾，因而双方在基本问题上容易达成共识，进而通过公开、平等、坦诚的协商，寻求最优的政策方案，从而在源头上化解了矛盾、减少了资源的浪费。而政府部门通过"绿色江城"自下而上动员公众参与环保活动，也有助于政策的贯彻落实。

以往由于在政府和公众之间缺乏有效的沟通渠道，政府在议程设置和决策阶段，缺乏来自民间的声音；在政策公布之后，又无法预见公众可能采取的行为，所以在以往的公众参与公共政策的过程中，出现诉求比较极端的个案。随着中国公众环境意识与参与意识的增强，环保 NGO 作为公众参与公共政策的组织化载体之一，有希望在未来的环境利益冲突中发挥重要协调作用，成为公众与政府间沟通的桥梁与纽带。而"绿色江城"探索的事前干预模式，即在政策议程设置或决策阶段进行干预是一种比较理想的公众参与政策过程的模式。

三 吸引人才，走专业化发展之路

环保 NGO 的专业化也是参与公共政策倡导活动能够成功的关键。然而，迄今为止，由于规模和人员的限制，国内环保 NGO 的专业化程度一般都比较低。随着环保政策制定中涉及的专业知识越来越多，缺乏专业知识已经成为阻碍环保 NGO 深度参与环境保护工作的主要原因。

"绿色江城"走的是专业化的发展道路。首先，在项目设计上，广告策划行业出身的柯志强擅长方案的构思与策略，力争做到活动既让政府接受，又能让政府和公众形成良性互动关系，使政策切实落地，共同推动湖泊和水资源保护。在项目的实施过程中，绿色江城特别重视环保专业人才队伍的打造，吸引环保领域各个专业的志愿者，针对发现的湖泊保护问题提出可行的、科学的解决方案，切实影响政府的政策改进。

创新的效果

通过"绿色江城"的不断努力，政府有关部门从组织机构、维护管理、保护执法、综合整治等方面，加强了武汉市的湖泊治理工作，湖泊与水资源保护初见成效。

一 培养市民志愿者精神、搭建公众参与的平台

"绿色江城"的一系列护湖行动引起了媒体的高度关注，中央电视台《新闻联播》、湖北电视台、武汉电视台、武汉教育电视台、《长江日报》《楚天都市报》《楚天金报》《武汉晚报》《长江商报》《武汉晨报》、腾讯大楚网等众多媒体都进行了相关报道。"绿色江城"已成为湖北地区影响力最大，与政府合作最为密切，公众参与度最高的环保NGO之一。2010年，柯志强荣获"福特汽车环保奖"以及"湖北省杰出青年志愿者"等称号。

从"行走江湖"到"爱我百湖"，柯志强始终都强调一点：快乐行走。正如"爱我百湖"的策划主题："快乐行走：用自己的脚步，快乐行走江河湖泊。用心观察：用心去感悟生生不息的江河湖泊。仔细收集：用镜头仔细收集江河湖泊的真实现状。"

"爱我百湖"的志愿者队伍每年都在不断壮大，年龄跨度从四岁到六十多岁，从个人到家庭，从中小学生到大学社团，力量在一点一点地积聚，终至形成保护湖泊、呵护城市的社会合力；与职能部门负责人对话，敦促排污设施启动，制止填湖，志愿者行动的成效逐步显现。同时巡湖行

动不间断地推进，志愿者的脚印遍及武汉三镇，虽然他们可能不是专家，但他们专注和执著，展现志愿者精神：在烈日骄阳下，在夜幕间，从一个湖泊到另一个湖泊，找寻污染源，发现问题、解决问题，逐步走向专业与成熟。

"绿色江城"在活动中时刻宣传着"奉献、友爱、互助、进步"的志愿精神，在践行中影响着更多的人。一些邻近湖泊的居民，开始关注身边的湖泊，保护湖泊，他们自发行动与志愿者护湖行动共同将环保行动向外推展。

"绿色江城"的环保行动让每个生活在这座城市的人由衷地期待城市生活更美好，城市环境天蓝水碧、绿意葱葱。通过志愿行动凝聚众人的力量，爱护众人的城市。逐渐使每一位市民成为担负起社会责任的参与者和城市"守护人"。

二 积极影响公共政策

在"绿色江城"等环保 NGO 创新探索的示范下，在志愿者和公众的推动下，武汉市委市政府出台了一系列加强湖泊保护的新举措。例如，武汉市水务局设置了湖泊保护 24 小时热线，公众可对违法填湖等行为举报投诉，处置率要达百分之百。中心城区每个湖泊至少有一名巡查执法队员，重点湖泊每天巡查一次，一般湖泊每周巡查不少于两次。再如，成立湖泊管理局，聘请市民当湖长。武汉市通过筹建湖泊管理局，改变过去执法力量分散、执法主体不明等状况，整合现有执法力量，形成市区、各部门联动的执法机制，建立一支强有力的湖泊执法管理队伍，严厉打击湖泊违法行为。目前，武汉市江汉区、武昌区已先行先试，专门设置了湖泊管理所，使湖泊日常的保护、管理有了切实保障。同时在现有湖泊保护行政首长负责制的基础上，每个湖还将吸纳一批热爱湖泊的普通市民，担任民间湖长，做到每个湖泊都是"一湖两长"，全面监督湖泊保护工作。

三 推动湖泊保护难题的解决

"绿色江城"在电视问政现场提交给武汉市领导的《武汉湖泊调查蓝皮书》中提出了武汉湖泊保护存在的十大问题，具体包括：武汉市四环线工程建设侵占后官湖、碧湖路建设填塘、汤逊湖被填千余平方米、长堤隔断汤逊湖、生活污水直排喻家湖等七个涉湖保护和三个排污口治理问题。针对调查蓝皮书中反映的问题，武汉市水务部门已督促相关部门逐一整改完毕，并于九月份向市民进行了反馈。其中，针对江岸区塔子湖畔的梦湖香郡别墅小区围栏建私湖问题，已将环湖栈道上的栅栏全部打开，环湖路重新开放。针对后官湖四环线建设占湖问题，武汉市水务局向武汉经济技术开发区建管局下达了《湖泊保护执法通报单》，要求按规定督促建设单位停止施工，办理湖泊占用许可手续。针对江夏区大桥新区柏木岭村填占汤逊湖问题，相关部门当即叫停，勒令十天内清理填入湖中的 2.8 万方土方，并对柏木岭村处罚三万元。针对东湖半侧山排污口问题，武汉市水务局拟投入 20 万元，对半侧山泵站机组进行改造，并协调武汉大学改造内部管网，实现雨污分流。

四　湖泊治理初显成效

在政府采取了一系列措施后，"绿色江城"组织大学生暑假实践团队对治理后的湖泊进行了实地考察，对"湖长制"实施效果及治理后的湖泊水质状况进行调查。在走访的 300 多名居民中，37% 的居民反映湖泊生态环境有一定改善；52% 的人认为环境变化不大；67.4% 的受访居民期待"湖长制"在湖泊保护中发挥更大作用。从武汉市水务局了解到的数据是，目前武汉市辖区内的湖泊中仅梁子湖、月光湖水质状况为 II 类，东湖、四美塘、严西湖、青菱湖等湖泊由五年前的 IV 类甚至 V 类上升到 III 类，占总数的 17.3%。其他大部分湖泊水质和周边环境均有一定程度好转。

通过"绿色江城"举办的各项环保活动，提升了公众的环保意识、促进公众环保行为的改善。"绿色江城"登记在册的志愿者从建立之初的几个人扩大到 2012 年的 2000 多人，志愿人员来自社会各界，包括公务员、在校学生、环保专家、企业高管等各方面人才。这些志愿者通过体验湖泊保护行动，促进公众从个人的自我意识转变为集体的自我意识，有效推进公众主动参与环保工作。总的来看，"绿色江城"通过一系列创新性湖泊保护活动，搭建了政府与公众沟通的桥梁和公众参与的平台，在环境保护、湖泊治理工作中发挥了积极的作用。"绿色江城"也因此多次获得环保公益领域的奖项，其发起人柯志强也因此连续四次当选为武汉市环保大使，并于 2008 年被选为奥运火炬手。

 **案例分析**

"绿色江城"的创新动力

一　社会的巨大需求

水资源是人类生产生活的最关键资源，也是未来世界各国最重要的战略性资源。中国是一个干旱缺水严重的国家，人均水资源只有 2200 立方米，仅为世界平均水平的四分之一，是全球 13 个人均水资源最贫乏的国家之一。在全国 600 多座城市中，已有 400 多个城市存在供水不足问题，其中比较严重的缺水城市达 110 个。然而，长期以来，由于湖泊、湿地与水资源保护不力，日趋严重的水污染不仅降低了水体的使用功能，进一步加剧了水资源短缺的矛盾，对我国正在实施的可持续发展战略带来了严重影响，而且还严重威胁到城市居民的饮水安全和人民群众的健康。到目前为止，全国近一半河段和九成的城市水域受到不同程度的污染。水环境的恶化，破坏了生态系统，进一步加剧了水资源紧缺的矛盾①。可以说，加强中国的湖泊、湿地与水资源保护工作已经刻不容缓。而这一巨大的社会需求，正是中国环保 NGO 积极参与湖泊、湿地与水资源保护的动力所在，也是其创新的动力所在。

二　对环境保护工作的社会责任感

十年前，柯志强还是一家文印店的小老板，过着富足而安逸生活，只是在个人责任感和使命感驱使下，自发性地关注和了解有关环境保护的相关情况。每次打开电脑看到自己为一些单位、部门制作的环保宣传图片将被删除更新时，他会觉得很可惜。当时有朋友建议他将这些图片送去展览，从那一刻起，绿色环保梦在他的心里渐渐生根发芽。在妻子及亲人的支持和鼓励下

---

① 资料来源：http://zhidao.baidu.com/question/209266780.html。

柯志强最终于 2003 年 9 月 15 日开着富康轿车自费开始了承载着绿色梦想的"绿色环保万里行"。他历时五年时间走遍全国，途径 500 多个城镇，行程 8 万多公里，沿途拍摄了环保图片 5000 多张，在 100 多所学校进行环保图片展出，演讲超过百余场，直接宣传人数达 10 万余人。

2008 年 7 月，柯志强抵达首都北京，将一幅盖满全国各地环保部门见证印章的绿色中国地图，以及沿途所收集的相关环境资料献给了国家环保总局，并将一路上"为绿色呐喊，为奥运加油"的中国地图献给了 2008 年北京奥运会。柯志强也因此当选为 2008 年奥运火炬手之一，并于 2008 年 6 月 1 日，在宜昌三峡大坝上进行了奥运火炬的传递。这一荣誉让他感慨良多，在他看来，这并不是个简简单单的荣誉而已，而是对他多年来为环保事业付出的一种肯定。

从此，柯志强有了将环保事业进行到底的决心。北京、上海、广州等地的民间环保机构都已经发展得特别好，湖北省内乃至华中地区却鲜有这样的机构，柯志强希望能够成立一个专门机构来将环保行动持续开展下去。经过几番思想斗争，热衷于环保事业的柯志强最终决定卖掉自己和妻子苦心经营多年的店铺，筹措资金发展环保事业。

"绿色江城"民间环保组织成立之后，柯志强和他的伙伴们的工作开始从自发性到计划性。他们开始思考，怎样能够将草根环保组织的力量发挥到最大，能够做出适合武汉地区的最佳环保项目，切实达到保护环境的目的。"绿色江城"也开始了漫漫的环保旅程。

三　中部地区 NGO 的资源困境倒逼 NGO 的创新

中国 NGO 的地区分布呈现出洼地的特征。东部沿海地区的 NGO 最为活跃，资源也相对最为充沛，其次是西部地区的 NGO 较为活跃，而最落后的则是中部地区的 NGO，不仅数量少，而且规模小。其原因在于东部地区经济发达，NGO 发展的经济基础较好，政府、公众对 NGO 的认识程度较高，支持力度较大。西部地区由于国际 NGO 较早进入，不仅为西部地区带来了扶贫资金，而且为本土 NGO 的发展培育了人才，带动了本地 NGO 的发展。再加上西部地区比较贫困落后，国内外捐赠资金较多，也刺激了西部地区 NGO 的发展。例如，汶川地震后，大量国内外 NGO 云集成都市，直接催生了当地 NGO 的发展，并使得成都市成为中国西南地区的 NGO 的中心。比较而言，中国中部地区 NGO 的发展起步晚，基础差，政府、公众对 NGO 的认知与支持程度非常有限，整体而言，NGO 的发展相对比较落后。以武汉为例，仅有注册环保组织六家，而且大多是官办的环保组织。即便是武汉市最大的官办环保组织——环境保护产业协会，也只有五名工作人员，每年活动经费十余万元。至于"绿色江城"完全是民间自发的环保组织，靠社会捐赠运行，资源更为短缺。而正是由于发展的外部环境较差、资金严重不足，也迫使一些有活力的 NGO 不得不依靠创新谋求发展。事实上，"绿色江城"正是依靠持续的创新活动，不断吸引媒体和社会的关注；通过持续的创新活动吸引公众和志愿者的参与；通过创新赢得社会的认同与捐赠；通过创新提升湖泊保护的效果，不断引起政府的重视和支持。

"绿色江城"保护湖泊行动成功的主要因素

首先，满足各方需求是创新成功的关键。面对当前湖泊保护治理存在四大突出问题：垃圾围湖现象十分严重；环湖无序开发屡禁不止；湖泊水质污染仍未得到根本遏制；湖泊长效管理机制尚未真正建立。湖泊治理保护的出路究竟在哪里？怎样能让武汉湖泊保护工作有效开展？作为武汉本土的环保机构应该在湖泊治理工作中怎样发挥最大作用？这是"绿色江城"在策划湖泊保护项目时不断思考的问题。他们认为，目前湖泊治理工作如此缓慢且效果欠佳主要有三个原因：一是广大群众的参与环境保护的意识有待提高；二是政府部门政出多头，没有能力与动力去实时动态掌握数百个湖泊的治理情况；三是各相关利益集团在利益驱使下忽视湖泊保护问题。针对这三个原因，"绿色江城"将自身定位为环保知识的宣传者、环保政策的推动者和环保行动的执行者。其主要工作集中在两方面：一是开展环保宣教，广泛发动公众参与环保项目实施；二是通过调研得到最真实、可靠、有用的有关湖泊的第一手资料，提交政府，帮助并促使政府提高湖泊治理效率，从而满足政府、公众各方的需求。

其次，环保 NGO 的自身能力是创新成功的基本保证。"有作为才有地位"，作为草根环保 NGO，"绿色江城"要想得到合作的机会和资金支持，必须能够提供对方需要的专业技术和实践操作能力，这种能力体现在自我管理、志愿者素质和专业人员素质等方面。在自我管理方面，"绿色江城"拥有较为完善的内部管理制度，同时针对不同的项目开展都经过前期调研、项目设计、项目策划、项目实施及项目评估过程。在志愿者和专业人员方面，其一直致力于吸引高素质专业人才进入团队，包括高校学生、环保专业、政府或事业单位工作人员，同时赋权于志愿者，对志愿者进行培训并提供实践锻炼机会。

最后，保证各方信息畅通是创新成功的重要保障。信息不对称是妨碍政府与 NGO 合作的重要因素。"绿色江城"一直坚持自己的理念，以服务社会、帮助政府为准则，以科学严谨的态度对待环保问题，发动公众，团结媒体，通过组织有力的实际行动和翔实准确的调研成果获得政府与社会的认可，让政府职能部门了解其组织理念、组织能力和项目规划等信息。并在不断发展的过程中建立起政府及公众对"绿色江城"的信任。

"绿色江城"的主要经验

一 要与当地环保需求紧密结合

"绿色江城"开展的一系列活动能够成功主要原因在于抓住了武汉环境保护工作的重点及难点。湖泊众多是武汉的特色所在，而保护湖泊又成为政府各相关部门难题，而此难题长期不能解决导致了公众对政府不满的情绪日益加剧。而"绿色江城"运用其社会组织的身份，在政府与公众之间就环保问题搭起了对话平台，并发动社会各界关注此问题，推动湖泊保护问题的解决，缓解了社会矛盾。对于全国其他环保 NGO 而言，若要将环保工作顺利开展，必须要了解当地最主要的环境问题，而不是只停留在环保教育及植树、捡垃圾等表面文章。

二 要充分激发公众的参与热情

环境资源的公共性，决定了保护环境需要全体民众的参与，但公民个体零散、自发参与方式收效甚微，环保 NGO 为公众参与提供了组织化的参与渠道，并且也使环保领域中公众参与的重要性得到越来越多的认同，公众参与已经逐步成为环境影响评估的重要机制。环保 NGO 集中反映了一批有强烈环境意识的群体的声音，也正是这种集体性的力量，更容易唤起政府对环境事务的关注和重视。通过发动公众参与同时也将公益组织的志愿者精神发扬光大，通过志愿者的亲身体现，发挥传、帮、带的作用，传播环保组织的理念，使更多的人参与到环保事业当中，从而产生较大的社会影响。

三　要与政府形成合作伙伴关系

"绿色江城"的经验表明，作为民间自发的环保 NGO 在环境保护过程中要发挥更大的作用，处理好与地方政府的关系至关重要。"绿色江城"之所以在武汉湖泊治理过程中能够扮演积极的角色，最主要的原因之一就在于他们不断创新湖泊治理的方式、方法，在议程设置与决策过程积极参与，而不是在政府决策之后再影响公共政策，通过实际的湖泊保护行动让政府了解民间环保组织是政府解决社会问题的助手，而不是麻烦制造者。而且，"绿色江城"即使在湖泊与水资源保护中做出了一些成绩，也从不揽功，角色定位清晰。这一点也值得其他环保 NGO 借鉴。

总的来说，环保 NGO 处理与政府关系的能力将影响其发展的空间。随着中国公众参与环保的广度与深度的不断提高，环保 NGO 与政府携手合作推进环保，已成为我国环境保护领域的新趋势。未来，一方面，政府在环境保护过程中既不越位、也不缺位，积极发挥环保 NGO 的作用；另一方面，环保 NGO 在环境保护过程中，也需要整合各方资源，与政府形成合作伙伴关系。

结论与建议

"绿色江城"的案例表明，尽管政府在环境保护过程中始终发挥主导作用，但是，民间环保组织也可以通过激发社会的活力、动员广大公众、志愿者的参与，通过增强公民环保意识及主人翁责任感，通过社会监督与倡导，通过民间的智慧与创新性活动，在环境保护工作中发挥重要的补充作用。

"绿色江城"在湖泊保护中的创新探索不仅体现了草根 NGO 在环境治理中的积极作用，同时也显示了政府与环保 NGO 合作的巨大潜能。总之，环境保护和环境治理作为外部性极强的公共物品，要依托广泛的公众参与，特别是政府与环保 NGO 共同努力，才能得到有效的供给。"绿色江城"运用"多方参与、共同监督、公平对话"的模式实现官民公赢、公益最优化的目标，可以为众多草根环保 NGO 的行动提供借鉴。为此，建议：

第一，政府应加大环保 NGO 的扶持力度。环境保护问题涉及方方面面的利益，复杂程度高、解决难度大，然而，解决环境保护问题的资源又分散在不同利益群体手中，这就更需要政府发挥公众、环保 NGO 的作用。环保 NGO 作为政府与公众之间的有效媒介，能够较好平衡政府和公众之间的关系，及时化解双方在某些问题上的矛盾和纠纷，同时也能很好地传达双方之间的意见，有利于维护公众的环境权利，也有助于提高政府决策的科学性。所以，政府需要鼓励、引导环保 NGO 的成长，增强其自主性，并给予其环境信息、资金等方面的支持，给予环保 NGO 足够的成长空间。目前中部省份的环保 NGO 数量少，规模小，资金来源渠道单一，存续情况堪忧，这就更需要政府的支持，引导环保 NGO 健康发展。

第二，环保 NGO 自身需要提升能力、持续创新。环保 NGO 能否在环境保护过程中发挥更大的作用，不仅需要好的外部环境，同样也需要不断加强自身的能力建设。对于中部地区的环保 NGO 而言，尽管面临的发展环境相近，但是不同 NGO 发挥的作用却千差万别。其原因就在于有的环保 NGO 能够积极主动学习、不断创新，通过创新性活动，吸引公众与志愿者的积极参与；通过创新性活动，提升环境保护的效果；通过创新性活动，赢得政府与社会的信任与支持。

社区建设领域的社会创新

重构城市社区的社会资本

——"三位一体"的参与式互助体系

社会资本的缺失是导致社会问题丛生的根本原因之一

随着社会的工业化以及住房的商品化，传统意义上邻里守望、鸡犬相闻的社区在现代城市中几近消失，取而代之的是现代意义上的商品楼住宅和邻里之间"画地为牢"式的生活方式[①]。"陌生人""解体""碎片化"成了形容现代城市社区人际关系的颇为传神的词汇。

这意味着传统意义上的社区已经不再存在，剩下的只是一片空城、一个地域而已，我们称之为"小区"。一个小区内可以有不许"陌生人"进入的严格的门禁，可以有周到的物业服务，但却只是一个小区，而不再是一个社区。从功能上讲，它们已经退化为一个仅供人住宿的"睡城"[②]。人与人之间的关系呈原子化状态，信任缺失、横向纽带薄弱成为现代社区的常态[③]，人们甚至相互提防，担心过多的信息透露与亲密会让自己的安全遭受威胁。于是，我们不得不面对这样一个事实：社区社会资本不仅仅是缺失，而且已经是跌入了"负值"的境地。

国际经验表明，社会资本的提升，一方面需要政府的支持，但更重要的还得依赖于社区内横向纽带的发育，而这正是社会组织的特长。于是，利用社会组织的作用提升社区社会资本储量是一个不错的选择，而这正是本案例

---

① 孙璐：《缺失与重建：中国城市社区社会资本探析》，《理论导刊》2007 年第 5 期。
② 赵小平、陶传进：《社区治理：模式转变中的困境与出路》，社会科学文献出版社，2012。
③ 郝彦辉、刘威：《转型期城市基层社区社会资本的重建》，《东南学术》2006 年第 5 期。

所要描述和分析的关键。

在本文中，成都市锦江区爱有戏社区文化发展中心（后简称"爱有戏"）是一个扎根在成都市水井坊街道所辖社区中的社会组织。与其他社区一样，水井坊辖区内的社区也面临着社会资本贫瘠的难题。但是，自 2011 年 4 月爱有戏进驻以后，经过两年的努力，项目社区已经发生了显著的改善：第一，社区信任明显改善；第二，居民公益参与程度和公民意识明显提升；第三，建立了一个可持续运作的参与式互助平台，2011 年 11 月到 2012 年 11 月间，为 125 户贫困家庭提供持续帮扶，发展爱心家庭 511 户，筹集并递送物资约合 12 万元；第四，孵化了四个社区志愿服务组织、十个院落自治组织，并辅助其运作起来。

于是，在本研究中，我们将以爱有戏的社区实践为例，详细描述社会组织在重建社区社会资本过程中如何发挥作用。具体包括，一是爱有戏是如何通过创新的方式重建社区社会资本的？效果怎样？二是这些创新举措的动力来源和发生条件是怎样的？

案例描述

社区社会资本重建的方式：构建参与式社区互助体系

爱有戏成立于 2009 年，是民政局登记注册的公益性社会组织。因为在社区建设中能力突出，爱有戏虽成立不久但发展迅速，已经从三个志愿者组成的小团队发展到拥有 24 个全职员工的组织。爱有戏现有社区项目 13 个，包括参与式互助、社区文化艺术、社区居民自治等多个方面，已经从水井坊街道所辖社区拓展到了肖家河街道。本文中，我们主要以其服务最久、模式最为成熟的水井坊辖区参与式互助体系为例，展示爱有戏重建社区社会资本的整个过程。

水井坊街道办事处辖区面积为 1.06 平方公里，居民 1.2 万户，人口 3.1 万人，有两个社区（水井坊社区、交子社区）。2010 年初，水井坊街道办事处按照锦江区委、区政府的要求，开始着力于培育和发展社会组织工作。地方政府认为，社会组织是党委政府工作的延伸，街道应当"立足特色挖资源，筑巢引凤求发展"，培育和发展了一批特色鲜明的社会组织，爱有戏就是其中的一家。

2011年4月，在水井坊街道的积极支持下，爱有戏进驻水井坊辖区，开始了其工作的第一步：社区需求调研。在调研过程中，爱有戏发现了大量的社会问题，最集中的体现便是社区贫富悬殊巨大，互助网络匮乏，社区人际关系冷漠。在工作人员调研的2586户中，困难家庭有567户，其中需要经济和物资帮助的有158户。除了政府和亲戚提供的一些极为有限的救助外，他们几乎得不到任何来自社区的救助。由于能力和社会网络等方面的局限，孤、残、病家庭的生计艰难，有的家庭甚至一个月才能吃上一顿肉。此外，由于城市老街区改造、租住户数量激增等原因，传统社区中的熟人关系逐渐瓦解。尽管生活在同一社区，但是各个家庭之间非但关系冷淡而且相互提防；人们（尤其是中青年）对公共事务的态度更是"不屑一顾"。即便是社区的老居民，其社区参与也大多只停留在关于政府政策的服从和执行上。因此，与其他地方一样，水井坊辖区的社区也面临着社会资本缺失严重的问题。

那么，如何才能打破僵局，让社区重新回暖、让弱势群体得到帮助呢？除了存在的问题，调研中发现的一些机会也令爱有戏兴奋不已。虽然社区冷漠是摆在面前的事实，但是多数居民却也并非安之乐之，积极地表达了改善现状的期望。此外，工作人员还发现，社区中有许多居民不乏一颗善良而助人之心。当人们听说身边就有如此众多的城市贫民及其艰难的生活现状时，许多人在震惊之余也积极地表达了乐于施助的愿望。

因此，在调研的基础上，爱有戏得出了这样的判断：在水井坊辖区的社区中，既有受援的需求，也有救助的资源和动机，而主要缺乏的就是能够提供组织资源、将这些供需进行有效整合的主体——爱有戏正好可以承担这样的角色。

一　建立"义仓"：社区互助资源流动的"计划调控"阶段

建立"义仓"是爱有戏构建参与式社区互助体系的第一阶段。"义仓"简言之即是一个由爱有戏发起成立的爱心仓库，它倡导社区居民持续、定期地将小额生活物资（油、盐、酱、醋、面条、被褥等）捐到"义仓"。然后，那些愿意捐赠时间的居民可以同爱有戏的员工一道，以社区志愿者的身份将代表社区邻里爱心的物资送到困难家庭手中（见图1）。

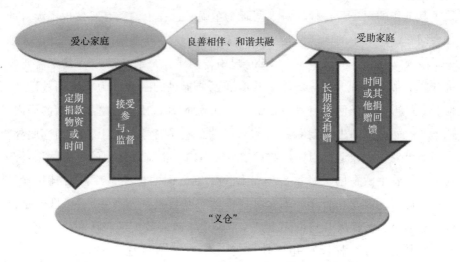

图1　"义仓"运作示意

由于"义仓"既接受物资捐赠也接受时间捐赠，所以"义仓"的爱心家庭和受助家庭是没有绝对界限的。无论贫富，只要有一颗友爱之心，都能成为"义仓"的捐赠者。比如，贫困家庭也可以通过时间捐赠成为"义仓"的志愿者。因此，与传统的救助理念不同，这里施与受不是截然而分的。爱心家庭在帮助别人的时候，自己也有诸多受益：比如，帮助自己保持一份清净、慈爱、互助的心境，满足自我实现的需求，给予下一代积极的价值观教育。一个充满关爱和信任的社区中，人人都能从中获益。对于接受帮助的家庭而言，既没有因为外界的援助而损害自尊，更没有养成"等、靠、要"的习性，而是通过志愿服务，甚至有时也进行实物捐赠来表达对社区的感激、关心社区其他需要帮助的友邻。

此外，爱有戏对"义仓"的管理规范、透明。工作人员将每一份爱心捐赠的来源和使用均做详细登记，在尊重人们隐私的前提下，定期贴在博客和布告栏上向全体居民公示（见表1）。2013年1月，"义仓"物资管理软件正式投入使用，极大地提高了物资管理的科学性和透明度。虽然随着捐赠物资

表 1 "义仓" 互助资源使用信息

物资编号	具体物资	数量	计量	捐赠时间	捐赠人	收据编号	受助人	受助人编号	受助人地址	领物编号	领物日期	经手人	审核人
B1727	醋	一瓶	—		朴天	0018758	刘先生	B11070703	西街 67 号 5	2012070311	2012 年 7 月 3 日	谢林	张利君
B1734	盐	一袋	—	2012 年 5 月	姚莉庄	0017742	刘先生	B11070703	西街 67 号 5	2012070311	2012 年 7 月 3 日	谢林	张利君
B1752	盐	一包	—	2012 年 5 月 1 日	何先生	0017749	彭女士	B12021301	东街 67 号 6	2012070307	2012 年 7 月 3 日	谢林	张利君
B1755	盐	一包	—	2012 年 5 月 1 日	伍洪军	0017750	邓先生	B11071510	东四段 79 号	2012070302	2012 年 7 月 3 日	谢林	张利君
B1777	盐	一袋	—	2012 年 5 月 1 日	刘先生	0017756	胡女士	B11071507	台东二巷 1	2012070305	2012 年 7 月 3 日	谢林	张利君
B1792	生抽	瓶	—	2012 年 5 月 1 日	叶心蕴	0017701	邓先生	B11071510	东四段 79 号	2012070302	2012 年 7 月 3 日	谢林	张利君
B1799	面	一把	—	2012 年 5 月 1 日	55 号院阳光	0017703	肖女士	B11070701	四段 79 号 2	2012070301	2012 年 7 月 3 日	谢林	张利君
B1802	优酸乳	一瓶	—	2012 年 5 月 1 日	55 号院阳光	0017703	邓先生	B11071510	东四段 79 号	2012070302	2012 年 7 月 3 日	谢林	张利君
B1840	面	一把	—	2012 年 5 月 1 日	聚巴适申海	0017712	彭女士	B12021301	东街 67 号 6	2012070307	2012 年 7 月 3 日	谢林	张利君
C707	肥皂	一盒	—	2012 年 5 月	龚素华	0018358	邓先生	B11071510	东四段 79 号	2012070302	2012 年 7 月 3 日	谢林	张利君
C712	肥皂	一盒	—	2012 年 5 月	姚莉庄	0018359	胡女士	B11071507	台东二巷 1	2012070305	2012 年 7 月 3 日	谢林	张利君
C713	牙膏	一盒	40g	2012 年 5 月	王晓清	0018360	李女士	B11072001	西街 67 号 6	2012070310	2012 年 7 月 3 日	谢林	张利君
C714	牙膏	一盒	40g	2012 年 5 月	王晓清	0018360	李女士	B11072001	西街 67 号 6	2012070310	2012 年 7 月 3 日	谢林	张利君
C716	牙膏	一盒	40g	2012 年 5 月	王晓清	0018360	肖女士	B11070701	四段 79 号 2	2012070301	2012 年 7 月 3 日	谢林	张利君
C721	牙膏	一盒	130g	2012 年 5 月	王晓清	0017761	安女士	B11071902	东街 67 号 4	2012070308	2012 年 7 月 3 日	谢林	张利君
C724	牙膏	一盒	130g	2012 年 5 月	王晓清	0017761	苏先生	B11071409	东二巷新 3	2012070303	2012 年 7 月 3 日	谢林	张利君

续表

物资编号	具体物资	数量	计量	捐赠时间	捐赠人	收据编号	受助人	受助人编号	受助人地址	领物编号	领物日期	经手人	审核人
C727	牙膏	一盒	130g	2012年5月	王晓清	0017761	苏先生	B11071409	东二巷新3	2012070303	2012年7月3日	谢林	张利君
C743	牙刷	一把	—	2012年5月	双眼井小学	0017762	肖女士	B11070701	四段79号2	2012070301	2012年7月3日	谢林	张利君
C5001	肥皂	一个	—	2012年5月	互助部	0084102	刘先生	B11070703	西街67号5	2012070311	2012年7月3日	谢林	张利君
C5003	洗洁净	一瓶	—	2012年5月	互助部	0084102	彭女士	B12021301	东街67号6	2012070307	2012年7月3日	谢林	张利君
B5011	挂面	一把	—	2012年5月	互助部	0084102	刘女士	B11071408	东二巷新3	2012070304	2012年7月3日	谢林	张利君
B5015	盐	一包	—	2012年5月1日	张倩	0084104	苏先生	B11071409	东二巷新3	2012070303	2012年7月3日	谢林	张利君
B5020	醋	一袋	—	2012年5月1日	曹文先	0084106	刘先生	B11070703	西街67号5	201207031	2012年7月3日1	谢林	张利君
B5022	醋	一袋	—	2012年5月1日	曹文先	0084106	彭女士	B12021301	东街67号6	2012070307	2012年7月3日	谢林	张利君
B5023	醋	一袋	—	2012年5月1日	曹文先	0084106	彭女士	B12021301	东街67号6	2012070307	2012年7月3日	谢林	张利君
B5024	面	一袋	—	2012年5月1日	吴明先	0084107	张女士	B11071801	东街67号4	2012070312	2012年7月3日	谢林	张利君
C764	牙膏	一支	—	2012年6月	王菊	0017770	安女士	B11071902	东街67号4	2012070308	2012年7月3日	谢林	张利君
C766	香皂	一块	—	2012年6月	夏超	0017772	彭女士	B12021301	东街67号6	2012070307	2012年7月3日	谢林	张利君
C767	洗衣粉	一袋	—	2012年6月	李明宇	0017643	胡女士	B11071507	台东二巷1	2012070305	2012年7月3日	谢林	张利君
C771	牙膏	一支	—	2012年6月	陈钰、张远	0017644	张女士	B11071801	东街67号4	2012070312	2012年7月3日	谢林	张利君
C778	香皂	一块	—	2012年6月1日	肖玉清	0017645	刘先生	B11070703	西街67号5	2012070311	2012年7月3日	谢林	张利君

的增多，工作人员的工作量也不断加大，但是如此详尽的公开透明着实赢得了人们对爱有戏的信任。

因此，通过"义仓"项目，爱有戏让社区互助资源及其承载的友好、关爱与尊重在社区居民之间流动起来并传播出去。随着时间的流逝，原本冰冷的社区开始解冻，社区社会资本开始回升。

二　建立"义集"：社区互助资源流动的"市场运作"阶段

"义仓"虽然让互助资源流动起来，但随着捐助数量的增加，工作成本便成为一个大问题。由于所有捐赠物品的接收、登记、分类整理，以及派发都需要有专人组织完成，所以随着社区捐赠的不断上升，爱有戏工作人员的工作压力也不断加重，对机构的可持续发展带来了严重的制约。此外，旧衣物捐赠在互助资源中所占比例不断上升，因而清洗、整理、消毒、包装等费用也不断攀升。

事实上，许多社区居民的家里都会有一些"食之无味，弃之可惜"的物品，而在同一个社区中却又总有那么一些贫困家庭为了获取这些物品而四处奔波或囊中羞涩。如果依然按照"义仓"的模式让爱有戏作为递送渠道，那么其资源流动的效率与效果，都比较低。那么，怎样才能让社区互助资源高效且精准地匹配呢？在"义仓"的基础上，爱有戏设计并实施了"义集"。

"义集"，顾名思义，是立足社区，用定期集市的方式，为社区居民搭建以互助和公益为主题的二手货交易市场（见图2）。首先，政府为"义集"提供活动场地、安保，爱有戏则进行策划、组织；第二，社区居民可以在"义集"上申请公益摊位，将二手货卖出，所得收益由捐赠人自主地按不低于一定比例或者全数购买成生活物资捐给"义仓"以帮助困难群体，当然，社区居民、个体户或者企业也可以选择直接捐赠生活物资到"义仓"；第三，困难居民也可以申请摊位出售自己并不需要的"被捐赠"之物（如一些来自政府的慰问品），或者出售自己在批发市场中购买的货物并赚取利润，同时向"义仓"捐赠一元钱的物资；第四，为保证"义仓"的严谨性，捐赠给"义仓"的物资不能随意进行买卖。但是，捐赠给"义仓"的物资中比较难链接到受益人的，爱有戏可以动员捐赠人直接到"义集"售卖；第五，义集中所有公益资源流动均公开透明，接受社会和政府的全程监督。

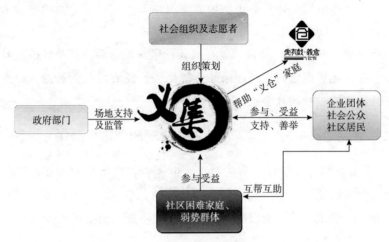

图 2 "义集"的运作模式

三 建立"义坊": 帮助社区贫困家庭构建生计发展网络的新尝试

"义坊"是一个希望为困难家庭提供持续稳定生计而发展的平台, 具体做法是: 在政府的支持下, 爱有戏在临街的公共场地上建一些格子铺(即小商品买卖摊位)。如果有困难家庭希望通过租用格子铺买卖获利, 可以向爱有戏申请。申请通过后, 贫困家庭象征性地缴纳极少的租金, 便可以成为铺主, 在格子铺做买卖。

当然, 做买卖是需要本钱的, 而贫困家庭往往拿不出来, 于是便由爱有戏帮其寻找爱心人士捐赠, 爱心人士被称为"爱心股东"。除了资金, 做买卖还需要一些好的经验、渠道, 这也由爱有戏去寻找一些经验丰富的个体户或商户为这些新的铺主做义务辅导、咨询或培训。

"义坊"的商铺中, 由于没有税务负担, 又有大家的帮助, 有的贫困家庭一个月就能收入 3000 多元的纯利润。对贫困家庭来说, 这可是一笔较为可观的收入。当然, 也有一些铺主因为懒惰或经营不善, 出现了亏损, 最终退出的情形。

"义仓""义集"和"义坊", 三者共同构成了爱有戏在水井坊所辖社区中实施的参与式互助体系。

"义仓""义集"和"义坊"的功能与特征

爱有戏的参与式互助体系主要由"义仓、义集、义坊"三部分构成，它们各具优势且相互匹配、相互促进，共同支撑了互助体系的良性运转（如表1所示）。这种模式的运作机制顺畅、自我调节功能以及可持续性较强，故而在社区互助资源动员、社区社会资本储量提升上面，具有较强的创新意涵和推广潜力。

一 "义仓"的功能与特征

"义仓"的功能主要是汇集、整理、储存并发放社区互助资源。它的优势主要体现在"蓄水池效应"和"点火效应"两个方面：有了"义仓"，爱心人士可以随时将互助资源汇集在一起，一旦社区出现需求，工作人员可以及时地予以满足。此外，对一个互助网络贫乏的社区，"义仓"相对于"义集"和"义坊"更容易为社区居民所理解，因而更容易起到爱心资源动员的"点火效应"。

但是，随着捐赠数量和种类的不断攀升，"义仓"的弱点逐渐凸显出来，而最为突出的问题就是"漏斗效应"以及过高的成本：由于互助资源的集散完全依赖于爱有戏工作人员和志愿者的人工计划调控，而爱有戏人力资源毕竟有限，于是出现了"捐赠和需求数量都很大而递送能力不足"的问题。于是，互助资源的匹配效率和效果都受到制约。与此同时，人力成本和物资整理（如消毒、清洗）开销均大幅上升，机构负担越来越重，可持续发展受到威胁。

二 "义集"的功能与特征

"义集"的功能主要是利用"类市场交换"的方式来匹配互助资源，同时也为爱心资源向"义仓"汇集提供机会。如表2所示，"义集"的特征刚好与"义仓"形成匹配：第一，因为利用了市场运作的方式，参与机会人人平等，于是社区内外不同类型主体均能加入进来；第二，"义集"将互助行为扩展为一个既有意义又有意思的公益庙会，从而极大地提升了社区参与的广度——不仅具有公益动机的人参与进来，也吸引了那些怀有好奇的、爱热闹的人群；第三，与自由市场类似，"义集"突破了传统救济中钱物单向传递或以物易物的交换模式，取而代之的基于货币为媒介的自由交换，这样就极大地提升了互助资源供需匹配的效率和精度。因此，"义集"的优势正好解决了"义仓"的困局。

当然，"义集"也有不足之处。因为是"现收现付"式的实时交换，但频率又并非真如农贸市场般天天举行。所以，单有"义集"，互助网络便缺乏对以下情形的应对能力：社区突发需求、社区常规高频需求、对捐赠周期性起伏的平衡。但值得注意的是，"义仓"的"蓄水池效应"却正是对"义集"这一弱项的有效补充。

由此看见，在互助网络中，"义仓"和"义集"在功能上各有优势的同时也呈现出相互匹配、相互促进的局面。

表2 参与式互助体系各组分的功能及优劣势比较

	"义仓"	"义集"	"义坊"
功能	汇集、整理、储存、发放互助资源	利用市场交换匹配、汇集互助资源	利用市场机制和社区网络发展生计
优势	"蓄水池效应"，能持续、实时地匹配社区需求；"点火效应"，有利于互助网络的构建	社区动员度高，匹配效率高、效果好；有利于互助网络的扩展	扶助受助者自立自强、从根上解决贫困问题，是扶贫互助的高级形式
劣势	"漏斗效应"：依赖人工计划调控、需求匹配效率较低、人力资源成本较高	现收现付，没有"蓄水池效应"	门槛较高：需要社会网络的支撑以及外部的经营能力帮扶

三 "义坊"的功能与特征

"义坊"也是在"义仓"和"义集"的基础上发展起来的，它主要是利用市场机制和社区网络来帮助弱势群体发展生计。这是一种通过发展的理念来实现扶贫济困的方式，与简单的救济相比，更具根本性意义。

当然，这种方式的实现难度也相对更高。"义坊"带有创业的性质，且让贫困家庭自主管理，那么势必需要外部主体（如爱有戏）提供多种支持：第一，帮助贫困家庭逐渐掌握基本的管理和经营能力；第二，通过社工服务，使困难家庭在挫折中依然自立自强，而不是"等、靠、要"；第三，培养困难家庭的合作能力；第四，外部主体还要帮助弱势群体构建社会支持网络，打开市场空间。

对于"义坊"的顺利进行，"义仓"和"义集"的实践为其铺垫了良好的社会基础：一方面，"义仓"和"义集"所构建的互助网络有利于"义坊"中受助人群的能力提升，例如，一些经营经验丰富的企业家或个体户通过"义仓"（集）获悉"义坊"项目，并成为该项目的志愿者培训师；另一方面，"义仓"和"义集"在社区中的社会影响力也在"义坊"的市场拓展方面起到积极的作用。

因此，作为爱有戏参与式社区互助体系的三个核心组分，"义仓""义集"和"义坊"之间是互为协同、相互促进的关系（见图3）。而相比于传统的社区救助模式而言，参与式社区互助体系是一个有机的整体，它不仅让社区互助资源流动起来，而且有效地动员了社区成员的公益参与。在此过程中，人们在互助的同时也传递着信任、友好、尊重与爱心，还逐步构建起一些正式和非正式的社区网络。所以，参与社互助体系的构建为社区社会资本的提升发挥了积极的作用。

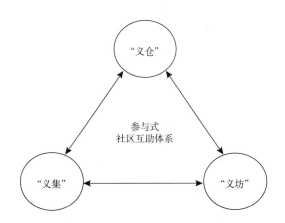

图3　爱有戏参与式社区互助体系

效果：增进城市社区的社会资本

一　从不信任、信任公益组织到信任社区的逐步演变

社区信任的变化是衡量社区社会资本变化的重要方面之一。经过爱有戏、政府、居委会以及社区积极分子的共同努力，在水井坊辖区的社区中，我们可以明显地看到社区信任从缺失到对公益组织产生信任、再到对整个社区信任增加的演变过程。

X 爷爷是一位 90 岁的老人，与一位 60 岁患有智障的女儿相依为命，家庭非常困难，一个月才能吃到一次肉。2011 年 6 月，当爱有戏工作人员第一次去看望他们并送去爱心物资时，X 爷爷认为是政府作秀，尤其是对拍照（目的是给互助资源的流动留下证据）环节甚为反感。第二次依然如此。但是，爱有戏坚持每个月都前去探望他们，并且帮助解决诸如看病等实际问题。看到爱有戏工作人员在社区中持续、热情而真诚地工作，X 爷爷深受感动。虽然爱心物资是在爱有戏的组织下发放，但是却来自社区中不同的、不知名的爱心家庭。因此，随着时间的流逝，像 X 爷爷这样的受益者感受到的不仅仅是公益组织的援助，更是来自社区街坊邻居们的热情关照和互助情谊。为了对社区邻里表示感谢和敬意，X 爷爷也力所能及地开始了捐赠：第一次，他将自己珍藏多年的一副象棋送到了"义仓"；第二次，他又将残联慰问的一床棉被捐了过来，他说道："这床棉被是残联送来的，我们家现在不缺棉被，捐出来送给更需要的居民。"

L 大叔是一个残疾人，脾气很大，经常与人争吵，邻里关系紧张。以往，每当居委会或政府工作人员去送温暖时都少不了挨一顿骂。于是，社区居民对他都敬而远之，不敢有交往。经过爱有戏的持续努力后，L 大叔逐渐被来自社区邻里与公益机构的真情关爱所感动。他的脾气逐渐改善，并表示要尽自己的能力去改善家庭经济状况，他对爱有戏工作人员说："社会组织关心我，社会关心我，政府关心我，我也应该尽我的力量去创造价值。不能像原来那样了。"现在，这位大叔已经成为爱有戏社区工作

的积极分子、街道社区工作的组织者。

在"义仓"中，除了实物捐赠，也可以以志愿服务的形式进行时间的捐赠。许多受助家庭都成为"义仓"项目的志愿者，积极主动地配合工作人员在社区中配送物资。虎娃是一个智障的孤儿，也是"义仓"的受益人。每个月给社区贫困家庭分发物资的时候，他都按时前来帮着义务运货。

在爱有戏工作的社区中，类似 X 大爷、L 大叔和虎娃的案例还有很多。

二 社区规范的变化

在爱有戏工作的社区中，社区规范变化最明显的体现便是社区居民公益参与和社区公共事务治理的意识与行为的改变。

参与式互助体系的构建过程也是一个社区公众公益理念教育和公益行为动员的过程。以往，社区居民对公益的认知往往是以下几种，一是功利主义论："在现代这个物欲横流的时代，天上没有凭空掉下的馅饼，公益的背后往往是功利的"；二是道德制高点论："公益是一种居高临下的施舍，对受助者而言，施助者是高尚的且应当被感恩戴德"；三是富人或圣人论："公益行为是哪些有钱人或者大公无私的圣人才有资本（格）去做的事情"。但是，在"义仓"和"义集"中，公益参与的门槛很低，人人可以用贡献一份力量；公益捐赠既包括物资也包括时间，受助者也完全可以成为施助者。正所谓"赠人玫瑰，手有余香"，施助者在帮助他人的过程中也享受了自我实现的幸福。此外，"义坊"更是体现了社区贫困家庭自立自强的宝贵精神。所以，在互助体系的构建中，更加贴近人本身的公益理念不仅被提出而且设计进了项目的具体运作里，于是社区居民如果参与其中，就会不同程度地被引导和教育，从而改变自己对公益行为的认知和行为方式。

在爱有戏介入之前，社区利益的分配是一个很困难的问题，基层政府和居委会经常为一些社会救助或者福利资源的分配大伤脑筋。居民们经常抱怨："都是社区的，你们凭什么给他不给我？"但是，经过爱有戏的努力，这样的情形开始改善。

首先，爱有戏在社区内部的院落中支持了一些自治小组，并将"义仓"的管理向基层沉淀,由自治小组参与互助物资的筹集递送和分配。因为公开透明且贴近社区,所以人们对互助资源分配的公平与公正十分认可。因此,以公益、赋权、透明、公正为元素、以社会组织为载体的方式成为进行社区资源递送的一种新的范式。

此外,在"义仓""义集"的工作基础上,爱有戏又利用"开放空间"等开会技巧在社区中实施了"市民论坛"的试验,组织居民讨论和解决社区中的公共问题。截至 2012 年 12 月,这个论坛已经持续了 20 多期,起初场面冷清,接着争执无序,后来理性、尊重、协商与民主逐渐成为论坛的主旋律。虽然在公共事务的解决过程中,困难依然重重,但是经过爱有戏的努力,一些居民开始懂得倾听和尊重对方。与此同时,基于罗伯特议事规则改良基础上的开会方式也逐渐被介绍到社区公共事务的讨论中。

二 社区网络和横向纽带的生长

在爱有戏工作的社区,社区网络和横向纽带开始生长。主要表现在以下几个方面:

首先,社区互助网络被构建了起来。在水井坊辖区,自 2011 年 11 月至 2012 年 11 月,共募集物资 3489 件,总价值约 12 余万元。一年中,共帮扶困难家庭 718 户次,动员并吸纳了爱心家庭 511 户;共举办义集共 16 期,"义坊"格子铺共八个,吸纳贫困家庭十户,建立义坊合作者社一个。

第二,社区自组织的培育。2011 年 11 月至 2012 年 11 月间,爱有戏在水井坊辖区社区中共举办了市民论坛 20 场,涉及居民 5500 余人;动员并建立院落组织 10 个,积极分子 100 余人;居民志愿服务队一支,帮扶困难家庭就医 30 余次。此外,爱有戏还帮助成立了社区内企业志愿服务队三支(东方广场物业、索菲特万达酒店、时代豪庭物业),其中物业公司成立的志愿服务队及其活动为改善物业冲突起到了很好的效果。

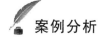 **案例分析**

创新发生的条件及其动力来源

一 社会需求对社会创新的呼唤

正如杰夫·摩根[1]所言,社会创新起始于发现一些未被解决的社会问题有可能通过新的方法得到解决。公众通过各种方式对社会需求进行认识,而其中一些最好的社会创新者会凭借其敏锐的洞察力和深入事物表面的理解力迅速发现需求并投入到应对的行动中。因此,与社会问题相对应的社会的需求往往是社会创新最为原始的起点。

在本文的案例中,爱有戏原本只是一个以文娱活动、社区微电影等方式来丰富社区文化生活的志愿组织,并没有扎根社区并构建一个参与式互助体系的构想。而当其进入社区,挨家逐户完成基线调研以后,才发现:现实的社区中存在着大量的社会问题,尤其是贫富悬殊下城市贫民的拮据生活以及社区成员之间的冷漠态度,让调查人员郁歟不已。但与此同时,基层政府的积极态度以及社区中蕴含的公益潜力又让爱有戏看到了希望。于是,这才有了后面建立"义仓""义集"和"义坊"的举措,也才有了"参与式社区互助体系"的构建。

二 领导人在价值理念和专业能力上的特质

正如杰夫·摩根[2]所言,变革从来都是在一些勇敢的人愿意冒风险提出自己的主张时才有可能发生,本案例中的几个关键人物正是如此,他们不仅仅是爱有戏的负责人和员工,还包括井坊街道那些开明、务实的政府官员。

第一,从价值理念上讲,慈善之心、社会公正、社会责任感是爱有戏负

---

[1] 杰夫·摩根、N. Wilkie 等:《社会硅谷:社会创新的发生与发展》,《经济社会体制比较》2006 年第 5 期。

[2] 杰夫·摩根、N. Wilkie 等:《社会硅谷:社会创新的发生与发展》,《经济社会体制比较》2006 年第 5 期。

责人和当地行政主管官员共有的特征。人们时常认为，NGO 的负责人具有以上价值理念是理所当然的事情，但却往往忽视了一些政府官员也同样具有这些品质。一旦有机会，他们也很愿意突破现有体制的束缚，做一些具有创新价值且对社会有实际意义的事情。除此之外，NGO 负责人和政府官员具有开阔的心胸、包容和理解的品质以及敢于冒险的精神也是爱有戏的社区社会创新能够发生的重要原因。

对于爱有戏而言，慈善之心、社会公正和社会责任感自然不必说，因为这是许多公益组织都有的价值基础。在这里，更值得肯定的是爱有戏开阔的心胸、包容的态度和欣赏并理解他人的品质，尤其体现在他们与政府合作的过程中。首先是欣赏政府乐于改善的动机，其次是理解政府自上而下官僚体制弊病产生的逻辑并加以包容，再次是找到社会组织和政府在社区建设的结合点，在实际行动中影响政府。与一些 NGO 抱怨甚至与政府对立的情形不同，爱有戏通过尊重、理解和包容获得了政府的支持，也得到了政府反过来的支持与尊重。爱有戏的具体做法，在下文有关"争取政府支持"部分还将详细描述。

对水井坊街道政府而言，主要领导的社会责任感、开明的态度、创新的意识以及敢于承担风险的勇气也对社区创新起到了至关重要的作用。在中国的社区中，政府依然掌握着丰富的资源和绝对优势的权力。没有开明政府的支持，社会组织进入社区都是个难题，更不用谈创新了，所以政府主要领导的观念和态度非常重要。

爱有戏之所以落户水井坊，完全是街道政府"慧眼识马"，将爱有戏"抢"过来的。2011 年 4 月，水井坊街道的领导在一次偶然的会议上遇到了爱有戏，并获悉其要到成都市另一个街道开展社区工作。在了解了具体情况以后，政府领导向爱有戏抛出了橄榄枝，希望其能够考虑落户水井坊，并为其提供诸多支持。而事实上，街道政府也的确是这样做的：首先，街道主要领导向爱有戏表达了希望通过社会组织参与社区建设的方式改善社区治理，并允诺给予积极的支持；其次，街道政府为爱有戏提供免费的办公场所和办公设备，甚至提供项目资金的支持；再次，街道政府鼓励爱有戏通过创新的方法解决社区问题，并主动允诺允许失败；最后，在支持的同时，街道政府密切关注爱有戏的活动，及时提醒其规避政治上的风险和体制上的障碍。街道主要领导还不断学习有关社会建设和创新的理论，将一些好的文章推荐给爱有戏参考。正是有着这样一些有眼光、有能力、有智慧的开明官员作为后盾，爱有戏才能够放开手脚地投入到社区建设的事业当中。

第二，从专业性上讲，爱有戏在项目设计与运作的专业能力也是促进其创新行为得以发生并取得成效的前提条件。以社会问题为导向，以社区需求为起点是爱有戏公益项目运作专业性的第一步体现。以社会问题为导向对爱有戏社区工作的开展有两个重要的作用：一是通过对社区社会问题的调研，爱有戏才准确地认知了现实社区中的需求并进行排序，也才能够将构建社区互助体系、提升社区社会资本储量作为其社区工作的优先目标；二是因为以社会问题为导向，爱有戏才能设计出有层次、有实效的项目思路。比如，"义仓"的设计就是基于社区互助网络缺乏、社会资本储量很低的问题，而"义集"的出现又是为了解决"义仓"运作中成本过高问题。此外，爱有戏的项目运作专业能力，也是其保证项目质量的重要基础。

三 积极争取政府的支持

在社区中，政府既掌握丰富的资源也拥有的巨大的权力。因此，如果NGO在社区工作中能与政府良性合作，那么其政治合法性、活动空间以及资源环境都会赢得较好的条件；如果相反，那么NGO连社区准入的资格都成问题，更谈不上什么创新。因此，在中国的现实环境里，社区工作取得持续成功的NGO，几乎无一例外地与政府保持着互惠合作的关系。

那么，NGO应该怎样获取地方政府的支持呢？它与地方政府合作的空间在哪里呢？就社区发展而言，地方政府与NGO既有相同的目标，也有不同的目标；这些目标可以是冲突的，也完全可以互惠。NGO要选择与地方政府互惠的目标争取与之合作。比如，对地方政府而言，除了让社区朝向更好的方向发展之外，他们还希望获得上级政府的肯定和嘉奖，获得人民群众的认可；而对于NGO而言，第一个目标与政府是一致的，可以成为合作者，但是不要在第二个、第三个目标上成为地方政府的阻碍者或竞争者。

爱有戏的做法正是如此。在社区活动的重要事件中，它始终尊重政府的参与，越是理念和做法上有差异的地方，他们与政府的沟通越充分。因为社区互助境况的改善与发展是爱有戏最核心的工作目标，所以无论是在上级政府考察时，还是在社区群众动员中，爱有戏绝不与基层政府争功竞宠，而是处处突出政府在推进社区建设中的积极作用。

对此，有人可能产生另一个疑虑：与政府关系密切的同时，NGO 是否会丧失自己的独立性呢？实事求是地说，这样的情形或多或少地存在，因为政府毕竟是一个强势主体，而且其与社会组织合作的理念和经验都还处于起步阶段。但是，从爱有戏的实践来看，NGO 自身的专业能力，即它是否能够在社区中取得单靠政府力量无法企及的成果，是决定 NGO 独立性的一个重要变量。只有那些具有较高专业能力的 NGO，才能得到政府的认可、尊重甚至敬佩和依赖，否则"一味地配合"只能增强对政府的依附性。

此外，从爱有戏的实践中，还发现：在与政府的合作中，NGO 要保持包容的心态、建设性的态度以及足够的耐心。对政府官员来讲，从政府包办一切到引入社会组织参与社会建设的思路转变，需要一个逐渐变化的过程。对于社会创新，并不可能奢望所有的利益相关方都能站在同一起跑线；更何况社会创新之路往往充满风险，是非对错并非一时一地可以判定。因此，NGO 需要较大程度地包容与政府在理念和行为方式上的差异。与此同时，NGO 应当通过自己的努力做出实际的效果，在实践中用理念、行动和实效来逐渐地影响和改变政府，同时也虚心接受来自政府的意见和建议。

正是秉持着上述的理念和做法，爱有戏才获得了地方政府的高度认可，并为其提供了诸多重要的支持，如免费的办公场地、免费的办公设备、大型活动的场所与安保、社区活动的政治合法性、部分项目经费等等。

创新举措成功的理论逻辑：动机、市场与资源流动

在参与式互助体系的设计中，最为重要的创新之处便是利用了市场机制的运作逻辑来实现社区互助资源的流动。在此过程中，社区成员颇具广度的参与增进了社会资本的积累。然而，虽然是利用市场机制，但这与一般的社会企业模式并不相同：社会企业是将自身作为市场的主体，通过市场行为获取利润，进而实现机构在资源上的可持续。爱有戏则是在一个区域内（如一个街道的辖区）"创建"了一个"公益交易市场"，让社区内外各类主体汇聚于此，进行类似市场的交换，进而实现公益互助资源的自发多向流动。这样的方式极大地

提升了公益资源流动的效率和需求匹配的精度，而在这个特殊的"市场"中，我们看到的是一套从动机到市场再到资源流动的完整逻辑。

首先是动机。从自由市场理论讲，人们进行交易行为的基本动机是为自己谋利，这符合经典的经济理性人假设。在这里，当然也有这样的动机存在，如居民将部分闲置的物品拿出来买卖。但是，吸引人们参与这个"市场"的动机绝不仅限于此，还包括：一是利他的公益动机，如将交易所得按比例或者全部捐赠给"义仓"；二是好奇的、寻求刺激动机，比如，除了跳蚤市场，义集中还有许多公益宣传、参与式游戏、文体节目的内容，俨然成为时尚而热闹的公益庙会，这吸引了各个年龄段的居民前来参加，尤其是对青年人的动员效果更为明显；三是亲子教育的动机，一些聪明的家长乘此机会和孩子共同参与公益活动，通过志愿服务与捐赠行为来培养孩子的公益意识和社会责任感。因此，这个看似简单的"公益市场"，其实有效地"迎合"了人们各种各样的动机，也正是如此才使得其动员社区的能力比一般的社区活动更为强劲（见图4）。

图4　不同年龄段的社区成员参与义集活动

其次是市场。动机往往是行为的驱动力，爱有戏的成功之处便是创造条件将这些动机汇集并表达了出来。于是，在社区中，无论男女老少，都被"卷入"了这场热闹之中还饱含温暖与人性的公益庙会之中。于是，有了人们的积极参与，便逐渐构建起了一个能有效运转的公益市场。

再次是资源。有了有效运转的市场，那么资源的流动便是必然。与传统方式相比较，这里的公益资源流动方式也是一个较为根本性的变化。传统的社区公益资源流动，主要是单向传递的模式，即热心居民将物资或善款捐给居委会或慈善机构，然后再传递给需要帮助的人群。比如，在"义仓"项目中，爱有戏工作人员收集社区爱心家庭的捐赠，在进行大量需求调研和分类工作后，再将物资递送给贫困家庭。此过程存在的问题是，工作人员承担了大量琐碎的工作，人力成本很高。

但现在的情况却大不相同，有了"义集"和"义坊"，热心居民可以将诸多闲置的物品低价卖给需要的家庭，再将收入捐给"义仓"；"义仓"也可以将部分与贫困家庭需求不匹配的物资变现；另外，贫困家庭也可以将自己"被捐赠"或者某一时期并不需要的物资在公益市场中卖出，用所获货币购买更加需要的物品。可见，在此过程中，货币已经成为了公益资源交换的媒介，而且实现了公益资源的多向交互流通，这样便极大地提高了资源交换的种类和效率。

从人类社会的经济发展来看，物物交换变为以货币为媒介的交换是一个十分重要的进步。而在中国传统的公益领域，甚至都谈不上公益资源的物物交换，而只是单向的施舍式的流动。但是，在这里，公益资源却实现了以货币为媒介的多向交换，于是更高效率地解决了社会问题、满足了社区需求。在当代中国，现代公益事业无论是在研究还是事务上，均处于起步阶段，这个案例对于我们利用其他领域（如市场）的运作规律为发展公益事业所用提供了一个良好的启示。

通过类似市场运作的机制来完成公益行为和互助资源的动员——这就是爱有戏参与式互助体系构建的核心精髓所在，也是其创新举措能够取得成功的理论逻辑。当然，在此过程中，社区居民在参与当中，彼此的横向纽带不断增强，而蕴含其中的信任、欣赏与尊重等成分也逐渐增多，于是社区整体社会资本储量便开始回升。

结论与建议

通过对爱有戏构建社区参与式互助平台的案例展示，可以得到以下结论。

第一，社会需求和 NGO 的价值观是 NGO 实现社会创新的动力来源，NGO 的专业能力、政府的支持是当前中国社区社会创新能够发生的前提条件。

第二，社会组织参与社区建设有利于社区社会资本的提升。作为一个社会组织，爱有戏的介入是水井坊社区发生改变的一个重要转折点。在政府的支持下，通过一系列的举措，爱有戏让社区互助资源有效地流动了起来，同时也增强了社区成员中间的横向纽带联结，进而促进社区社会资本的提升。

第三，参与式互助体系能够在社区治理中发挥积极作用，同时具有较强的可推广潜力。爱有戏构建的参与式互助体系由"义仓""义集"和"义坊"构成，它们优势互补，相互促进，是一个"三位一体"的有机组合，对提升社区社会资本的储量、促进社区有效治理具有非常积极的意义。由于该体系并不涉及社区重大利益的调整与分割，所以操作难度相对较低，对推广到其他社区具有较大的潜力。

第四，借用市场机制可以提升公益参与动员和的互助资源流动的效率和效果。在常态下的经济活动中，市场经济比计划经济在资源配置和行为动员上更有效率、更具活力是一个被多次证实的结论。公益领域也有类似的情形。爱有戏通过"义集"和"义坊"的形式，将各类动机的人群均吸引到公益为主题的活动中，而且实现了以货币作为媒介的公益资源多向流动，也极大地提高了公益活动的效率和效果，消除了计划调控模式下的义仓之"漏斗效应"。

第五，有机生长是 NGO 进行社会创新的路径之一。有机生长是指 NGO 以机构使命为引导，以解决明确的社会问题为目标，逐渐积累专业能力、铸造品牌项目的生长过程。NGO 从实施单个项目，到多个品牌项目，这些项目在组织使命的引领下形成战略协同，共同构成一个逻辑整体。爱有戏的发展亦是如此，从最初对社区需求的不甚了解，到社区调查后的需求排序，再到"义仓""义集"和"义坊"的逐次建立，每个突破都是基于之前工作的积累而产生。最终，"义仓""义集"和"义坊"相互协同，共同构成了参与式社区互助体系的整体。

通过爱有戏推动社区社会创新，促进社区建设的案例，可以得到以下启示。

第一，深入社区调查社会问题，在真正明确了社会需求之后再制定项目目标和工作计划是社区建设最重要的原则之一。调研中，一位在社区挂职的政府官员笑谈道："社区建设就像是请客吃饭。我们政府传统的模式是：先根据自己的想法做好菜，然后请居民吃，不吃也得吃！其结果是费了银子还惹来一阵痛骂。而爱有戏则是相反，他们先挨家逐户地调研居民的需求，然后根据居民的口味买菜做饭。花钱不多，但是赢来的全是掌声！"事实上，不单是政府，现实中许多 NGO 也是如此——先申请了项目再才进入社区，或者较为肤浅地做了社区调研便着急开展工作的情况时常发生。这反映的不只是技术问题，而是一个机构对项目质量的专注程度以及是否具备不骄不躁沉稳踏实的工作品质。对此，我们既应当向爱有戏这样的国内组织学习，也可以向许多成熟的国际 NGO 取经。

第二，爱有戏的参与式互助体系是一个富有价值的社区建设模式，值得其他地方政府和 NGO 结合本社区的实际情况予以借鉴并进行二次创新。其中，该模式"三位一体"的功能组合，"义仓""义集""义坊"的产生次序，以及公益模式借鉴市场运作机制都值得借鉴。由于每个社区均可能有自己的特性，因此单纯的"拿来主义"并不一定取得良好的效果，真正有实效的工作方式可能需要在结合本地情况的基础上进行二次创新。

第三，社会组织参与社区社会创新不仅在理论上得到学术界的一致认同，而且在实践中也不断出现成功的案例。因此，对政府而言，应当积极营造政策环境和资源环境，支持社会组织参与辖区内的社区建设和社会创新。与此同时，政府应当对社会组织的公益理念和专业能力进行严格的评估，因为这些都是社区建设能够取得成效的条件。因此，在当地缺乏有能力的社会组织的情况下，如何引入外来社会组织或通过外来社会组织带动本地社会组织的发展就成为优先选项。

第四，对 NGO 而言，爱有戏与政府合作的理念和方式非常值得借鉴。爱有戏以低调、开放、独立、相互尊重的心态与地方政府合作，用自己的公益理念、专业能力和实干精神，通过实实在在的成果获得政府、社区的认同与支持，反过来又影响政府的工作方式。正因为如此，爱有戏才能在与政府密切合作的同时保持机构自身的独立性。

以专业方法提升居民参与的积极性

——社区建设的新路径

城市居民参与度低是社区建设的老大难问题

社区是社会的细胞，社会由大大小小无数的社区组成。如果每一个社区都稳定，那么整个社会也稳定。可见，社区建设是社会建设的基石。

我国城市的社区居委会原本是社区群众的自治性组织，然而，长期以来，社区居委会承担了大量的政府职能，实质是政府职能的延伸。在传统的社区治理模式下，一方面，社区居委会按照传统的官僚体制运作、效率低下；另一方面，政府或单位包办太多，社区居民对社区公共事务的参与程度低，甚至漠不关心。其结果是政府社会管理的成本越来越高，而社区中的各类小问题由于长期得不到有效解决，矛盾越积越大，进而危及社会稳定。

改革开放以后，政府一直强调加强社区建设，特别是在单位体制逐步瓦解和建设社会主义市场经济体制的背景下，社区建设更是提到重要的议事日程。然而，尽管经过数十年的努力，中国城市的社区建设并没有大的突破或质的飞跃，城市社区居民参与程度低、社区凝聚力弱的顽疾并没有有效解决。据许柏杨对深圳三个社区的调研显示，有71.9%的人对"我不知道怎么参与社区管理，您是否同意这样的说法"表示很同意、较同意或无所谓，大多数人都不参加居民会议，甚至对与自身利益关系十分密切的会议也是如此。调查显示，有40.8%人对"社区居民从来不参加居委会召开的居民会议，您同意这种说法吗？"表示了很同意、较同意或无所谓，表示不太同意的占 35.0%，表示不同意的仅占 21.4%。[①]

可见，如何调动城市居民参与社区公共事务的积极性，形成新的社区治理模式，真正实现社区居民自我管理、自我服务、自我监督，将社区问题与矛盾化解在社区之中，已经成为中国社会建设迫切需要破解的难题。

北京市社区参与行动服务中心就是这样一家致力于通过创新方式促进城市社区参与式发展的社会组织。其宗旨是帮助中国城市社区建立和提高社区参与能力，推动持续性的社区参与式治理，促进和谐社区关系的建立。其工作领域包括中国城市社区参与式创新工作试点的行动研究；从事社区创新工作的信息传递、收集和出版物出版；在政府、企业、专家学者、NGO 和社区公众间建立沟通、交流与合作的平台；培育社区组织的发展；等等。

本文以社区参与行动服务中心在北京市菊儿胡同开展的社区参与式创新工作为例，首先描述该组织如何帮助社区提升居民的参与热情，有效解决社区环境治理的难题；其次分析这一创新模式得以成功的经验与教训；最后给出政策建议。

案例描述

一 事件背景

计划经济时期，许多企事业单位都建有职工家属区。不仅方便了职工的工作，而且还肩负着为职工及其家属提供环境卫生清理、物业维修等各项公共服务的责任。然而，随着市场经济的建立，一些事业单位、企业逐步将公共服务转给了社会。更有些单位因为破产，使得家属区失去了原先的公共服务提供者，转而由当地政府和社区居委会进行管理。在大多情况下，这些家属区多是老旧小区，没有物业公司，居住其中的也多是下岗或退休居民。

然而，居委会毕竟不是专业的物业管理机构，而且他们的职能也只是为住户们做一些清理和修缮工作，物业的一些管理范围不属于居委会的权限之内，随着时间的推移，导致了老旧小区环境的逐渐破败，公共区域也由于长

---

① 许柏杨：《城市居民社区参与行为的个案分析——基于深圳三个社区的实证分析》，http://www.sociology.cass.cn/，2012 年 8 月 11 日。

期无人管理产生了矛盾和安全隐患。"北京菊儿社区 68 号院"即是一个典型的例子。

北京市交道口街道菊儿社区 68 号院（简称 68 号院）是一个 1984 年建起来的大院。三十年前是北京标准件二厂的职工家属院，院里有一栋六层楼共有三个单元门、住家 42 户，居民 199 人，绝大多数是退休职工。在国企改制期间，标准件二厂也进行了改组，由于工厂外迁合并，北京标准件二厂不复存在，于是房子由住户于 2000 年买下来，产权归属个人所有。在此之前，楼内的物业由标准件二厂负责。在国企改制之后，由于是房改房，物业管理并不完善，只有冬季取暖是由物业管理，其他治安、卫生、维修则无人管理。导致楼内的环境属于个人"自扫门前雪"的情况。

长期的缺乏统一管理，导致院内环境十分脏乱，道路破旧。更为严重的是，由于楼内空间属于公共资源，人人都可以无偿占用，有放自行车的，三轮车的，还有放废旧物品的，所以，"公地悲剧"再次成为现实。另外，由于无人监管，各家都将不用的杂物甚至垃圾堆放在公共空间之中，还有的居民在自家门前搭建了棚户。这种做法不仅极大的挤占了公共空间，严重影响了小区的环境，还存在安全隐患。一部分人所谓利益的满足，都是建立在侵害他人的基础之上，一件一件的事情长期积攒下来，抱怨和不满也积攒下来，每位居民都有可能成为被侵害的一方。

二 事件经过

由于楼道堆放了大量废纸、垃圾、塑料瓶等废品，很多年前该院曾发生过一次火灾。由于逃生通道被各种废旧物品和棚户占用，导致该楼的居民差点因此无法逃生。这件事情发生后，居民向居委会反映，居委会和原来的北京标准件二厂经过协商决定，用原来买房的维修基金来修缮着火后造成的楼门损坏情况，这样一来楼门口修了，但院子的其他问题还是解决不了。

院内环境"脏、乱、差"，道路破损严重等问题已经侵扰这里住户很多年。68 号院的居民一直希望改善这一情况。他们曾多次向居委反映过相关情况。2007 年，居委会曾派人清理了楼道内的杂物，并粉刷了楼内墙壁。但是，由于没有人监管和治理，没过多久，68 号院又成了老样子。面对这样的居住环境，院子里的居民牢骚满腹，大家都希望能够通过一些有效途径得到改观。

68 号院的居民原来也曾考虑自发解决这一问题，由于住户原来都是一个单位的职工，大家在一个单位宿舍院内住了近三十年了，有人主动愿意承担公共事务，想为大家做些事，但又不太好意思，虽然大家住在一个院落都特别熟识，但是，由于有些情况、问题涉及各家的自身利益，如出工出力，以及公共空间的清理，所以，"自组织"一直没有建立起来。

三 转机——"社区参与行动服务中心"的介入

面对一大堆自己难以解决的老大难问题，居委会最终请来了"社区参与行动服务中心"。

交道口办事处曾与"社区参与行动服务中心"有过合作。2008 年，区规划局开展规划进社区的活动。交道口办事处根据上级要求组织召开了"公众参与社区活动用房规划"讨论会。那次会议就是由社区参与行动服务中心协助召开的。68 号院的部分居民曾参加了"菊儿小区活动用房改造及高效利用开放空间讨论"，对地下室改造的过程及成果十分认可、赞赏。于是主动跟菊儿社区居委会联系，希望将"社区参与行动服务中心"引入，通过这种群众参与的方式解决 68 号院的环境治理问题。

菊儿社区居委会主任李媛谈到"社区参与行动服务中心"介入时说："当时我们第一次 2008 年 11 月 25 号在街道办事处的多功能厅就是开了开放空间的讨论会。对我们社区来讲那是第一次接触这种形式，当时我们觉得特别新颖，原来征集居民意见还可以用这种方法，也觉得挺好的，因为当时我虽然不在这个社区，我是 2009 年过来的，但是那个会我是参加了，因为当时要求各个社区都出几个主任去看，觉得这种方式也是一种学习的机会，然后就接触到开放空间的技术，同时也接触到了社区参与行动服务中心的宋庆华主任，从开始以后，街道办事处政府是购买的服务项目，然后跟宋老师他们签合同了，就是 2010 年的时候。正好咱们社区之前有做这个，居民也知道，居民也是第一次接触这种方法，觉得特别好，就发现自己说出的话有人给落实了。以前提个建议就提了，然后给你记着了，什么时候落到实处不知道，这次居民发现他们提出建议政府采纳了，而且最后变成成果展示在这了，而且他能享受到这个成果，所以积极性特别高。然后等做 68 号院的时候，就是居民自己提出来的，就是我们想改变，然后咱们居委会能不能给组织组织，然后我们觉得也很好。68号院是底下居民自发组织的，然后社区跟单位协调组织，社区参与行动服务中心宋庆华主任提供了专业技术支持，就是告诉你用什么样的方法怎么做这个事情，如何引导居民，有序的合理的发表自己的意见，最终能够形成决议达成共识。"①

四　社区居民积极参与社区建设的过程

（1）居民动员

"社区参与行动服务中心"在介入68号院这一项目之后，首先对居民的利益关切点进行了调查分析，并在调查分析的基础上对居民进行了组织动员。动员的目的并非是为了一气呵成的解决问题，而是为了使人们认识到问题的迫切性，并希望参与随后的"开放空间"讨论会之中。

最开始发动68号院的居民到居委会来开会，只有少部分居民与会，部分居民抱着"各扫门前雪"的心理不愿意改造。而且，院子的改造势必会触犯部分人的利益，楼门口的乱搭乱建，堆放废品，侵占空间建设小菜园，自行车、三轮车乱摆乱放，这么一整治就侵犯了他们的利益……所以，经过三番五次动员，还是只有少数人自愿参加了会议。

（2）居民自我决策：开放空间讨论会

2010年3月25日下午，在居委会的要求下，在"社区参与行动服务中心"组织下，在菊儿社区居委会的活动室召开了"68号院环境自治"开放空间讨论会。开放空间是由参与者自行讨论做决定的动态会议形式，在会上，68号院小区共到了19户居民、标准件公司物业代表、菊儿社区居委会代表等共计30多人对院内环境问题进行总结并讨论。

会议分为三个环节，第一，我的问题。由居民提出68号院存在的环境问题；第二环节，小组讨论。根据第一环节提出的问题，居民们分成小组分别讨论，大家都将自己关心的问题摆上台面，一起讨论并提出解决方案；第三环节，达成共识。大家踊跃讨论了关于68号院治理的情况，达成共识。

这次开放空间讨论会，充分调动了居民改变68号院现状的积极性和主

───────────────

① 2012年8月17日，菊儿社区居委会，李媛访谈记录。

动性。更为重要的是，通过会议发现了社区中的积极分子或居民领袖。居民对68号院的改造提出了很多很好的意见和建议。同时，这次会议也给居民和居委会建构了一个沟通的平台，让居委会更好地了解了居民的需求。

在会议最后总结阶段，有居民提出，可以在小区内开展一次大清理活动，调动小区居民参与的积极性，让所有人都来关注小区的环境卫生。经过热烈的讨论，居民们达成了共识。即为了让院内所有居民户对这一项目有更清楚的了解，并能够参与其中，拟于2010年4月上旬在68号院组织一次清理杂物的现场行动。

2010年4月8日上午，"社区参与行动服务中心"和交道口街道办事处、菊儿社区居委会一起讨论如何在68号院开展一次大清扫活动。最后确定在大清扫活动之前，召开一次现场会并由居委会给所有居民发放一封邀请函，一是介绍上次开放空间讨论会的情况，二是邀请小区内所有居民都能参与到小区治理的活动中来。

4月13日上午，68号院住户、菊儿小区居委会工作人员、交道口街道小区办工作人员10多人和"社区参与行动"工作人员在68号院内召开了一次现场会。在会上，居委会工作人员向68号院的住户们介绍了3月25日开放空间讨论会的成果和下一次活动的安排。最终大家商定在4月16日正式开展68号院清理杂物的行动，并邀请专业人士进行消防知识讲座，一老一小的保险问题答疑，养犬知识讲授等。

（3）居民参与清理行动

2010年4月16日上午，68号院现场清理行动如期举行。只要是涉及切身利益的事，居民们都很关注。

院有一户李姓居民因为生活的困难，靠收废品为生，在院内堆了很多东西，据居民反映，平时不太好说话。经过了解，原来此户居民的儿子下岗后一直没有工作，40多岁也没有成家，一直跟父母住在一起，家中还有病妻常年卧床，一家三口的生活来源仅靠收废品来解决。居委会主任了解情况后当即表示，帮助其申请低保或找工作等。社区参与行动的宋庆华主任也主动跟他聊，而且是站在他的立场讨论问题。这些举动打消了他的抵触情绪，最后这户居民表示："我知道有些人对我有意见，以后我一定注意"，并主动配合大家，清理杂物。

清理活动结束，大家商量贴一个告示："请大家在 4 月 19 日之前将不要的杂物放到指定地点；自行车棚内有主的做好标记，未作标记的视同无主，由居委会统一清理"。

最后，居委会决定向所有住户再发放一封邀请函，写明今天会议的内容，并邀请大家参与下一次的"自管会选举"活动。

（4）选举成立居民自管会

为了保证清理的成果能够持续下去，由"社区参与行动服务中心"动员和倡议，68 号院居民们决定成立居民自治管理委员会（简称自管会）。自管会的成员由全体居民选举产生，设会长一名，每个楼门设楼门长两名。自管会在居委会的监管下开展工作，并将配合居委会完成部分原本由居委会负责的工作。

2010 年 4 月 20 日上午，经过 29 户居民的选票及唱票，68 号院居民自管会宣告成立。自管会由居民自己选出，他们选了七个人，有一个会长、六个副会长，每个门洞的楼门长即副会长。

自管会选出来之后，更多的工作就由居委会转交给了自管会。自管会负责收集居民的意见和建议，居民有哪些诉求，自管会先行讨论，然后再通过居民大会讨论。另外自管会还负责协调和居委会、"社区参与行动"等各方面的关系。

此次会间，"社区参与行动"工作人员、居委会工作人员与自管会成员一起分析总结了下一步要开展的工作。

（5）社区居民积极参与社区建设

在自管会成立之后，68 号院居民又开展了多项活动，包括：第一，组织修缮院内自行车棚；第二，组织修缮院内供大家休息用的凉棚；第三，发动居民为环境整治捐款，即"68 号院环境整治募捐活动"；第四，草拟并经大家讨论出台 68 号院住户公约，其中内容涵盖"楼道清洁""休息凉棚""自行车棚""汽车停放""养犬安全"和"出租房屋"等方面。

2010 年 5 月 27 日上午，自管会、社区居委会与社区参与行动服务中心等在院内组织住户召开了"68 号院环境整治募捐活动"。举办这一活动的目的是希望住户为环境整治做出力所能及的贡献，进而能够珍惜和爱护自己亲身参与的环境整治的成果，最后共募集了 960 元。数额虽然不大，但对于 68

号院内仅靠退休工资维持生活的人们来说，实属不易。组织、召开这次募捐会，对于 68 号院环境自治项目来说是至关重要的，不仅可以让住户们珍惜环境改善后的成果，而且，住户们也会持续关注这些项目的进展情况。

在自行车棚和凉棚的改造、修缮过程中，几位住户主动在休息时间亲自设计、动手制作了凉棚里的桌子、椅子。68 号院的能工巧匠们在项目开展的过程中被挖掘出来了，院子里的居民都很自觉参与建设，经常晚上干到 12 点。有电工，有电焊工，有木工，大家都可以做，而且都很积极。而这在以前几乎是不可想象的事情。

最后，自管会代表全院住户感谢了每一位对 68 号院环境自治作出贡献的住户，感谢了居委会，感谢了社区参与行动服务中心。从这里也可以看出，自管会及居民已经完全从被动变为主动，成为社区居民自治的主体。

（6）建立居民公约

2010 年 7 月 16 日，居民们进一步探讨了 68 号院居民公约草案。这份公约的内容包括"楼道清洁四条""休息凉棚三条""自行车棚三条""汽车停放三条""养犬安全两条"和"出租房屋四条"等。经过一周的时间，自管会将公约草案发放到每一户家中，征求大家的意见。

2010 年 7 月 23 日，召集所有住户召开了一个 68 号院居民公约签字仪式。签字之后的公约被制作、悬挂在每个楼门里。

五 社会创新的效果

经过前后一年多的努力，68 号院的环境整治已经结束，全院 42 户都积极参与了整个社区环境整治的过程，现在的院内地面很平整。自管会宋光亚会长说，"该拆的都拆了，原来破砖烂瓦的，现在给砌成合格的花池了，原来堆放垃圾的地方也修了台阶，上面放东西大家都整洁。院子也平整了，原来老老小小出来不方便，现在都说闭着眼也能走路了"。[①]

院内居民张凤英说："原来院子里有几家养狗的，到处乱拉乱撒，谁家狗拉的也都不承认，后来大家都签了公约，谁家的狗都得有人跟着，拉了也就清理了，院子干净了。改造后都主动跟着，从卫生环境也改进了，矛盾都

---

① 北京菊儿社区 68 号院对宋光亚、张凤英访谈记录，2012 年 9 月 6 日。

少了。形成了'我的事我做主了'。"①

这次改造给大家带来了福祉，68 号院的居民对于改造后的环境都非常满意。

自管会宋光亚会长说："通过这种形式，我们体会到，这样的形式，上面花了钱了，大家也满意了。不像以前那种，老百姓不满意，上面花钱了，老百姓还骂你。这样一弄，上下结合起来了，老百姓也高兴，上面的钱也用到地方了。"

2010 年 7 月 14 日《人民日报海外版》在有关菊儿社区"开放空间"的报道中，对社区参与行动服务中心的这种新思维模式给予了很高的评价，并对这种居民自治的新模式表示了肯定和称赞。

2012 年 9 月 17 日《北京日报》开辟的"创新社会服务管理、提高精细化水平"专栏，进行了系列报道，其中"菊儿社区 68 号院环境治理"作为社会服务管理的"北京创新"模式进行了广泛宣传，其治理经验也被大力推广。

到目前为止，据不完全统计，已经有 40 多批人次到 68 号院参观考察和学习。

而北京社区参与行动服务中心也因其突出贡献，赢得了政府、居民等各个合作方的认可与信任。2010 年，"社区参与行动服务中心"的"城市社区参与式治理能力建设"项目荣获了中国首届"社会创新奖"；2011 年荣获由民政部社会福利和慈善事业促进司与英特尔（中国）有限公司等共同主办的"芯世界"创新奖。

案例分析

一　第三方社会组织的介入是 68 号院成功解决顽疾的关键

随着社会多元化的发展，各种社会矛盾日益显著且复杂化。传统的调解模式中，主要由政府对其进行行政调解来化解社区冲突。然而目前社区所面对的冲突，有时政府本身就是一个对立面。在以往政府和社区关系中，还有

---

① 北京菊儿社区 68 号院对宋光亚、张凤英访谈记录，2012 年 9 月 6 日。

一个矛盾在于政府包办太多，居委会按街道办事处的行政长官意识行事，而居民对社区公共事务的漠不关心。

面对社区建设的顽疾，68 号院通过引入一个超越政府、居委会和居民三方利益主体的社会组织——社区参与行动服务中心，成功化解了长期以来的社区环境治理困境。可以说，社区参与行动服务中心是 68 号院解决社区建设难题的关键。

二 社区参与行动服务中心推动社区建设创新的经验

"社区参与行动服务中心"成功调动社区居民参与公共事务的积极性、推动 68 号院开展社区环境治理的经验主要有以下几个方面：

首先，扮演协助者的角色。作为社区外来的组织，它在社区建设中的角色定位非常重要。从调研情况看，"社区参与行动服务中心"既没有扮演政府、居委会的替身，也没有扮演社区居民的代言人，而是准确定位，扮演协助者的角色，更没有替代政府、居委会或居民行动。"社区参与行动服务中心"的目标不是帮助 68 号院解决一个问题，而是帮助他们怎么共同参与和解决他们自己的问题。因此，"社区参与行动服务中心"重在利用自身的专业技能，搭建各个利益相关方对话、沟通的平台和机制，站在中立的立场，让矛盾各方参与到解决问题中来，最终实现各利益相关方相互妥协，达成共识，形成决议和采取行动。

其次，"社区参与行动服务中心"充分发挥自身的专业优势，通过采用国际流行的城市社区建设公共参与方法，包括"开放空间""展望未来论坛""社区行动工作坊""共识会议"等方式方法，成功吸引了社区居民的参与，并充分调动了居民参与的积极性。可以说，这些公共参与新工具、新方法的引入是 68 号院成功激发社区居民参与的关键环节。作为一家专门从事城市社区建设的社会组织，"社区参与行动服务中心"由于与国内外相关机构有广泛的联系，对国际城市社区建设最新的管理工具有较好的把握，在公共参与方式方法方面具有专业优势，而这是地方政府、居委会和居民所不具备的。

再次，成立自管会，完善社区居民参与的制度建设。68 号院案例的创新之处还在于帮助建立了社区自治管理委员会，让社区居民自我管理、自我服务、自我监督。调研发现，在成立自管会之后，社区居民参与程度低的情况有了根本性的变化。由于自管会的核心成员都是社区居民中有威信的积极分子，因此，自管会成立后，一方面在政府、居委会和居民之间搭建了沟通的桥梁，另一方面，居民不仅可以通过自管会反映诉求，而且可以通过自管会商讨对策、开展行动，并监督居民的行为，这大大提高了社会管理的效率。而且，也使得 68 号院在"社区参与行动服务中心"退出之后，社区建设能够持续下去。

最后，开展后续教育与制度建设，持续激发社区居民参与的潜能。在成功治理社区环境之后，"社区参与行动服务中心"还在 68 号院开展了后续社区教育，从正面引导和增强居民在事件中表现出来的解决问题的意识和能力，发挥居民潜能，培养社区归属感，使社区真正成为一个利益相关、情感相连的共同体，进一步挖掘了其自身潜能，激发了社会的活力。与此同时，还采用"展望未来论坛""共识会议"等方法帮助自管会完善定期会议制度等，使得社区治理机制不断完善。

结论与建议

长期以来，由于政府包办一切，我国城市社区的居民习惯于凡事依赖政府，不愿意参与自己的公共生活。随着单位体制的逐步瓦解和市场经济体制的建立，在居委会作用日渐式微的背景下，如何提升居民参与公共事务的积极性、增强社区凝聚力成为当前中国城市社区建设面临的最大挑战之一。

北京市菊儿社区 68 号院是一个计划经济单位体制下形成的老社区，在面临一系列社区矛盾与冲突的情况下，通过一系列创新举措，成功化解了社区环境治理的顽疾，而其关键就是引入了一个外部的、专业化从事城市社区建设的社会组织。

作为一个超越政府、居委会和居民的独立第三方，"社会参与行动服务中心"将自己定位为社区建设的协助者，而不是替代者。通过发挥自己的专业优势，采用"开放空间""展望未来论坛""社区行动工作坊""共识会议"等城市社区建设公共参与的方式方法，在政府、居委会与居民之间搭建了各方协调、沟通的对话平台，充分调动了社区居民参与公共事务的积极性，并通过协助社区成立自治管理委员会，完善社区治理的制度建设，挖掘了社区居民参与公共事务的潜能。"社会参与行动服务中心"不仅成功破解了社区居民参与社区公共事务程度低的难题，而且探索了我国城市社区治理的新路径。为此，建议：

第一，各地在社区建设过程中，可以积极发挥专业性的社会组织的作用，通过外部第三方组织搭建政府、居委会和居民沟通的平台。菊儿社区68号院环境整治的老大难问题之所以能够得到圆满解决，一个重要原因就在于整合各方资源，特别是发挥"社区参与行动服务中心"这个专业性社会组织的作用。作为专业性社会组织，其优势就在于给政府提供了一些创新性的社会管理方式，推动社区的参与性治理。治理就是政府力量、社区力量、社会力量共同发挥作用，大家一起来做事情。但是一起做事情这个过程需要一些技术手段和方法，特别是一些专业化机构的协助。而这对于各地社区层面的社会管理创新具有较大的借鉴价值。

第二，各地应采取措施，激发公众参与的热情，培养社区社会组织。68号院案例中，居民真正的变化，是在成立自治管理委员会之后，特别是通过自己的参与看到了社区的改变之后，居民看到了自己的价值，让他们认识到原来我们自己也可以做事，可以改变。在68号院案例中，环境治理的急办问题解决之后，"自治管理委员会"的作用也有所减弱，但经过这件事情之后，已经形成的邻里关怀和互助文化开始延续，遇到新的问题，"自治管理委员会"仍然会继续发挥作用。总的来说，社区建设最重要的还是组织建设。

第三，要善于发现社区自治的潜力、动员社区居民的参与。动员居民有序、有效地参与社区建设是城市社区工作中的一个难点。通过组织居民或居民代表参与的社区论坛、联席会议等活动，以相互尊重的态度，鼓励各方的交流与分享，收集居民感兴趣的议题和项目，发现居民中的"社区骨干"，由社区骨干组建社区社会组织，并组织居民自我管理、自我服务和自我监督。在此过程中，居民的参与热情才可能被激发，参与能力才会得到锻炼，同时也提高了居民的社区认同度。菊儿社区68号院的案例表明，社区治理模式的创新，不仅需要引入社会组织的力量，需要操作化的技术和方法，更关键的是让更多居民参与到社区公共事务的治理之中并分享社区治理的成果。

社会组织孵化领域的社会创新

立体化社会组织培育体系的建立

——南京市社会建设的创新

培育和发展社会组织是社会建设面临的难题

党的十八大报告指出，加强社会建设，是社会和谐稳定的重要保证。当前，我国在社会建设的过程中，一个突出矛盾是社会协同与公众参与不足，而其原因之一在于长期以来，社会组织发展严重滞后、民间缺乏充满生机活力的组织化资源。由于社会组织不发达，不仅导致政府职能难以转移，而且使得公共服务过度依赖政府提供。

近年来，一些发达沿海地区和部分中西部城市开始认识到社会组织在社会建设中的重要作用，并采取了一系列举措积极培育和发展社会组织。然而，从各地的实践看，不同城市培育社会组织的效果差异较大。如何有效培育和发展社会组织，已经成为一些城市社会建设所面临的挑战之一。

南京市面对不断增长的多元化民生需求和相对滞后的社会组织之间的矛盾，通过一系列创新举措，在社会组织的培育和发展方面初显成效。本案例首先描述南京市在加强社会建设、孵化社会组织的创新做法，其次分析南京市社会创新的动力机制及其经验与教训，最后是全文的总结与建议。

案例描述

南京市孵化和培育社会组织的创新做法

作为六朝古都、十朝都会，新中国成立后的南京市沿袭了自古以来的"皇城根"文化，人们崇尚强势的行政机构、大型的国有企业，而社会发育相对滞后。自从改革开放以来，随着市场经济的逐渐深入和居民从单位人到社会人的转变，政府单一化的服务已经难以满足居民多层次的需求——不仅包括贫困和困难群众的传统需求，还有随着老龄化而不断增长的老年服务需求，流动人口服务等新的需求。显然，加强社会建设，还需要依托多元化、专业化的社会组织来满足上述需求。然而，南京市的社区社会组织不仅数量少，而且能力弱，服务水平不高，难以承接政府转移的职能，难以提供高质量的公共服务。为此，南京市积极探索和建立了立体化的培育社会组织的新模式，即建立市—区—街三级社会组织孵化体系，逐步形成了社会组织、社区和社工"三社联动"的工作机制，建立涵盖政府、高校、支持性公益组织和基层社会组织的合作伙伴网络。

一　搭建三级孵化平台

自 2009 年南京市民政局、建邺区政府和爱德基金会联合筹办"爱德社会组织培育中心"以来，到 2012 年底，南京市按照功能作用、活动区域和规模结构的不同，已经在全市建立了三级社会组织孵化机构。市本级通过南京公益创投协会建立"社会工作园"，孵化示范性社会组织；区一级建成九家区级社会组织培育中心；部分街镇，如玄武区梅园街道、浦口区泰山街道、栖霞区西岗街道等建立了街道级社会组织孵化器。

三级社会组织孵化机构具有不同的功能定位。市级社会工作园侧重于开发具有引领作用的社会创新项目，并培育资助额度在十万元以上的重点项目，体现综合性、引领性和推动性；区级社会组织孵化中心侧重于向初创期社会组织提供启动资金、能力培训、注册辅导等一系列孵化服务，不同区县之间也有不同的做法；而街道孵化器主要提供公共空间和注册辅导等服务，或者在养老等某个专业领域为社会组织提供支持（见表1）。

表1　市级、区级和街道社会组织孵化机构的功能对比

级　别	功　能
南京市社会工作园	（1）导向引领； （2）注重社工人才实务培训； （3）注重社会服务项目评估。
区县社会组织孵化中心	为初创期的社会组织提供启动资金、能力培训、注册辅导等各项服务。包括以下几类典型做法： （1）"牵手"爱德基金会； （2）委托恩派公益组织提供专业服务； （3）借鉴企业孵化经验； （4）与驻区高校合作等。
街道社会组织孵化器	（1）服务方面：提供公共活动空间、注册协助； （2）政策方面：为公益项目争取上级公益创投支持； （3）交流方面：搭建社会组织交流平台。

1. 南京市社会工作园

南京市社会工作园是南京市民政局在社会各界参与共建下、推进社会工作创新、创制、创优的平台。社会工作园始建于2012年3月，围绕综合性、引领性和推动性的功能定位，目前共设置"4个中心+1个项目汇聚区"（见表2）。

表2　南京市社会工作园的"4个中心+1个项目汇聚区"

部　门	职　能
公益创投项目开发中心	每年开发若干具有创新性的社会服务项目，并通过项目实施，探索相关政策设计、制度安排和规范标准。
重点公益创投项目培育中心	每年分批安排创投重点项目进园进行实务性培育，并建立重点项目督导制度，以提升其项目运作能力和实施质量。
社会服务项目评估中心	建立专家评估委员会，开展全市公益创投项目评估、居家养老服务评估等。

部 门	职 能
社工人才实务培训中心	开设公益创投和社工人才实务培训课程，培训覆盖获得中级职称的社会工作者、义工领军人才、公益性社会组织、养老机构等。
项目汇聚区	向高校、部门和基金会开放并与之合作，引进其入园进行项目运作。汇聚、展示全市社会工作创新探索成果，为全市社会组织党建工作提供运作载体，同时通过购买服务，开设 12349 民政综合服务热线；开展社会工作者注册登记和统一管理；每年选定一个题目，组织开展社会工作创新探索方面案例征集、评选活动。

　　南京市社会工作园的建设得到了政府和社会各界的支持。仅从资金来源看，2012 年，社会工作园已经获得来自各级财政、福利彩票和慈善总会的 1200 多万元的支持（见表3），而且，市县财政的资金投入占到 80% 左右。南京市以财政资金为主的扶持模式可以更稳定地孵化社会组织、催生更多的公益项目。而其他城市，比如，宁波市的公益创投资金主要来自福利彩票资金，资金的使用只能局限于福彩发行宗旨规定的"扶老、助残、救孤、济困"四个领域，这必然大大限制孵化社会组织的范围。而南京市的做法则不会受到这样的限制。

表3　2012 年社会工作园的社会创投资金来源构成

单位：万元

资金来源	金额
市级财政	350
区县财政配套	350
玄武区、栖霞区等区县的其他财政项目资金	500（跨年度资金）
福利彩票	200
慈善总会	50
合　计	1200 多（2012 年）

2. 区县社会组织孵化中心

　　目前，南京市共有九个区县建立了社会组织孵化中心。这些孵化中心各

有特色，已经涌现出了以下四种典型的做法。（1）"牵手"爱德基金会。从
2009 年底开始，爱德基金会就开始在建邺、栖霞、白下等区建立了爱德社会组
织培育中心。（2）委托恩派公益组织提供专业服务。2012 年 3 月，雨花台区
引进恩派（NPI）公益组织发展中心，开展公益组织孵化器项目。（3）借鉴企
业孵化经验。玄武区借鉴江苏省创业者投资服务集团有限公司在孵化小企业
方面的成功经验，由该公司举办社会组织培育促进中心。（4）与驻区高校合
作。江宁区社会组织孵化中心搭建平台，吸引驻区高校成立专业社工服务机
构；栖霞区与驻区高校团委合作，成立高校公益性社会组织培育中心。除了
上述四种典型做法之外，各区县还出现了其他孵化和培育社会组织的做法，
例如，鼓楼区以公益创投项目引领社会组织发展，成立社会组织创业中心，
等等（见表 4）。

表 4　南京市各区县社会组织孵化中心的比较

典型做法	区　县	示　例
"牵手"爱德基金会	栖霞建邺白下	示例：栖霞区社会组织培育发展服务中心 "牵手"爱德基金会，打造"国际仁谷"公益项目。五个主要功能性实体之一是爱德国际公益创业孵化中心，为国内外公益服务提供创业咨询和培训。 对社会组织从培训、资金、税收优惠、劳保等方面给予支持。 促进全区社会组织人才队伍的职业化、专业化建设。
委托恩派提供专业服务	雨花台	示例：雨花台区社会组织孵化中心 雨花台区民政局以政府购买社会组织公共服务的方式，引进恩派（NPI）公益组织发展中心开展公益组织孵化器项目。 借鉴恩派上海和北京等地在社会组织孵化培育、扶持发展和综合服务等方面的实践经验，提供以下八大服务：公共空间、种子基金、资讯服务、管理咨询、能力建设、资源对接、财务托管、注册辅导。
借鉴企业孵化经验	玄武	示例：南京新兴社会组织培育促进中心 在孵化器成立方式上，将小企业孵化经验直接"嫁接"到社会组织培育中来。促进中心是江苏乃至全国首家直接由孵化小企业并取得经验的单位（江苏创业者投资服务集团有限公司）举办的社会组织孵化器。 在孵化器软硬件设施上，不依赖政府。促进中心从场所、资金、设施到管理队伍都是通过吸收社会力量，由自身运作完成的。政府主要提供政策指导、工作协调。 在孵化培育机制上，注重社会组织整体能力的建设。（1）帮助社会组织自我完善、找准社会定位，调整市场定位，优化经营模式；（2）帮助募集资金，市场推广，改善外部发展环境，促进社会认同、理解、尊重、接纳。

续表

典型做法	区 县	示 例
与驻区高校合作	江宁 栖霞	示例：江宁区社会组织孵化中心 区民政局牵头，依托区社区服务中心，搭建社会组织培育发展的公共服务平台，首批入驻 30 家社会组织。 与驻区高校合作，成立三家专业社工服务机构，分别是南京工程学院的红叶社会工作服务社、南京晓庄学院的晓庄社会工作服务社、河海大学的汇达社会工作服务社。 孵化中心主要为处于初创期的社会组织提供办公场地、办公设备、能力建设、小额补贴、注册协助等，为被孵化机构提供专业的指导，探索独立发展道路，提升社会组织的综合发展实力；与政府、社会机构合作，筹划政府对社会机构购买服务；积极协助被孵化机构处理业务开展过程中出现的各种困难和情况。

3. 街道社会组织孵化器

　　除了市级和区级政府成立孵化机构之外，南京市的部分街道也开始探索成立社会组织孵化器，如玄武区梅园街道、浦口区泰山街道、栖霞区西岗街道等。街道社会组织孵化器的主要功能是为社会组织提供公共空间、注册协助等。虽然它们的资金规模、职责功能比不上市级和区级政府举办的孵化机构，但是它们是社会组织介入并扎根社区的"前哨站"，街道社会组织孵化器也是南京市社会组织孵化体系的必要组成部分。

　　下面以玄武区梅园街道"博爱梅园"为例，介绍街道社会组织孵化器的特点和功能。

案例　南京市玄武区博爱梅园社会组织孵化器

　　博爱梅园探索以"1+1+X"方式，即"一个载体"社会组织服务园+"一个枢纽"社会组织发展促进会+若干社会组织的互联互动，大力培育壮大社会组织。其中，

　　"1"：博爱梅园社会组织服务园。服务园主要面向处于创业初级阶段、具有典型示范性、尚不具备独立发展能力的公益性社会组织，提供三个支持平台。一是服务平台，为入驻的社会组织免费提供办公场地、办公设备和项目展示、辅导培训、经验分享等公共活动空间；帮助本土培育、已初步具备

登记条件的社会组织提供注册协助；等等。二是政策平台，为公益服务项目争取上级公益创投等政策支持，促成公益资源流入初创期的社会组织，支持社会创新。三是交流平台，促进社会组织之间的横向交流与沟通。

"1"：梅园街道社会组织发展促进会。促进会是在街道支持下，由东南大学院士专家服务站、玄武区社会工作服务中心等五家社会组织联合发起，34 家社会组织作为成员单位，于 2011 年 12 月成立的支持型社会组织。

"X"：区域若干社会组织。为了充分发挥园区内社会组织对梅园公益事业的示范引领作用，经过反复筛选，街道首批引进了"一家圆"心灵保姆服务中心、梅园阳光家园残疾人托养中心、小蜜蜂文化教育培训中心、玄武区社会工作服务中心、玄武城市符号文化交流中心等 21 家具有示范性、成长性、服务型的专业社会组织入驻博爱梅园社会组织服务园。

与传统的做法相比，南京市构建社会组织孵化器的举措具有以下两个明显的特点。第一，政府的角色从前台退到了幕后，政府成为社区建设的指导者和培育者。改革开放以来，政府逐步从"全能政府"向"后全能政府"转变，在社会建设方面，出现了政府包办和政府不办两种现象并存的局面，即，在低保等传统领域，政府仍然包揽所有社会事务，而在一些新兴领域，政府的职能往往难以覆盖。在南京市启动孵化社会组织的举措之后，社会建设的主体从单一走向多元，同时，政府的角色从"划桨者"转型为"掌舵者"，政府专注于指导和培育社会组织等社区建设主体，而社区建设主体专注于提供专业化、有针对性的服务。这种转型实际上已经成为了南京市建设"强政府、好社会"的前提和基础。第二，政府培育社会组织的做法更加系统，更加专业，更加可持续。在建立三级孵化体系之前，南京市各级政府也在尝试培育社会组织，但是过去的做法往往是偶然的、业余的、临时的，政府只能提供有限的服务，只能孵化少量的社会组织。如今，南京建立了市、区、街全覆盖的孵化体系，不同机构各有分工，各具特色，孵化工作更加成体系；同时，通过和爱德基金会、恩派、高校社会工作院系等专业机构的合作，孵化工作更加专业；通过成立南京市公益创投协会等孵化机构，建立"三社联动"等机制，孵化社会组织的行动变得更高效和可持续。

二 建立"三社联动"机制

南京市探索建立社区、社会组织、社工联动机制，推进"三社"的有机融合与联动。通过项目评估和补助，重点培育和扶持专业化社会组织；引导社工参与运作社区服务项目，提升服务群众能力，逐步形成资源共享、优势互补、相互促进的良好局面，探索以社区基础设施为平台、以专业化社会组织和专业社工开展项目化运作为主要内容的"三社联动"路径。

具体来说，南京市建立的"三社联动"机制主要体现在以下六个方面。

1. 项目必须由社区居民产生

从 2007 年开始，南京市民政局每年都投入不少于 300 万元的财政资金，直接补助由市民投票、在社区产生的 200～400 个小型社会服务项目。从2012 年开始，市民政局与市财政局多次协商，放大效应、提高效益，专门出台了公益创业实施办法，对其中 60 个市民迫切需要、社区强烈推荐的项目给予 10～30 万元补助。

2. 项目必须由社会组织承接

一方面，南京市逐步放宽社会组织登记注册条件，除暂时保留少部分有特殊需要和前置审查职能的部门继续作为有关社会组织的业务主管单位之外，社会组织依照有关程序直接向登记管理机关申请登记，行政部门原则上不再作为业务主管单位①。另一方面，鉴于多年来小型社会服务项目运作的实践，从 2012 年起，南京市规定所有接受政府公益创投资金资助的项目必须由登记注册的社会组织来承接，以确保项目运作的质量和资金安全。仅此一项措施，有 30 多个原来只在社区备案的社会服务机构，纷纷到区县民政部门进行注册登记；不少大型民办非企业单位也纷纷进入社区，承接面广量大的社会服务项目。

3. 项目必须由专业社工实施

为了提高项目运作的专业化、规范化、职业化程度，南京市规定项目必须由具有资质和等级证书的专业社工来实施，这不仅吸纳了大量社工就业，而且使社会组织的员工素质得到了比较大的提升。该项举措也吸引了不少高

---

① 参见南京市《关于社会组织登记制度改革的实施意见》，2012。

校社会学等相关专业的老师成立工作室，为公益项目培育社工人才。

4. 项目必须由公益资金保障

南京市孵化机构瞄准需求、聚焦重点，引导社会组织设计、包装项目，并通过"公益创投"等活动，支持、扶持社会组织。2012 年，南京市市本级增加投入创投资金 1000 万元，对公益性社会组织进行项目支持。

5. 项目必须由专家评估监督

为了保证项目实施全过程的公平、公开、公正，一是建立组织机构。成立南京市公益创投协会，协调统管全市公益性创投活动。二是建立专家团队。依托南京市社会工作园，组建专家评估委员会和复核委员会，负责对社会组织承接项目的监管评估。三是制定评估办法。先后建立了项目需求评估、项目执行评估、项目绩效评估三项机制，规范项目运行。

6. 项目必须由体系设计支撑

南京市以项目为纽带孵化、培育公益组织，不仅带动了社区建设、社会组织和社工人才的发展，而且，为了使一个个分散的项目形成体系，每个项目在设计之初都会从整个社会保障体系出发，进行顶层设计、统筹考虑，形成了"多社联动"。

与传统的做法相比，南京市建立"三社联动"机制的举措具有以下两个鲜明的特色。第一，"三社联动"有利于梳理各个政府部门的职能，整合更加丰富的社区建设资源。传统上，政府建设社区的做法是各个部门各管一块，各自为政，这种做法不仅给社区带来了极大的行政管理压力，而且也难免存在职能交叉、互相推诿的情况。而"三社联动"的做法更加有利于实现民政、综治、社保等各个部门的职责，同时整合政府的公共资源、带动社会的慈善资源、培育社会工作的人才资源，在整合资源之后再投入到社区建设当中。第二，"三社联动"有利于培育更加多元的社区建设主体，有利于提升社区建设的水平。传统上，政府机构或社区居委会是社区建设的单一主体，基层工作人员承担了政府公共服务和组织居民自治的职责，工作任务繁重，工作方法陈旧，往往难以满足日益增长、日趋多元的居民需求。而"三社联动"的做法有利于在社区层面培育社会组织、社工队伍等多元主体，他们利用资源的效率更高，开展工作的方法更加专业。随着这些主体的加入，社区建设的水平将提升到新的高度。

孵化和培育的效果

评价南京市孵化和培育模式的效果要考虑多方面的因素，不仅要考虑孵化机构投入了多少成本、举办了多少活动、孵化和培育了多少社会组织，还要考量社会组织在接受孵化和培育期间，其业务模式的改善情况、资金结构的调整情况和管理能力的提升情况，甚至要考察整个社区建设在结构、环境、价值、影响等维度的发展状况。

十年树木，百年树人，孵化和培育社会组织是一项长期而艰巨的工作。就南京市目前的情况来看，孵化和培育社会组织的实践刚刚起步，全市大范围推广还不满一年，只取得了初步的成效，或者说效果尚不明显。正如常建东秘书长在评价社会工作园时所说，它还处在"初步定型，亟待完善"的阶段。不仅社会工作园如此，区县和街道级别的社会组织孵化机构也处在探索和试验的阶段。

宏观上看，南京市初步搭建了市—区—街的三级孵化平台，产生了形式多样的孵化和培育社会组织的做法，同时，孵化成果初步显现，社区社会组织发展态势良好。具体来说，孵化的体系初步形成。南京市成立一家社会工作园、九家区县级社会组织培育中心和玄武区梅园街道等街道级孵化器。其中，区县级培育中心有的与爱德基金会合作，有的引进恩派的孵化经验，有的与南京市的高校合作，有的借鉴企业孵化经验，呈现出形式多样、各具特色的孵化形态。同时，孵化的效果也初步显现。2012 年，南京市扶持首批公益创投项目 131 个，内容覆盖全部社会服务类别，其中养老服务类占 21%、公益慈善类占 25%。而且，孵化服务带动了社区社会组织的蓬勃发展。目前全市所有社区都拥有十个以上的社会组织，有 500 多个社区搭建了综合性社会组织活动平台，其中，玄武区梅元社区引入 21 家社会组织、雨花台区花神庙社区引入 30 多家社会组织，众多社会组织盘活了社区资源，搞活了社区服务。

中观上看，"三社联动"机制也取得了初步的成效。南京市这种"项目牵引，体系推进"的做法，带动了社区建设、社会组织和社工人才的发展。

第一，居民参与社区活动的自发性增强了。鼓楼区丁山社区的"拍客吧"，以社区内特长人员为骨干，滚动发展成员 30 多人，为社区居民播放老电影，交流展示摄影和"微电影"作品；雨花台区翠竹园社区的在职居民自发建立"社区互助会"，为邻里互助搭建平台。全市有 1700 多个服务类、活动类、互助型社会组织，居民参与从被动转向主动，参与主体由弱势群体为主转为全员广泛参与。第二，社会组织提供社会服务的专业性提升了。比如，拥有 750 张养老机构床位的"南京瑞海博老年康复护理中心"开了八家连锁，并将服务延伸到机构和社区；南京经贸学院引入台湾"音乐疗法"服务居民，形式和内容让人耳目一新。众多的社会组织开展的活动更加丰富多彩，提供的服务更加专业到位，弥补了政府单一化服务供给的不足，提升了社会服务的质量。第三，社工服务机构的数量变多了。"三社联动"的政策吸引了八所高校的社会工作专业老师纷纷"下海"，设计公益项目，成立服务机构，2012 年新增明道教育服务中心、益民社会服务中心、晓庄社会服务社等以高校为背景的社会组织 23 家。这些社工机构不仅吸纳了大量社工就业，而且使社会组织的员工素质和专业化程度得到了比较大的提升。

微观上看，社会组织在接受孵化和培育的过程中，注册时间减少了，工作效率提高了，工作思路更清晰了。进驻雨花台区社会组织孵化中心的爱之光公益发展中心发起人代贤伟表示，如果没有孵化机构的帮助，一般公益组织申请登记注册需要一到两年的时间，而进驻孵化中心之后，爱之光在半年内就成功注册为民办非企业单位。而最快注册的一家社会组织，从申请注册到审批只用了两天的时间。有了孵化和培育机构，社会组织不仅节省了注册时间，还提升了项目设计的能力和经营管理的水平。南京市社会工作园设计了一系列的项目团队实务培训课程，涵盖"项目计划管理""项目评估与检测管理""项目财务管理""团队能力建设"等多个方面，以及社区建设、社会工作、老年工作和公共关系等多个专题。社会组织因此而改进了自身的业务模式、管理架构和团队分工，完善了财务管理等一系列制度。

案例分析

南京市在培育和发展社会组织方面进行了大量创新实践，本部分将进一步分析南京市创新社会组织培育体系的内生动力和外部动力,包括:社区的需求、政府的重视、公益创投的潮流等。

社会创新的内生动力

一 社区需求

随着南京经济水平的提高和人口结构的改变,老百姓对社区社会服务和公益慈善的需求日趋强烈;同时,由于南京市社区建设具备良好基础,社区社会组织逐步成长,进一步激发了居民的服务需求。2011年,南京市地区生产总值达到6145.52亿元,在省内仅次于苏州和无锡,在全国位居前列;2011年,南京市城镇居民人均可支配收入达到31100元,农村人均纯收入达到13108元,其中城镇居民人均可支配收入远远高于全国的平均水平(21810元)①。经济的发展和收入的变化增加了居民对社区建设的需求。而且,人口结构的变化也是社区需求增长的一个因素,比如,老龄化的加剧提高了社区对养老服务的需求,年轻人口中受教育人口的增加提高了社区对新型公益活动的需求。同时,南京市在社区规范化建设方面起步较早,理顺了社区党委、居委会、服务站的职能,巩固了社区建设的堡垒;南京市社区社会组织发育良好,2008年,全市社区社会组织超过8000个,被民政部评为当年"社会组织发展十大事件"之一;目前全市所有社区都拥有十个以上的社会组织,500多个社区(约占城市社区总数的65%)搭建了综合性社会组织活动平台。社区和社会组织的发展也进一步激发了居民对各类社会服务的需求。

这些社会需求的增加正是南京市孵化社会组织的推动力量。以往,政府和事业单位往往是承接公共资源、提供社会服务的主体。但是随着社会需求的增加,尤其是需求从单一变为多元之后,政府和事业单位在满足社会需求方面显得力不从心,甚至出现"政府买单,老百姓不买账"等"吃力不讨好"的现象。这个时候,政府有必要从那些不擅长、低效率的事务中"退

---

① 参见《江苏统计年鉴2012》。

出"，将相关职能转移、让渡给社会组织。政府有必要从社区服务的直接提供者转变为主导者和支持者，而让社会组织从幕后走到前台，让它们在满足居民需求方面发挥应有的职能。可见，社区建设格局的转变，是南京市政府孵化社会组织的内生动力。

二　政府重视

在社区建设格局转变的大背景下，南京市各级政府十分重视孵化和培育社会组织的工作，在思路、政策和资金等多个方面给予支持。在思路上，南京市委市政府开明开放、鼓励创新、支持典型，即保证了正确的政治方向，又为基层消除了发展问题上的后顾之忧。区委区政府热心热衷、争先创优、多向探索，市、区理念贯通、一体互动，形成社会组织发展良好的政治生态和发展环境。南京市民政局洞悉社会建设发展趋势，将社会组织看作实践社会善治的重要载体，将社会组织看作推动全市民政转型升级的助力。在政策上，南京市委出台《关于加快推进和谐社区建设的意见》，加快社区社会组织培育发展；市政府出台《南京市行业协会管理办法》《关于进一步促进南京市民办非企业单位快速健康发展的意见》，规范社会组织培育发展，并将社会组织培育发展纳入全市和谐社区建设指标，率先基本实现现代化指标和幸福都市指标体系高位、刚性推进。雨花台和栖霞等区专门出台社会组织培育发展文件，把社会组织作为新一轮社区建设的重要抓手。在资金上，仅2012年，市级财政购买服务的资金约五亿元，仅民政业务内，各级财政直接投入社会组织扶持、资助资金达9800多万元。同时，财政投入到社区建设的经费也在逐年稳步增长，2006年，南京市的社区建设经费只有100万元，而到了2012年，该领域的财政经费已经增长到4000万元。

社会创新的外生动力

南京市孵化和培育社会组织、实施和推广公益创投的做法，也得益于公益孵化、公益创投理念在发达城市之间的推广。近几年，公益创投的概念逐渐在上海、深圳等沿海发达城市流行开来。通过公益创投的方法孵化社会组织，培育公益项目，似乎成为政府撬动社会建设杠杆的重要支点。举例来说，在全国，NPI 的社会组织孵化模式得到了不少地方政府的认可。2006年，NPI 提出"公益孵化器"概念，并在上海浦东成功运作，后又通过发起"恩派"连锁机构的方式使该模式在北京、成都、深圳等地成功复制。NPI 还通过举办公益创投活动、公益创投大赛等形式，在上海、东莞、苏州等地推广公益创投理念。南京市政府成立社会工作园等孵化机构，也或多或少受到了这股潮流的影响。南京市公益创投协会秘书长常建东表示，在成立社会工作园之前，曾经到广州、深圳、上海等地考察，学习这些城市的做法和经验。

同时，爱德基金会在南京发起社会组织孵化培育工作的创举也对南京市民政局也带来了积极的影响。早在 2009 年 10 月，爱德基金会发起创办了南京爱德社会组织培育中心。该中心得到了南京市民政局、建邺区民政局以及社会各界人士的关注和支持，并由建邺区南苑街道免费提供办公场地，开展社会组织培育工作。爱德的探索，无论是成功的经验还是有待改进的地方，都为南京市目前大规模的孵化培育工作打下了良好的基础。

当然，值得说明的是，南京市并非完全照搬其他城市和机构的做法，而是基于自身的情况，对公益创投自己的理解和定位。例如，访谈中，常建东秘书长说道："（公益创投就是）运用工业资本，购买、扶持公益项目，从而解决社会问题。"此外，南京市孵化和培育社会组织的做法也有别于深圳、广州和上海等地的实践（见表5）。

表 5　不同城市孵化和培育社会组织的不同做法

地　区	主要做法
南　京	资助公益项目，用社会组织发展社会组织，以管促用
深　圳	购买社工岗位
广　州	购买社会组织服务
上　海	委托恩派（NPI）公益组织发展中心进行孵化培育
北京东城	通过社区参与行动、协作者和巧娘工作室发展协会三家组织来培育社区公益组织

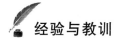

经验与教训

南京市在孵化和培育社会组织方面的成功经验

南京市在孵化和培育社会组织方面，有以下三点经验值得借鉴。

第一，政府放水养鱼，实现民政事业转型升级。目前，国内社会组织仍然以政府主导模式为主，而且处于发展的初级阶段。在这种大环境下，地方政府的理念在很大程度上决定了当地社会组织的发展空间。南京市委市政府鼓励各级政府大胆尝试，同时出台《关于加快推进和谐社区建设的意见》等相关政策，配套数以亿计的政府购买服务和公益创投资金。南京市政府在思路、政策和资金方面的支持，形成了市、区、街三级孵化体系，形成了各区各具特色的生动局面。同时，社会组织的发展反过来又推动了南京市民政事业的转型升级。具体来说，由于社会组织数量的增长，能力的加强，以及与社区和社工的互动，南京市民政局从一些它不擅长、不专业的领域退出，社会组织从幕后走向前台，民政的职能从直接提供公共服务，转型为孵化和培育社会组织，并指导或引导社会组织来提供服务。而且，随着社会组织和社工人才队伍的发展，民政事业的主体更加多元了，民政所能提供给社区居民的服务更加专业化、更加有针对性了，政府提供公共服务的能力得到了提升。

第二，借鉴国内孵化机构的成功经验，实现孵化培育工作的跨越发展。孵化和培育社会组织是一件非常复杂和艰巨的任务，如果没有掌握相关的理论和方法，不具备一定的孵化经验，孵化机构很难成功孵化、培育社会组织。南京市在实施过程中，借鉴了恩派（NPI）公益组织发展中心、爱德基金会、企业孵化器的成功经验，从而实现了孵化工作的跨越式发展。恩派公益组织自成立至今，已经积累了将近六年的孵化经验；爱德基金会也早在2009年底开始探索孵化南京市本土的社会组织；而玄武区建立的社会组织孵化器——"南京新兴社会组织培育促进中心"，本身就是以孵化小企业和进行创业培训为主的"江苏创业者投资服务集团有限公司"举办的，这种做法将小企业孵化经验直接"嫁接"到社会组织培育中来，在江苏乃至全国都是首家。当这些组织将各自的成功经验"移植"到南京之后，必将缩短南京市在探索孵化社会组织道路方面的时间，实现南京社会组织孵化器的跨越式发展。

第三，融合各政府部门职能，整合社会各类资源。社区建设是在新形势下实现基本现代化指标、构建社会主义和谐社会的一项艰巨而复杂的任务，社区建设离不开各政府部门和社会各界的共同参与。南京市政府在孵化和培育社会组织的实践中，调动政府、社会组织、专家学者等多方面的资源，借力使力，共同促进社会建设事业的发展。在"三社联动"中，南京市将社会组织、社区建设和社工人才等系列工作深度融合，从而进一步促进了社会福利、社会救助、社会保障等诸多"社字头"工作的"多社联动"。在孵化和培育工作中，南京市将爱德基金会、恩派（NPI）公益组织发展中心等多个综合类、支持型社会组织的资金、项目整合到一个平台当中，同时成立自身的孵化机构，最终实现了利用社会组织孵化社会组织的目的。在评估工作中，南京市动员省内高校教师和公益实践者广泛参与，将专家学者的力量整合到社区建设工作中来。

南京市在孵化和培育社会组织方面存在的局限

南京市的社会组织发展仍然处于初级阶段，孵化和培育社会组织的工作也处于起步阶段，仍然有不少矛盾、困惑，甚至比较突出的问题，具体体现在以下三个方面。一是在发展理念上，一些区或街道政府将社会组织甚至将社会事业发展简单理解为"花钱"的领域，因此认为只有经济发展了、税收增加了、政府有钱了，才能"花钱"去培育社会组织、发展社会事业，而忽视社会组织对经济发展的促进和支撑作用。二是在发展方式上，政府主导、行政本位的色彩太浓，而给予社会组织的自主生长空间不足。比如，政府习惯于优先发展政府创办的各类机构和事业单位，而不会首先考虑与社会组织合作、购买社会组织的服务或者对其进行其他方面的支持。再比如，南京市的孵化器一般由政府举办，孵化工作存在较浓厚的行政色彩，而在国外，孵化器一般由当地的基金会或者联合会举办，孵化和培育社会组织的自主空间较大。三是在资源配置上，首先保障政府部门，其次考虑事业单位，而把以公益为目标的社会组织与以盈利为目标的企业放在同等地位，甚至不少企业可以享受的优惠政策，社会组织却难以得到。

国外在孵化和培育社会组织方面的创新做法

英美等国家在孵化和培育社会组织方面起步较早，尤其是发达国家也存在建立多级孵化扶持体系的做法，有很多经验值得南京等国内城市学习。这里介绍美国印第安纳州的多级扶持体系和英国 CSVO 志愿服务产业链条。这两则案例的经验，总体来说有三条：一是孵化和培育工作形成体系，贯穿州—县—社区等各个层级，形成公益生态网络和公益产业链条；二是社会组织的孵化和培育工作主要依靠基金会的支持和资助，民间自发性较强，而政府的干预较少；三是社会组织互相联合，形成联合会、"伞"状组织等公益网络，内部互动频繁，便于互相学习和交流经验。

案例 1 美国印第安纳州的社会组织生态网络①

美国的印第安纳州已经发展和孕育了完整的社会组织生态网络。该州的"印第安纳捐赠者联盟"（Indianna Grantmaker Alliance）就承担了类似于"孵化器的孵化器"的角色，它在礼来基金会（Lily Foundation）的资金支持下，扶持 92 个县的社区基金会，提供资金支持、政策倡导和最佳实践案例推广等服务（见图 1）。同时，社区基金会也不承担具体的公益慈善项目，而是帮助该县的"草根"公益组织更好地开展公益服务。

① 参见印第安纳捐赠者联盟网站：http://www.indianagrantmakers.org。

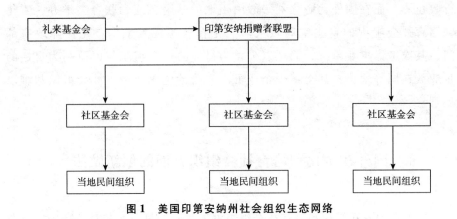

图 1 美国印第安纳州社会组织生态网络

案例 2 英国的志愿服务产业链条

英国已经形成了完善的志愿服务产业链（见图 2）。在英国，平均每个地区的 500 家志愿组织至少有一个志愿者中心，比如，在伦敦就有 34 家地方性的志愿者中心（如 Wondsworth Volunteer Center），它们为当地的志愿组织提供"基础设施方面的支持"，包括（1）提供志愿服务信息与匹配；（2）地方志愿服务营销；（3）开发最佳实践项目，能力建设，支持志愿者项目运作；（4）开发志愿服务岗位；（5）政策建议与倡导；（6）与地方政府和公民社会组织合作制定志愿服务发展策略。在志愿者中心之上，有行业支持性组织，如 Volunteering England，它的主要任务与志愿者中心类似，但是更加侧重于制定战略、提供标准与认证、实施评估等工作。[1]位于产业链顶端的是"全国志愿组织联合会"（NCVO），它为会员组织提供四个方面的支持：一是为志愿和社区部门在众多问题上提供建议、信息和教育、培训；二是开展部门研究和分析；三是通过征求志愿和社区部门的意见来对主要问题提出政策性思考；四是发展和开展活动，对能够使整个部门受益的政策和实施加影响。[2] NCVO 的志愿活动实践主要包括：积极建设会员组织网络；举办

---

① 董强、翟雁：《中国民间志愿服务实践与国际和地区经验》，知识产权出版社，2011，第 131～143 页。
② 王名、李勇、黄浩明：《英国非营利组织》，社会科学文献出版社，2009，第 188～189 页。

"伞"状组织论坛（The Umbrella's Forum），运营一个英国工作集成中心，举办大量年会，为志愿和社区部门实施可持续的融资项目；保护环境，运营治理集成资源。[①]

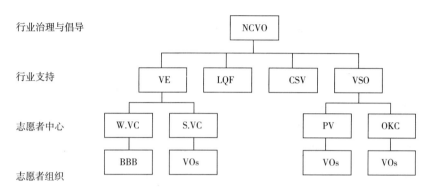

图2　英国全国志愿组织联合会架构[②]

![羽毛笔图标] **结论与建议**

　　党的十八大提出要加快形成党委领导、政府负责、社会协同、公众参与和法制保障的社会管理体制。而其重点与难点之一就在于培育一支公信力强、效率与服务质量高的社会组织队伍。然而，当前我国的社会组织尚处在起步阶段，孵化和培育社会组织的工作也刚刚起步。就像三十年前工商个体户、乡镇集体企业等初级经济形态开始萌芽一样，社会组织的发育也需要经历数十年的摸索过程。政府主动建立孵化器的做法可以加速社会组织的成长

①　王名、李勇、黄浩明：《英国非营利组织》，社会科学文献出版社，2009，第192～193页。

②　英文缩写注释：NCVO（NationalCommunity of Volunteering Organizations）全国志愿组织联合会；VE（Volunteering England）英格兰志愿者；LQF（Leader's Quest Foundation）聚贤社基金会；CSV（Community Service Volunteers）社区服务志愿者组织；VSO（Voluntary Service Overseas）英国海外志愿服务社；W. VC（Wondsworth Volunteer Center），S. VC（Southwark Volunteer Center）这两家是位于伦敦的地方志愿者中心；BBB（Before Babel Brigade）一家位于伦敦东部的以艺术创新为手段的社区组织；VOs（Volunteer Organizations）泛指志愿组织。参见董强、翟雁《中国民间志愿服务实践与国际和地区经验》，知识产权出版社，2011，第131～156页。

步伐，当然，政府本身也在"摸着石头过河"。在东部沿海发达城市探索孵化和培育社会组织的诸多实践中，南京市的做法为实践者和理论界提供了一个创新范例。

南京市政府在推动社会建设、建立培育体系的顶层设计下，探索孵化和培育社会组织的立体化模式，取得了初步的效果。在纵向上，南京市建立了市、区、街的三级孵化体系，不同层级、不同地区的孵化器各具特色、错位竞争，形成了孵化和培育社会组织的体系；在横向上促进社会组织、社区建设和社工人才的联动，建立涵盖政府、高校、支持性公益组织和基层社会组织的合作伙伴网络，逐步走出了一条以社区基础设施为平台、以专业化社会组织和专业社工开展项目化运作为主要内容的发展新路。

南京市立体化培育社会组织的创新探索值得其他城市在社会建设过程中参考和借鉴。首先，地方政府应转变理念，给社会组织更大的发展空间，从传统的单一公共服务提供者转向公共服务的购买者；其次，需要不断吸取国内外孵化机构的经验与教训，实事求是，创新探索适合本地实际情况的培育模式；最后，要梳理各政府部门的职能，整合社会各类资源，形成孵化和培育社会组织的合力。只有这样，各地的社会组织才可能蓬勃、健康发展，社会建设才有坚实的基础。

多元化社区社会组织的孵化培育

——北京市东城区的社会创新

社区建设之困

随着城市化的加速、单位体制的逐步瓦解和大量新型住宅小区的建设，中国的邻里关系已经逐步由过去的亲密关系演变为冷漠关系，而依赖于传统邻里关系的道德秩序和社会信任受到了极大的挑战。社区原本是聚居在一定地域范围内的人们所组成的社会生活共同体，它不仅仅是人们睡觉的地方，更是生活的场所。遗憾的是，二十多年来，我国的社区建设并没有有效解决这个难题。

随着社会经济的发展，社区居民对公共服务的需求日益多元，从幼儿的教育到老年人精神的慰藉，从文体娱乐的需求到参与公共事务治理的需求，复杂而多样。我国的居委会实质是政府职能的延伸，在满足社区居民多元化需求方面往往力不从心，更不堪承担社区参与的功能。这不仅使得社区居民一些基本的文体娱乐需求难以满足，更使得居民参与社区公共事务治理的需求难以满足。

国内外经验表明，多元化社区公共服务的供给不仅需要政府、居委会，还需要大量社区社会组织。例如，社区居民的文体娱乐性组织、社区环保组织、社区养老机构等等。社区社会组织不仅能够提供丰富多彩的公共服务，满足居民多样化的需求，而且可以增进社区居民心理上的归属感，增强社区居民之间的相互信任与友情，增强社区的凝聚力。可以说，社区社会组织是社区建设的基础与关键。

　　然而，当前我国基层社区互助性和公益性的社会组织数量都不少，但是社区社会组织的规模小、管理松散、能力弱、作用非常有限。由于社区缺乏有效的组织化资源，不仅居民参与社区公共事务的程度非常低，而且居民的多元化需求难以满足，社区的凝聚力非常低。目前，越来越多的城市开始认识到，加强社区建设，必须大力培育和壮大社区社会组织。

　　自2006年，上海浦东非营利组织发展中心（NPI）提出"公益孵化器"以来，上海、北京、广州、深圳、顺德、南京、苏州、宁波、南昌、成都等城市陆续建立社会创新孵化园、公益组织孵化园、社会组织孵化园等，加大培育和发展社会组织，特别是社区社会组织的力度。尽管各地社会组织孵化的模式有许多相似的地方，但也不乏特色。其中，北京市东城区开展的社区社会组织孵化培育工程就非常独特，探索了一条社区社会组织孵化培育的新路。

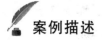 案例描述

东城区孵化培育社区社会组织的主要做法[①]

　　东城区是北京市的中心城区，也是政治、经济、文化等相对集中的城区。近年来，为了加强社区建设，促进社区社会组织的发展，东城区政府采取了一系列措施。例如，2009年东城区成立了社会组织指导服务中心。在双重管理体制下，由于民间自发成立的社会组织难以找到业务主管单位，难以登记注册，因此，经区政府授权，东城区社会组织指导服务中心成为区级公益服务类社会组织的业务主管单位，从而解决了区级公益服务类社会组织登记难的问题。与此同时，东城区还建立了全区社会组织专项培育扶持基金，从启动资金、活动经费补贴、工作经费补贴等方面为社会组织提供资金支持，并建立培育扶持经费的长效机制和稳定增长机制，形成政府财政投入和

---

　　① 本部分参阅了东城区民政局《东城区社区社会组织孵化培育工程报告》，2012年12月（内部资料）。

社会捐助相结合的社会组织发展资金保障体系。

2011年10月，东城区民政局启动了"社区社会组织孵化培育工程"。本次孵化培育工程为期一年，共投入资金50余万元。工程以政府购买支持性社会组织服务的方式，帮助社区孵化培育社会组织，提升社区服务居民的能力。

与其他城市社会组织孵化模式所不同的是，东城区政府分别资助了协作者社会工作发展中心、社区参与行动服务中心和巧娘工作室发展协会共三家社会组织，由这三家支持性社会组织对接建国门等八个街道的13家社区社会组织。项目的目标是通过支持性社会组织的孵化培育，提升基层社区社会组织的能力，从而让社区社会组织在社区养老、扶贫助困、环保等领域发挥更大的作用。

一 北京市协作者社会工作发展中心的孵化培育工作

北京市协作者社会工作发展中心（简称"北京协作者"）是由北京市民政局主管、北京市协作者文化传播中心举办的支持性社会工作专业机构。北京协作者成立于2003年，最初致力于为外来务工人员服务，后逐步发展为一家以社会工作专业手法提供综合性社会服务的社会组织。2009年，北京协作者的专业服务模式被南京市民政部门引进到南京，建立了长三角地区第一家以社会工作专业手法服务流动人口的社会工作专业机构"南京市协作者社区发展中心"；同年，被珠海市民政局与伟创力工业园合作引进到珠海，建立了全国第一家整合政府、企业、社会组织三方力量共同参与建设的社会工作专业机构"珠海市协作者社会工作教育推广中心"。

鉴于北京协作者的能力与作为支持性社会组织的工作经验，此次东城区的"社区社会组织孵化培育工程"委托其承担建国门街道赵家楼社区帮困助残便民服务队、赵家楼社区牵手俱乐部和大雅宝社区绿色环保捡拾队三个基层社区社会组织的孵化培育工作。

协作组在承接项目之后，主要开展以下几方面的工作：第一，着手打造项目团队，与居委会、社区组织合作成立项目管理和执行小组；第二，制定项目实施计划，与各方讨论沟通，就项目目标和计划达成一致；第三，开展需求评估，了解社区需求并对社区社会组织所面临的问题进行诊断；第四，根据需求评估的结果开展咨询、培训和经验分享等活动；第五，协助社区社会组织改进工作、完善管理和解决问题；第六，整合各方资源，协助社区社会组织提升服务能力。在整个过程中，北京协作者的角色定位清晰，秉承"助人自助"的社会工作理念，将自己定位为外来的协助者，而将社区社会组织始终作为整个项目的核心。

以协作者对接赵家楼社区帮困助残便民服务队的孵化培育为例。2008年，便民服务队在赵家楼社区居委会的支持下得以成立，主要针对社区居民，尤其是老年人和残疾人的实际需求，发挥志愿者的技术特长，为居民提供理发、血压测量、衣物缝补等服务。然而，由于社区社会组织缺乏志愿者管理方面的经验与知识，在组织发展过程中，便民服务队遇到了很多困难。例如，如何吸引和留住志愿者、如何管理这些比较松散的志愿者、如何提升志愿者队伍的服务能力等等。

在承接任务后，北京协作者首先与居委会、便民服务队共同组建了项目管理和执行小组，共同协力推进项目实施；其次，北京协作者协助便民服务队召开了多次会议，在参与式讨论的基础上征集了项目实施的意见和建议，初步确定了项目实施计划的轮廓；再次，北京协作者制定了详尽的访谈提纲，对便民服务队、社区居委会相关负责人进行了深入访谈，与其一起全面梳理了便民服务队面临的挑战和实际的需求。

在完成需求评估、制定细化的项目实施计划之后，北京协作者进一步协助便民服务队开展了一系列活动：在参与式讨论的基础上，协助便民服务队购置了一批新的便民服务设备，解决了志愿者们最关心的问题，激励了志愿者的工作热情；协助居委会和便民服务队设计宣传资料，在开展便民服务的同时，积极宣传便民服务队和志愿服务精神，提升便民服务队在社区的影响力，营造社区志愿服务的文化。除此之外，协作者还协助便民服务队主动与社区内有一定技能的居民联系，发展了一批新的志愿者，丰富了志愿服务的内容；接下来，协作者与便民服务队负责人、居委会相关负责人交流分享了志愿者管理的经验，开展了志愿者培训，帮助便民服务队完善了志愿者管理的流程和制度建设。例如，帮助便民服务队建立了志愿者招募流程、志愿者工作会议制度，并召开了第一次骨干志愿者工作会，提升了便民服务队的规范化管理。

在为期一年的项目过程中，在协作者的陪伴下，便民服务队学习了参与式讨论和小组工作等方法，学会了项目设计、需求评估、组织自我诊断与分析等管理工具，大大提升了便民服务队满足社区居民需求的能力。更为重要的是，通过协作者和居委会搭建的平台，便民服务队认识了更多的社区社会组织，开阔了视野，不仅增强了自信，而且学习了其他社区社会组织的经验。协作者和居委会还帮助便民服务队与同仁医院、北京中医药大学、健身机构、商业摊点等建立了广泛的外部资源网络，丰富了便民服务队的内容，提升其专业服务水平。随着组织能力的提升，便民服务队为社区居民提供的公共服务数量与质量也不断提升。项目期间，便民服务队共开展了五次便民服务，为近1000名社区居民，尤其是社区老年人、残疾人、流动人口等弱势群体提供了服务，提升了社区居民的归属感。

二 社区参与行动服务中心的孵化培育工作

社区参与行动服务中心是一家促进城市社区参与式发展的公益机构，成立于2002年12月。机构负责人宋庆华也是中国NGO圈内的资深人士，早年曾在中国第一批民间草根组织地球村工作。社区参与行动服务中心擅长各种城市社区公共参与的工具与方法，在运用参与式方法提供社区服务、化解社区冲突、解决社区问题方面有独到之处。社区参与行动服务中心与东城区政府之前有过合作经历，深得东城区民政局的信赖。在孵化培育工程里承担了九个社区社会组织的培育项目，分别是：上龙社区居民议事厅管理委员会、安德路社区机动车自管会、南池子社区停车自管会、景山东街社区养犬自管会、赵家楼社区大羊宜宾35号院自管会、鼓楼苑社区消防安全行动组织、老街坊邻里互助合作社、智德社区互助会（后由于各方面原因项目停止）、银闸社跳蚤集市管理组。

社区参与行动服务中心的项目人员首先在社会组织指导服务中心的协调下，多次与社区居委会、社区社会组织沟通，与各方建立了信任关系。在此基础上，开展了基线调查和需求评估。在了解到社区组织普遍具有管理涣散、制度建设欠缺的共性后，与各社区居委会和社区社会组织骨干人员一起共同对组织架构、相关制度进行了梳理。从吸收新成员、成立理事会、建立例会制度、培育组织核心领导人入手，逐步将社区社会组织从社区居委会中剥离出来，降低对居委会的依赖，这在一定程度上提高了社区组织的自治意识。另外，社区参与行动服务中心还对社区社会组织骨干人员、社区居民进行了参与式理念和方法的培训，并针对不同社区社会组织面临的问题与挑战出谋划策，提供建议和咨询。

以社区参与行动服务中心对接青年湖社区议事厅孵化培育项目为例。在项目启动后，社区参与行动服务中心首先积极与各方建立合作与信任关系，成立了包括街道社区办、青年湖社区居委会、社区议事厅管委会和社区参与行动服务中心在内的项目管理与执行小组，确保了各方沟通的畅通。随后通过调查发现，该项目存在的主要问题在于以往社区居委会不自觉地担负起议事厅的所有组织、管理工作，而议事厅管委会对自身角色也认识不清，没有独立运作议事厅的意识与能力，习惯依赖居委会来组织及主持议事厅活动。

接下来，在基线调查和需求评估的基础上，社区参与行动服务中心采用参与式方法，多次组织青年湖社区居委会、青年湖社区议事厅管委会召开讨论会，协商项目的目标、制定项目的实施计划。

为了保证项目的顺利实施，社区参与行动服务中心针对青年湖社区居民议事厅的性质，开展了两次"社区居民议事会"方法培训。培训班向居委会、议事厅的委员介绍了如何召开议事会的筹备工作、如何开会、如何发布信息等管理方法，并且向大家介绍了罗伯特议事规则中简单适用的"萝卜白菜十三条"等内容。经过培训，议事厅管理委员会对如何开好议事厅会议、如何贯彻落实会议精神等流程与方法有较好的把握。

在社区参与行动服务中心的协助下，社区议事厅经过多次讨论与选举，最终确定了包括各方面居民代表在内的新一届管委会委员。新一届议事厅管委会重新思考了社区居民议事厅的性质，明确了社区议事厅的定位。经过管委会内部讨论协商后，重新设定了组织架构，增设秘书处，明确了各委员的分工，使议事厅管委会真正能够自主发挥组织、领导、协调和执行的管理功能，改变了过去"议而不决"的状况。

此外，管委会还讨论制定了相关工作制度，如每月一次例会制度及主任副主任每月工作会制度等，并规定了例会讨论的内容。例如，每次会议要讨论上次议事厅居民提出的问题，督促居委会相关工作人员给予解答，对居委会解决不了的问题及时反映上级政府部门，确定下次议事厅活动主题，发布通知，邀请居民参与，等等。

项目实施以来，在不到一年的时间，青年湖社区议事厅共开展了十次议事厅活动，涉及的议题包括社区环境、治安保障、楼委会建设、居民小组职责等社区方面的内容，也包括如何完善议事厅自身机制建设、社区志愿者评星活动、社区道德人物评选等方面。这些活动的开展，使得议事厅更加贴近居民生活、反映居民诉求，增强了居民与居委会及政府部门之间的沟通和理解。

三 东城区巧娘工作室发展协会的孵化培育工作

北京市东城区巧娘工作室发展协会是一家以手工艺品制作与销售为发展载体的公益服务类社会组织。巧娘工作室发展协会一方面以解决社区下岗失业妇女、低保贫困家庭的妇女、无业残疾妇女和离退休妇女的就业问题为目标；另一方面引入企业的运营模式，努力实现组织财务的可持续，因此也被业界称为东城区有一定实力的社会企业。

在此次东城区的"社区社会组织孵化培育工程"项目中，巧娘工作室发展协会只负责对接九道湾社区编织工作室项目。社区编织工作室成立于2002年，原来只是每周五下午组织妇女开展编织活动，目的是提升居民参与社区公共事务的积极性。

项目前期调查发现，随着参与人数的增加，九道湾社区编织工作室的资金与技术缺乏、专业教师力量不足等问题日益突出。由于手工作品的品种有限、水平停滞不前，工作室难以进一步发展壮大。

为此，东城区巧娘工作室发展协会与九道湾社区编织工作室的骨干人员经过讨论，根据实际需求和工作室的基础，制定了项目目标与项目计划。

随后，巧娘工作室发展协会帮助编织工作室设计了新的组织架构。以往编织工作室的工作都是由社区居委会代为管理，经过几次培训后，协助编织工作室自行推出组织负责人、技术负责人等。

在形成新的组织架构后，巧娘工作室发展协会帮助社区编织工作室购置了学习工具、原材料、展柜等硬件设施，从而大大提升了编织工作室的生产能力。同时，调动社会资源，邀请丝网花、盘扣、绘制风筝等领域的专业教师，为编织工作室的妇女们进行专业技能培训。

在提供硬件设备和师资帮助的同时，巧娘工作室发展协会还帮助编织工作室搭建手工作品的展示平台，帮助推销妇女手工编织品。

项目实施一年来，巧娘工作室发展协会与编织工作室共组织培训活动40余次，受益人群达到1500余人次。由于妇女们的手工技术大幅提升，编织产品的质量不断改进，再加上适当的营销活动，九道湾社区编织工作室的妇女们经济收入有所提高，家庭生活质量也得到一定程度的改善。这不仅增强了九道湾社区的凝聚力，而且也有助于北京传统文化的传承与保护。

案例分析

扶持和发展社会组织是各地社会管理创新的重要举措之一。近年来，一些城市纷纷开展社会组织的培育工作，建立了各种孵化基地、社会创新园等。与其他城市不同的是，北京市东城区实施的"社区社会组织孵化培育工程"在这方面进行了大胆的创新与探索，有许多值得总结的经验。

东城区孵化培育工程的创新点

在学习其他城市社会组织孵化模式的基础上，东城区"社区社会组织孵化培育工程"尝试了新的路径。

首先，将孵化培育的目标锁定为最基层的社区社会组织。从各地孵化园的情况看，绝大多数城市培育的社会组织种类较多，虽然也包括基层社区社会组织，但很少将社区社会组织作为孵化的唯一目标。其原因之一在于，基层社区社会组织培育的难度大、见效慢。基层社区社会组织的骨干大多数是老人或社区中的弱势人群，文化程度相对较低、创新性较差，接受新事物的时间较长。相反，孵化社会上的社会组织，选择的余地大，而且他们的负责人往往是中青年人群，文化程度高、精力旺盛、学习能力强，孵化的项目往往更有创意、见效快、容易出成果。因此，各地通常的做法是孵化这类社会组织，然后让他们与社区对接，到社区提供公共服务。应该说，这种做法本身无可厚非。然而，当前中国各个社区都存在大量群团组织，仅东城区备案的文体娱乐类、社区福利类、维护权益类、扶贫济困类社区社会组织就多达5000 家左右。这些社区社会组织大多管理松散、组织能力弱、发挥的功能有限，有的甚至因为所开展的活动扰民而与社区居民发生激烈冲突。因此，面对数量如此庞大的社区社会组织，如何加强他们的孵化培育，激发他们的活力，提升他们服务社区的能力，也是社会建设过程中，各地政府不得不面临的难题。东城区的可贵之处在于，抓住了社区建设的主要矛盾，尽管任务艰巨、不容易取得政绩，但仍然将最基层的社区社会组织作为孵化培育的重点。

其次，多元化的孵化培育模式。目前，我国大多数城市的做法是委托一家支持性组织承接孵化园的培育工作，例如上海、深圳等。然而，由于社区社会组织的孵化是一项新的探索，没有可以直接照搬的模式，因此，东城区精心挑选了三家有丰富社区工作经验的支持性社会组织，根据他们的特长，分别培育不同类型的社区社会组织。在一年的探索中，北京协作者、社区参与行动服务中心和巧娘工作室发展协会各施所长，分别采取了不同的路径孵化培育所对接的社区社会组织。北京协作者依据自身的社会工作专业背景，按照社会工作助人自助的理念，主要通过培训、经验分享、搭建平台等方式，让社区社会组织自我反思与学习成长；社区参与行动服务中心的特长是"参与式方法"，通过参与式的会议和培训，让社区社会组织、居委会掌握参与式的理念与方法，并应用参与式方法提升组织的管理能力和动员居民参与社区公共事务的能力，提升社区社会组织的自治性；巧娘工作室发展协会的特长是企业化经营，通过为社区社会组织提供硬件、师资和搭建销售平台，快速提升社区社会组织的产品质量与经济效益。

最后，在实战过程中孵化培育、共同成长。目前，国内大多数城市的孵化模式是建立孵化园，即有看得见、摸得着的大楼，然后将孵化园委托给某个支持性社会组织管理，同时为被孵化的社会组织提供免费的办公场所等。这种模式的优点在于集中辅导，便于沟通，培训的知识相对系统全面，孵化过程便于宣传报道，孵化成绩容易获得上级肯定。缺点在于孵化成本高、孵化培育的知识并不一定有实用价值，孵化培育容易走形式、成为形象工程。而东城区"社区社会组织孵化培育工程"的创新之处在于打破旧的思维，没有建立专门的孵化园或基地，而是由支持性社会组织深入社区，在项目过程中，帮助社区社会组织诊断问题、提升社区社会组织的管理能力与服务社区居民的能力。这种模式的优势在于孵化的成本低，而且在实战过程中辅导和帮助社区社会组织，而不是在孵化园里面进行书本知识的培训。缺点在于孵化过程难以考评，培训内容可能不系统全面，孵化培育需要较长的过程，孵化培育的效果不容易显现。

东城区孵化培育工程的经验与教训

当前，中国社区建设最大的难点之一是缺乏一支活跃的、自治的社区社会组织队伍，而关键是调动社区自身的力量解决社区的民生问题、提供更多更好的公共产品。东城区"社区社会组织孵化培育工程"的经验在于：

第一，项目定位准确，抓住了社区建设的核心和关键。东城区的实际情况是社区存在大量群团组织，因此，东城区根据自身的情况，不是孵化培育新的社会组织，然后让他们进入社区提供服务，而是将目标锁定为孵化培育已经存在的社区社会组织。这一战略性的转变具有重要的价值。通过孵化培育现有的社区群团组织，树立典型，从而激发数量庞大的社区社会组织的活力，盘活存量，提升他们服务社区的能力，其能量与潜力不可估量。对于已经存在大量社区社会组织的城市而言，这可能比单纯孵化培育几个耀眼夺目的、新的社会组织更有意义，更符合当前社区建设的需要。

第二，支持性社会组织扮演的是协助者的角色。东城区的经验表明，作为外来的支持性社会组织，最重要的还是在孵化培育过程中，协助社区社会组织自己诊断问题和提出解决方案，支持性社会组织只是提供技术的支持，给予咨询和方法上的辅导，而不是代替社区社会组织诊断问题、给出解决方案。通过支持性社会组织的陪伴，让社区社会组织在组织管理过程、在活动实施过程中不断反思成长。只有这样，在支持性社会组织撤出后，社区社会组织才可能继续发展，而不至于又回复到孵化培育前的状况，孵化培育的效果也才可持续。

第三，孵化培育的过程也是支持性社会组织成长的过程。东城区的经验表明，孵化培育的过程不仅是社区社会组织的成长过程，同样也是支持性社会组织成长的过程。例如，社区参与行动服务中心通过孵化培育项目，提升了作为支持性组织的能力，特别是总结了一套孵化培育社区社会组织的五步工作法，也称为社区工作五要素，即社区领袖、核心团队、行动计划、例会制度以及群众参与等五个要素。社区领袖是社区社会组织的核心，也是孵化培育的关键。社区参与行动服务中心通常采取摸底排查与骨干培养相结合的办法。通过参与式的会议，发现社区领袖或通过居委会推荐的方式，寻找社区领袖。在初步确定社区领袖人选后，社区行动服务中心便会对其进行有针对性的重点培训，特别是专业技能培训以及社区意识培训。只要社区领袖确定了，活动起来了，社区的活动就能够实现以点带面。在核心团队方面，通过社区领袖的带动，形成一批社区的骨干、积极分子。核心团队最重要的是社区意识的培养。以往社区群团组织最大的问题就是缺乏社区意识、组织结构松散。所以，通过培养核心团队的社区意识，能够建立有凝聚力的社区社会组织队伍。在核心团队建立之后，便可以协助社区社会组织制订行动计划，并建立沟通联系的例会制度。在完成了上述四步之后，在社区领袖的带动以及在社区骨干团队的积极配合之下，就能逐步实现有效的群众参与。

第四，搭建政府与社会组织沟通交流的平台，形成政府与社会组织之间相互信任与合作的关系。社区社会组织的孵化培育是一个复杂而漫长的过程，期间会遇到很多的问题与挑战，需要各方的耐心与相互理解。东城区"社区社会组织孵化培育工程"的经验表明，一个关键的环节是建立支持性社会组织、社区社会组织、居委会和街道办事处的沟通联系机制，通过参与式的讨论、对话与沟通，建立各方之间的相互理解与信任。只有在理解和信任的基础上，社会组织才可能赢得政府、居委会的大力支持，也只有在政府、居委会的支持下，社区社会组织的孵化培育工作才可能取得可持续的成效。

第五，整合资源，增强社区社会组织的社会资本。东城区的经验表明，支持性社会组织可以通过整合各方资源，帮助社区社会组织建立外部关系网络，扩大社会资本，争取更多的资源。通过外部关系网络的建立，社区社会组织不仅可以学习其他社区社会组织的经验，增强自信，而且可以通过引入外部资金与志愿者资源，提升社区社会组织服务社区的专业能力与服务水平。

第六，加强孵化培育项目的监测与评估。为了加强项目的管理、减少项目风险，东城区还委托独立第三方对"社区社会组织孵化培育工程"进行全过程的监测与评估。正是由于有第三方的监测与评估，三个支持性社会组织在孵化在培育13个社区社会组织的过程中，才能够不断改进工作、精益求精。而作为民政局，也可以根据监测评估报告，不断完善孵化培育工程，同时对上级政府、社会进行问责交代。

当然，东城区"社区社会组织孵化培育工程"也存在一些不足之处。

第一，信任关系没有及时建立。在项目启动之时，由于民政部门、街道办、居委会、支持性社会组织和社区社会组织之间缺乏沟通交流，各方之间的信任关系没有有效建立，以至于影响了项目的进度，耽误了时间，甚至不得不取消了个别项目。

第二，应给予支持性社会组织、社区社会组织更大的自由度。有的项目在实施过程中，由于政府没有转变理念，习惯于包办、代办，给予支持性社会组织的空间较小，以至于支持性社会组织不能够按照项目的设想有效推进；而个别项目，支持性社会组织给予社区社会组织的空间也不够。特别是在项目实施过程中，对社区社会组织自我的反思与成长重视不够，甚至替代社区社会组织完成一些活动，导致项目的可持续性大打折扣。

第三，项目的周期较短。社区社会组织的培育需要一个长期的过程，而目前的项目周期一般为一年，而一年之后，支持性社会组织如何继续给予社区社会组织适当的扶持或建立缓冲机制，逐步减少对社区社会组织的扶持，也是东城区需要面对的挑战。

结论与建议

国内外的经验表明，社区建设的重点在于社区社会组织。然而，社区社会组织的孵化培育又是一件复杂和困难的事情。目前，一些城市通常的做法是建立社会组织孵化园，然后通过筛选入壳的方式，委托支持性机构孵化和培育社会组织，然后让出壳的社会组织进入社区开展工作。客观地说，这一模式在孵化社会组织方面取得了一定成效，但是并没有解决社区社会组织的存量问题。对于数量庞大、管理松散、能力弱小、作用有限的社区社会组织，如何激发他们的活力，提升他们服务社区的能力，仍然是摆在各地政府面前的难题。

东城区"社区社会组织孵化培育工程"通过大胆创新，探索了一条孵化和培育社区社会组织的新路。通过委托不同专长的支持性社会组织，在不建立孵化园的情况下，直接深入基层社区，在社区开展实践活动的过程中，陪伴、协助社区社会组织诊断问题，并通过培训、咨询、经验交流等方式，在项目过程中帮助社区社会组织完善组织管理、提升组织能力、寻找解决问题的方案，从而形成了一条多元化的社区社会组织孵化培育模式，取得了初步的成效。为此，建议：

第一，各地政府在孵化和培育社会组织的过程中，一定要根据城市的特点和社会建设的需求，有针对性孵化和培育社会组织。一方面，可以孵化培育有巨大发展潜力的创新性社会组织，另一方面也需要扎根基层，通过孵化培育有示范性、典型性的社区社会组织，引导社区社会组织的发展。

第二，目前，一些城市纷纷通过建立社会组织孵化园的方式来孵化培育社会组织，不仅成本高，而且有时容易流于形式。东城区的经验表明，孵化培育社会组织，不一定需要有高楼大厦。特别是对于那些经济欠发达的城市，在没有孵化园的情况下，同样也可以孵化和培育社会组织，而且可以在实战中扶持社会组织的成长，效果可能更好。所以，最重要的还是鼓励各地因地制宜、百花齐放。除政府扶持之外，还应积极引入企业、基金会等民间资源通过公益创投、公益债券等多种方式促进社区社会组织发展。

第三，社会组织孵化和培育的过程，不仅是被孵化机构学习成长的过程，同样也是支持性社会组织和地方政府学习成长的过程。特别值得一提的是，社区参与行动服务中心在培育社区社会组织的过程中，总结了社区工作的五要素，即社区领袖、核心团队、行动计划、例会制度以及群众参与等五个要素，对于各地社区建设或社区社会组织的培育有较大的参考价值。

第四，社区社会组织的孵化培育过程也是现代社区社会组织体系的建立过程。当前，我国绝大多社区社会组织的模式比较单一，自治程度较低。东城区通过支持性社会组织的孵化培育，帮助社区社会组织初步建立了自管会或理事会，完善了社区社会组织的治理结构，同时，帮助社区社会组织建立了内部管理制度与协调机制，促进了现代社区社会组织的形成，激发了社区的活力，提升了社区自我管理、自我服务和自我监督的能力，促进了和谐社区的构建。

后 记

　　2013年1月20日从缅甸出差回京，家人立刻告诉我，我幸运地躲过了北京连绵的雾霾天气。让我惊讶的是，出差不到半个月，北京的空气竟然出现了这么大的变化。很快我便领教了什么是雾霾，而且短期内似乎只能靠刮风才能迎来久违的蓝天。

　　冰冻三尺，非一日之寒。这些年，伴随经济的快速发展，空气质量、水资源保护、食品安全、贫富差距、疾病预防、养老、外来人口融合等各种社会问题却日益突出，如何解决这些社会难题已经成为全国人民的期盼。

　　从国内外经验看，一个有效的途径是进行社会创新，通过创新的理念与方法迎接新世纪的挑战。中国经济领域的改革走的是先地方试点，然后全国推广的路径，社会领域的改革同样也可以从基层创新入手。事实上，面对社会需求，基层从来不乏创新举措，关键是如何发掘地方社会创新的经验，并总结、提升与推广。为此，我们希望建立一个中国的社会创新案例库，一方面为社会创新的理论和方法研究提供基础素材；另一方面也能对各地的社会管理实践有所启发或借鉴，从而有助于各地通过创新的方式更有效地解决社会问题。

　　从国内外经验看，社会组织更贴近基层，能够及时发现社会未被满足的需求，而且，社会组织没有科层体系，具有灵活性和创新性的优势。因此，社会组织是各国社会创新实践的主体之一。令人振奋的是，党的十八大明确提出要建立政社分开、权责明确、依法自治的现代社会组织体制，社会组织发展的春天正在到来。未来，社会组织势必在社会建设、经济发展过程中发挥更大的作用。为此，我们在建立社会创新案例库的过程中，也将社会组织的创新实践作为重点。

首先，我们梳理了五年来两会的提案和相关文献，归纳了当前中国面临的紧迫性社会问题，包括就业、扶贫、环保、教育与卫生、弱势群体的关怀、外来人口的社会融合、社区建设等。由于所涉及的领域较多，特别是弱势群体又包括残障人、老人、儿童、妇女等，因此，进行了一定程度的整合，将部分问题进行了合并。随后，我们查阅了各种社会企业奖、社会创新奖、水环保奖、扶贫创新奖、世界银行中国发展市场项目、中国扶贫基金会招投标项目等，而所有这些奖项，都包括一条重要的评选标准，即项目的创新性。在此基础上，我们从中筛选出一批社会组织回应前述社会紧迫性问题的获奖案例。在案例调研过程中，我们也通过滚雪球的方式，了解和发现了更多的社会创新案例。最初我们的案例名单很长，但经过多次筛选之后，再加上有的案例写得不太理想，有的案例由于对方配合程度不高，最后入选本书的只剩下这十四个案例。

通过案例的调研，我们发现，社会组织具有巨大的创新潜能，它们充满活力，善于吸纳国内外先进的经验，勇于承担创新的风险，因而常常找到一些有别于传统做法的新路径，及时回应社会需求、化解社会矛盾，弥补政府与市场的不足。

本书的案例表明，社会组织在社会管理创新过程中可以发挥巨大的作用。在社会组织的创新实践中，社会创新家是社会创新活动得以发生的关键，未被满足的社会需求、社会创新家的使命与责任感则是社会创新的动力源泉。在缺乏知识产权保护的情况下，社会创新力的提升，不仅需要发现社会创新家群体，培养社会创新家精神，需要更多公益创投基金的参与，而且需要完善社会创新的制度环境，加大政府、企业、基金会对社会创新活动的支持，建立社会创新的激励机制。特别是政府部门可以通过孵化和培育社会组织，加大社会创新实践的表彰与宣传推广，打造公平竞争的资助环境，促进中国社会创新能力与水平的提升。

本书案例撰写的具体分工是：残障群体可以这样强势就业（赵小平）、引领青年创业的潮流（徐正、朱晓红、林志刚）、缩小贫富差距的创新实践（邓国胜）、产业传承文化与贫困女性发展（赵晓芳），外来人口的融合之道（徐正），社区综合养老服务的新模式（毛佩瑾），儿童素质教育的创新探索（陈敏），儿童营养不良问题的解决（杨义凤），破解城市河流治理的难题

（赵锐），守住湖泊生命线（赵锐），重构城市社区的社会资本（赵小平），以专业方法提升居民参与的积极性（肖溪、邓国胜），立体化社会组织培育体系的建立（徐正），多元化社区社会组织的孵化培育（邓国胜、褚蓥）。

全部案例的调研与写作历时近一年，其间得到了很多社会组织负责人、地方民政部门的大力支持与配合，在此一并表示衷心的感谢。

同时，我还要感谢福特基金会对本课题的支持，特别是澳大利亚斯威本科技大学亚太社会投资与慈善中心主任、原福特基金会驻华首席代表费约翰教授的支持。同时，要感谢社会科学文献出版社的刘骁军女士。

由于时间仓促，案例在撰写过程中还有许多疏漏之处，恳请读者批评指正。

邓国胜

于清华大学伍舜德楼

图书在版编目（CIP）数据

社会创新案例精选 / 邓国胜主编 . —北京：社会科学文献出版社，
2013.6
ISBN 978 - 7 - 5097 - 4647 - 9

Ⅰ.①社…　Ⅱ.①邓…　Ⅲ.①社会管理 – 创新管理 – 案例 – 中国
Ⅳ.①D63

中国版本图书馆 CIP 数据核字（2013）第 098750 号

社会创新案例精选

主　　编／邓国胜

出 版 人／谢寿光
出 版 者／社会科学文献出版社
地　　址／北京市西城区北三环中路甲 29 号院 3 号楼华龙大厦
邮政编码／100029

责任部门／社会政法分社（010）59367156　　责任编辑／张瑞华　关晶焱
电子信箱／shekebu@ ssap. cn　　　　　　　责任校对／杜若普
项目统筹／刘骁军　　　　　　　　　　　　责任印制／岳　阳
经　　销／社会科学文献出版社市场营销中心（010）59367081　59367089
读者服务／读者服务中心（010）59367028

印　　装／三河市尚艺印装有限公司
开　　本／787mm ×1092mm　1/16　　　　印　　张／17.75
版　　次／2013 年 6 月第 1 版　　　　　　字　　数／279 千字
印　　次／2013 年 6 月第 1 次印刷
书　　号／ISBN 978 - 7 - 5097 - 4647 - 9
定　　价／58.00 元